Ursprung der Theorie

Philippe P. Haensler

Ursprung der Theorie

Übersetzungsgeschichte eines Zwangs
(Husserl, Freud, Benjamin)

DIAPHANES

Die Druckvorstufe dieser Publikation wurde vom Schweizerischen Nationalfonds zur Förderung der wissenschaftlichen Forschung unterstützt.

DIAPHANES, Zürich 2024
Satz und Layout: 2edit, Zürich
Umschlag: Detail aus Albrecht Dürer, *Das Meerwunder* (um 1498)

ISBN 978-3-0358-0706-6

Druck und Bindung: Druckerei C.H. Beck, Nördlingen

Inhalt

Einleitung (Über Lesen)

Tue ich so, wie es meine volle Freiheit ist, dann n e g i e r e *ich diese ›Welt‹ also* n i c h t, *als wäre ich Sophist,* i c h b e z w e i f l e i h r D a s e i n n i c h t, *als wäre ich Skeptiker; aber ich übe eine im eigentlichen Sinn ›phänomenologische‹* ἐποχή [epoché], *das ist: die mir beständig als seiend vorgegebene Welt nehme ich nicht so hin, so wie ich es im gesamten natürlich-praktischen Leben tue …*
Edmund Husserl

Oder noch anders ausgedrückt: Die Neurose verleugnet die Realität nicht, sie will nur nichts von ihr wissen …
Sigmund Freud

Die Wahrnehmung von Ähnlichkeiten also scheint an ein Zeitmoment gebunden. Es ist wie das Dazukommen des Dritten, des Astrologen zu der Konjunktion von zwei Gestirnen, die im Augenblick erfaßt sein will.
Walter Benjamin

Husserl hat nicht viel gelesen. Das ist zumindest ein Bild, wie es zwei französischsprachige Kommentatoren, beide auch Übersetzer seines Werks, von dem Philosophen zeichnen. »Husserl est arrivé à la philosophie par les mathématiques, et sa pensée a évolué d'une façon assez indépendante des influences de l'histoire«,[1] stellt Emmanuel Levinas in seiner Dissertationsschrift *Théorie de l'intuition dans la phénoménologie de Husserl* von 1930 fest. »Ce qu'on peut prendre pour le résultat d'une influence n'est souvent, chez lui, que rencontre avec les grands philosophes classiques. Les allusions explicites

1 Levinas, *Théorie de l'intuition dans la phénoménologie de Husserl*, S. 13 | *Husserls Theorie der Anschauung*, Übers. Haensler/Fanzun, S. 19–20: »Husserl ist über die Mathematik zur Philosophie gekommen und sein Denken hat sich weitgehend unabhängig von historischen Einflüssen ausgebildet.«

aux philosophies historiques n'abondent pas dans ses ouvrages.«[2] Im Einklang damit, wenngleich weniger zurückhaltend, äußerst sich Jacques Derrida in seiner 1953–1954 verfassten Diplomarbeit *Le problème de la genèse dans la philosophie de Husserl*, wenn er, im Schatten einer Fußnote, die »immenses ignorances de Husserl en matière d'histoire de la philosophie«[3] unterstreicht.

Das aber, was entscheidend ist, tut nichts zur Sache. So geht die unterstellte philosophische Unbelesenheit des Gründervaters der Phänomenologie bei Levinas wie – später und in anderem Vokabular – bei Derrida Hand in Hand mit dem, was als Leitmotiv, als Name einer bestimmten inneren Geschlossenheit des Husserl'schen Denkens präsentiert wird. *Théorie de l'intuition*: Das meint einerseits *eine* Theorie, Theorie, wenn vielleicht nicht *inter pares*, so doch unter anderen möglichen. Andererseits aber und in Wahrheit visiert *Théorie de l'intuition* – durch den strategisch geschickten (doch) irreführenden Zusatz *dans la phénoménologie de Husserl* in dieser verortet und gerade so auch davon geschieden – in letzter Konsequenz nichts anderes und weniger als die Phänomenologie selbst und im Ganzen. Darauf verweist, beim zweiten Lesen, bereits der allererste Satz von Levinas' Studie: »Ce travail, qui expose un point particulier de la philosophie phénoménologique, ne présuppose pourtant pas cette philosophie connue«[4] – und »[c]e travail« muss, ja, darf Derartiges nicht voraussetzen, als es gerade das (entsprechend besser in Anführungszeichen zu setzende) ›Partikulare‹, *intuition*, ist, was, wie ein Zauberwort, das ›nicht Vorausgesetzte‹ zum ›Bekannten‹, den Leser:innen die Pforte aufgeschlossen haben wird zu »cette philosophie«.

---

2 Ebd., S. 13 | S. 19–20: »Was sich zunächst als Resultat eines Einflusses gebärden mag, entpuppt sich bei ihm oft bloß als ein glückliches Zusammentreffen mit den großen philosophischen Klassiker:innen; explizite Anspielungen sind in seinen Werken selten.«

3 Derrida, *Le problème de la genèse dans la philosophie de Husserl*, S. 7, Anm. 13 | *Das Problem der Genese in Husserls Philosophie*, Übers. Kleinbeck, S. 21, Anm. 13: »Husserls gewaltige Unkenntnis auf dem Gebiet der Philosophiegeschichte«.

4 Levinas, *Théorie de l'intuition dans la phénoménologie de Husserl*, S. 5 | *Husserls Theorie der Anschauung*, Übers. Haensler/Fanzun, S. 11: »Die vorliegende Studie thematisiert einen spezifischen Punkt der phänomenologischen Philosophie, setzt diese jedoch nicht als bekannt voraus.«

Letztere hat im Jahr 1930 vergleichsweise enge textuelle Grenzen, besteht für Levinas, wenn nicht ausschließlich, so doch primär in einem Werk: dem 1913 publizierten ersten Band von Husserls *Ideen zu einer reinen Phänomenologie und phänomenologischen Philosophie*.[5] An einer – in der Husserl-Rezeption nach Levinas sehr häufig, in der *Théorie de l'intution* selbst aber nicht eigens diskutierten – Stelle schreibt Husserl da:

> »Doch genug der verkehrten Theorien. Am Prinzip aller Prinzipien: daß jede originär gebende Anschauung eine Rechtsquelle der Erkenntnis sei, daß alles, was sich uns in der ›Intuition‹ originär, (sozusagen in seiner leibhaften Wirklichkeit) darbietet, einfach hinzunehmen sei, als was es sich gibt, aber auch nur in den Schranken, in denen es sich da gibt, kann uns keine erdenkliche Theorie irre machen. Sehen wir doch ein, daß eine jede ihre Wahrheit wieder nur aus den originären Gegebenheiten schöpfen könnte. Jede Aussage, die nichts weiter tut, als solchen Gegebenheiten durch bloße Explikation und genau sich anmessende Bedeutungen Ausdruck zu verleihen, ist also wirklich [...] ein absoluter Anfang, im echten Sinne zur Grundlegung berufen, principium.«[6]

Wenn Levinas' Einführung in das Denken Husserls – die erste ihrer Art in französischer Sprache[7] – den Akzent auf den Begriff der ›Anschauung‹ bzw. ›Intuition‹ legt,[8] so geschieht dies also, im Licht

5 Vgl. in diesem Zusammenhang auch Levinas' kurz vor der Dissertationsschrift veröffentlichte Darstellung »Sur les ›Ideen‹ de M. E. Husserl«.

6 Husserl, *Ideen zu einer reinen Phänomenologie und phänomenologischen Philosophie I* [= *Ideen I*], *Husserliana* [= Hua] 3:1 [1976], S. 51. Der den *Ideen I* gewidmete Band 3:1 der *Husserliana* erschien zum ersten Mal 1950 (herausgegeben von Walter Biemel) und dann noch einmal 1976 (herausgegeben von Karl Schumann). In der Version von 1950 wird Husserls Schrift im Folgenden zitiert als: Husserl, *Ideen I*, Hua 3:1 [1950]. Ursprünglich wurden die *Ideen I* im Jahr 1913 als erste Nummer des von Husserl herausgegebenen *Jahrbuchs für Philosophie und phänomenologische Forschung* publiziert. Diese Version wird im Folgenden zitiert als: Husserl, *Ideen I* [1913].

7 Für einen Überblick über die wenigen zum Zeitpunkt von Levinas' Dissertation verfügbaren Texte zu Husserl auf Französisch vgl. Levinas, *Théorie de l'intuition dans la phénoménologie de Husserl*, S. 11–13.

8 Zu Levinas' (synonymischer) Verwendung der beiden Ausdrücke vgl. ders., *Husserls Theorie der Anschauung*, Übers. Haensler/Fanzun, S. 13, Anm. 10.

von Stellen wie der eben zitierten aus den *Ideen I*, mit gutem Recht. Und Gleiches gilt mit Blick auf Levinas' Entscheidung, eine solche Einführung mit *Théorie* zu überschreiben – mag die Begründung in diesem Falle auch nicht direkt, weder in Levinas' Studie noch und noch weniger durch den §24 der *Ideen I* (in welchem Husserl, das eigene Philosophieren gegen alle »verkehrten Theorien« und jede »erdenkliche Theorie« abgrenzend, den Ausdruck nachdrücklich von sich zu weisen scheint) gegeben sein, sondern erst nachträglich, via einen Umweg durch die Wirkungsgeschichte.

Im Jahr 1966 veröffentlicht Derrida (in griechischer Übersetzung) einen Aufsatz, der (auf Französisch) den Titel *La phénoménologie et la clôture de la métaphysique: Introduction à la pensée de Husserl* trägt. »La *spéculation* métaphysique«, heißt es da, »a inspiré à Husserl une méfiance tenace.«[9] Wie die Wahl der Kursivierung in diesem Satz – dem allerersten von Derridas Text – bereits erahnen lässt und folgende Passage – der Abschluss des Aufsatzes – ausführt, betrifft dies aber nicht die Metaphysik überhaupt, nicht das ›Metaphysische‹ als solches:

> »Heidegger, dont on sait ce qu'il doit à Husserl et combien il le déçut en s'éloignant de lui, dit que la pensée de l'être s'est perdue, ou rétrécie, ou retirée quand, à la naissance de la philosophie l'être a été déterminé *par la métaphysique* comme *présence*, comme proximité de l'étant devant le regard (*eidos*, phénomène, etc.) et par suite comme *ob-jet*. Cette détermination de l'être comme *pré-sence*, puis de la présence comme proximité de l'étant à soi, comme conscience de soi (de Descartes à Hegel) *dessinerait la clôture* de l'histoire de la métaphysique. [...] En privilégiant le langage de la métaphysique, la valeur de certitude attachée au phénomène présent à la conscience, à l'objet noématique, à la conscience de soi comme proximité à soi, au présent vivant (*lebendige Gegenwart*) comme forme ultime et absolument universelle de la temporalisation et de la vie de la conscience, Husserl a peut-être ainsi accompli une admirable révolution moderne de la métaphysique: sortie de la métaphysique hors du tout de son histoire pour revenir enfin à la pureté de son origine. C'est peut-être à partir de là qu'il nous faut assumer l'époché, l'époché phénoménologique

9 Derrida, »La phénoménologie et la clôture de la métaphysique«, S. 69 | *Die Phänomenologie und die Schließung der Metaphysik*, Übers. Kleinbeck, S. 7: »Der metaphysischen *Spekulation* begegnete Husserl stets mit einem beharrlichen Misstrauen.«

> et l'époque historique qui s'y rassemble. *Commencer à penser sa clôture, c'est-à-dire aussi son avenir.* Recommencer: c'est peut-être ce que murmurait Husserl à la veille de sa mort: … ›Juste maintenant que j'arrive au bout et que tout est fini pour moi je sais qu'il me faut tout reprendre au commencement … ‹«[10]

Direkt an das mit dieser Stelle skizzierte Narrativ schließt die im Folgejahr, 1967, publizierte Studie *La voix et le phénomène: Introduction au problème du signe dans la phénoménologie de Husserl* an, wo Derrida, die »forme la plus générale de notre question« beschreibend, Folgendes zu bedenken gibt:

> »[E]st-ce que la nécessité phénoménologique, la rigueur et la subtilité de l'analyse husserlienne, les exigences auxquelles elle répond et auxquelles nous devons d'abord faire droit, ne dissimulent pas néanmoins une présupposition métaphysique? Ne cachent-elles pas une adhérence dogmatique ou spéculative qui, certes, ne retiendrait pas la critique phénoménologique hors d'elle-même, ne serait pas un résidu de naïveté inaperçue, mais *constituerait* la phénoménologie en son dedans, dans son projet critique et dans la valeur institutrice de ses propres prémisses:

---

10 Ebd., S. 83–84 | S. 42–44: »Heidegger, von dem man weiß, wieviel er Husserl verdankt und wie sehr er Husserl enttäuscht hat, als er sich von ihm entfernte, sagt, dass das Seinsdenken sich verloren, sich verengt oder zurückgezogen habe, als das Sein bei der Geburt der Philosophie *durch die Metaphysik* als *Anwesenheit*, als Nähe des Seienden vor dem Blick (*eidos*, Phänomen, usw.) und in Folge als *Gegen-stand* bestimmt wurde. Diese Bestimmung des Seins als *Gegen-wärtigkeit*, sodann diejenige der Anwesenheit als Nähe des Seienden zu sich selbst, als Selbstbewusstsein (von Descartes bis Hegel) *beschreibt die Abschließung* der Geschichte der Metaphysik. […] Mit der Privilegierung der Sprache der Metaphysik und des Gewissheitswertes, der an das dem Bewusstsein gegenwärtige Phänomen, an den noematischen Gegenstand, an das Selbstbewusstsein als Nähe zu sich selbst und an die *lebendige Gegenwart* als letzte und absolut allgemeine Form der Verzeitlichung und des Bewusstseinslebens gebunden ist, hat Husserl vielleicht eine bewundernswerte moderne Revolution der Metaphysik vollzogen: Ausgang der Metaphysik aus ihrer gesamten Geschichte, um schließlich an die Reinheit ihres Ursprungs zurückzukehren. Von hier aus müssen wir vielleicht die Epoche, die phänomenologische Epoche sowie die geschichtliche Epoche, die sich in ihr versammelt, auf uns nehmen. *Zu beginnen, ihre Schließung zu denken, das heißt ebenso, ihr Zu-kommendes zu denken.* Noch einmal von vorne anfangen: Das ist es vielleicht, was Husserl kurz vor seinem Tode leise geflüstert hat: ›Gerade jetzt, wo ich fertig bin, weiß ich, dass ich von vorne anfange, denn fertig sein heißt, von vorne anfangen.‹«

précisément dans ce qu'elle reconnaîtra bientôt comme la source et le garant de toute valeur, le ›principe des principes‹, à savoir l'évidence donatrice originaire, le *présent* ou la *présence* du sens à une intuition pleine et originaire.«[11]

Nur wenige Zeilen später wird Derrida diese rhetorischen Fragen – nicht zufällig endet die zweite von ihnen in einem Punkt – in programmatische Form gießen:

> »Il s'agirait donc […] de voir s'annoncer la critique phénoménologique de la métaphysique comme moment à l'intérieur de l'assurance métaphysique. Mieux: de commencer à vérifier que la ressource de la critique phénoménologique est le projet métaphysique lui-même, dans son achèvement historique et dans la pureté seulement restaurée de son origine. / Nous avons tenté de suivre ailleurs [an dieser Stelle findet sich ein Fußnotenverweis auf den Aufsatz von 1966] le mouvement par lequel Husserl, critiquant sans cesse la spéculation métaphysique, ne visait en vérité que la perversion ou la dégénérescence de ce qu'il continue à penser et à vouloir restaurer comme métaphysique authentique ou *philosophia protè*.«[12]

---

11 Ders., *La voix et le phénomène*, S. 2–3 | *Die Stimme und das Phänomen*, Übers. Gondek, S. 11: »Verhehlen die phänomenologische Notwendigkeit, die Strenge und die Feinsinnigkeit der Husserlschen Analyse, die Anforderungen, denen sie genügt und denen wir zunächst einmal gerecht werden müssen, nicht dennoch eine metaphysische Voraussetzung? Verbergen sie nicht eine dogmatische oder spekulative Zugehörigkeit, die sicher nicht die phänomenologische Kritik außerhalb ihrer selbst festhielte und die nicht ein Rest an unbemerkter Naivität wäre, sondern die die Phänomenologie in ihrem Drinnen *konstituieren würde*, in ihrem Vorhaben einer Kritik und im stiftenden Wert ihrer eigenen Prämissen: genau gesagt in dem, was sie alsbald als Quelle und Rechtsgrund für jeden Wert anerkennen wird, dem ›Prinzip aller Prinzipien‹, und zwar der originär gebenden Anschauung, der *Gegenwart* oder der *Gegenwärtigkeit* des Sinns für eine volle und originäre Intuition.«

12 Ebd., S. 3–4 | S. 12: »Es sollte folglich darum gehen […], zu ersehen, wie sich die phänomenologische Kritik der Metaphysik als Moment innerhalb der metaphysischen Absicherung ankündigt. Besser: damit beginnen nachzuweisen, daß die Quelle der phänomenologischen Kritik das metaphysische Vorhaben selbst ist, in seiner geschichtlichen Vollendung und in der bloß wiederhergestellten Reinheit seines Ursprungs. / Wir haben an anderer Stelle der Bewegung zu folgen versucht, in der Husserl zwar unablässig die metaphysische Spekulation kritisierte, in Wahrheit aber nur die Verkehrung oder Entartung dessen meinte, was er als echte Metaphysik oder *philosophia prote* weiterhin denkt und wiederherstellen will.«

Ich verzichte an dieser Stelle auf eine genaue Lektüre dieser verschiedenen Derrida-Passagen und ihres Zusammenhangs – um stattdessen, wie Derrida den Kreis zur »clôture« schließt, zum Ursprung des Exkurses zurückzukehren und, rückblickend, die ungemeine Weitsicht Levinas' bzw. des Titels seiner Dissertation von 1930 zu betonen. *Théorie de l'intuition* antizipiert aufs Genaueste – oder, was dasselbe ist, bildet, worauf diese sich unter anderem stützt[13] – Derridas Unter-

---

13 Als Beispiel für den Einfluss der *Théorie de l'intuition* auf den frühen Derrida sei hier, in ›präsenz-metaphysischem‹ Zusammenhang, die von Levinas (im Fahrwasser Martin Heideggers) herausgestellte Unmöglichkeit genannt, zwischen »théorie de l'intuition […] comme méthode philosophique« und »ce qu'on pourrait appeler l'*ontologie* de Husserl« zu scheiden, sowie überhaupt Levinas' Definition von ›Anschauung‹: als »acte théorique […] de la conscience qui nous rend présent l'objet« (Levinas, *Théorie de l'intuition dans la phénoménologie de Husserl*, S. 13 bzw. S. 19 | *Husserls Theorie der Anschauung*, Übers. Haensler/Fanzun, S. 19: »Theorie der Anschauung bzw. Intuition [als] philosophische Methode und dem, was man die ›Ontologie‹ Husserls nennen könnte«; S. 24–25: »der theoretische Akt […], der uns Gegenstände präsent macht«). Das möchte ich bei der Gelegenheit dieser Fußnote aber nicht ungesagt lassen: Wenn – wie eben, ganz selbstverständlich – von einem ›Einfluss‹ Levinas' auf Derrida die Rede ist, dann nicht ohne einen beträchtlichen philologischen Preis dafür zu bezahlen. Nicht einzig als Protokoll (einer Reihe von bestimmten Beeinflussungen) nämlich ist das Verhältnis zwischen den beiden Denkern lesbar, sondern auch als regelrechtes (und höchst intrikates) Lehrstück: darüber, was das, Einfluss, überhaupt sei; darüber, wie ein ›Fluss‹ hier, im Denken, von Stauung und Umlenkung, Widerständen und Verspätung nicht zu trennen ist. So verweist denn *Le problème de la genèse dans la philosophie de Husserl* tatsächlich nur ein einziges Mal (zudem in einer Fußnote und unüberhörbar kritisch) auf die *Théorie de l'intuition* (vgl. S. 179, Anm. 4); in »La phénoménologie et la clôture de la métaphysique« wie auch in *La voix et le phénomène* wird Levinas' Dissertation überhaupt nicht genannt. Das ist bemerkenswert mit Blick auf die große historische Bedeutung von Levinas' Text für die französische Husserl-Rezeption – mehr noch aber mit Blick auf die Tatsache, dass Derrida die *Théorie de l'intuition* an früherer Stelle, nämlich dem (zunächst 1964 in zwei Teilen, in der Nr. 3 und der Nr. 4 der *Revue de métaphysique et de morale*, zum zweiten Mal dann 1967, als Teil der Sammlung *L'écriture et la différence* veröffentlichten) Aufsatz »Violence et métaphysique: Essai sur la pensée d'Emmanuel Levinas«, ausführlich zu Wort kommen lässt. Und zu Wort kommen lässt in einer Weise, deren Ähnlichkeit zu der einige Jahre später vorgelegten ›eigenen‹ Bestandsaufnahme des Verhältnisses Husserls zur ›metaphysischen‹ Tradition nicht zu übersehen sind: »C'était en 1930, en France, le premier grand ouvrage consacré au tout de la pensée husserlienne. […] L'impérialisme de la θεωρία [theoría] inquiétait déjà Levinas. Plus que toute autre philosophie, la *phénoménologie*, dans la trace de Platon, devait être frappée de lumière. N'ayant pas su réduire la dernière naïveté, celle du regard, elle pré-déterminait l'être comme objet.« (»Violence et métaphysique«, S. 125–126 | »Gewalt und Metaphysik«, Übers. Gasché, S. 130: »Es war dies 1930 in Frankreich das erste große Werk, das dem Ganzen des Husserlschen Denkens

scheidung bei Husserl zwischen einer »métaphysique authentique« und deren (geschichtlichen) »perversion«; hat – von heute aus gelesen – sehr genau gesehen, dass das Entscheidende an Husserls Absage gegenüber allen »verkehrten Theorien« der Plural, das Entscheidende an seiner Aversion gegen jede »erdenkliche Theorie« das Attribut, die Verbindung mit dem (spekulativen) ›Denken‹ ist; kurz, dass Theorie-*Kritik* bei Husserl im Wortsinn und so als Kehrseite zu nehmen ist: des Wunschs, *das* ›Theoretische‹ in seinem ursprünglichen ungeteilten und -teilbaren Wesen, als reine Schau wiederherzustellen.

In dieser Perspektive konfrontiert *Théorie de l'intuition* die Leser:innen mit einem Pleonasmus, genauer: mit einer Wendung, deren Übersetzung dem Umstand Rechnung zu tragen hat, dass Derartiges, Übersetzung, in ihr, innersprachlich schon am Werk ist. *Théorie de l'intuition*, das ist Theorie *aus* Anschauung, das ist Theorie, die nichts anderes ist als, wovon sie Theorie ist. Von allem anderen kann das Husserl'sche Philosophieren so verstanden nichts wissen wollen – und es gibt sich zu lesen als »évolué d'une façon assez indépendante des influences de l'histoire«, als gezeichnet von »immenses ignorances [...] en matière d'histoire de la philosophie« also nicht zufällig. ›Indépendance‹ (von Fremdem) bzw. »ignorance[]« (gegenüber

---

gewidmet war. [...] Der Imperialismus der θεωρία beunruhigte Levinas bereits. Mehr als jede andere Philosophie sollte die in der Spur Platons sich befindende *Phänomenologie* vom Licht getroffen sein. Da es ihr nicht gelungen war, die letzte Naivität aufzulösen, die des Blicks, prädeterminierte sie das Sein als Gegenstand.«) Derridas schwieriges, zwischen Ignoranz und allergrößtem Respekt oszillierendes Verhältnis zum Schreiben Levinas' – es geht über das Verhältnis zwischen den jeweiligen Frühwerken weit hinaus – kann im gegebenen Rahmen nicht aufgearbeitet werden. Ich weise hier nur noch darauf hin, dass es nicht nur den Philosophen, sondern auch den *Übersetzer* Levinas betrifft. »Pour la traduction des concepts usuels de la langue husserlienne«, so Derrida in der Einleitung zu seiner Husserl-Übersetzung *L'origine de la géométrie* von 1962, »nous nous somme naturellement conformé aux usages consacrés par la traduction des grands ouvrages de Husserl: *Idées... I*, traduction par P[aul] Ricœur; *Logique formelle et logique transcendentale*, traduction par S[uzanne] Bachelard; *Recherches logiques I, II*, traduction par H[ubert] Élie.« (»Introduction«, S. 12 | *Husserls Weg in die Geschichte am Leitfaden der Geometrie*, Übers. Hentschel/Knop, S. 43: »Bei der Übersetzung der husserlschen Begriffe haben wir uns natürlich an die Übersetzungen der Hauptwerke Husserls gehalten: *Ideen I*, übersetzt von P[aul] Ricœur; *Formale und transzendentale Logik*, übersetzt von S[uzanne] Bachelard; *Logische Untersuchungen I/II*, übersetzt von H[ubert] Élie.«) Den ersten der auf französisch publizierten »grands ouvrages de Husserl«, die 1931 von Levinas und Gabrielle Pfeiffer übertragenen *Cartesianischen Meditationen*, nennt Derrida nicht.

anderem Text) ist hier Zwang, steht ein für anderes: wie, was heute den Namen ›französische Theorie‹ trägt, an die Stelle von Husserls kritischer Wiedererweckung des ursprünglichen Wesens von Theorie tritt;[14] wie ein Kommentar ein Werk, eine Übersetzung ein Original vertritt; gleichsam symptomatisch.

* * *

Die folgende Lektüre stellt Husserl, Theoretiker des Ursprungs der Theorie, zusammen mit zwei anderen, Sigmund Freud und Walter Benjamin. Sie widmet sich, präziser, einer Verknotung der drei Namen, die – ähnlich jener Borromäischen Verschlingung aus vier Ringen, die das Spätwerk Jacques Lacans umtreibt – nichts ist ohne noch ein anderes. Dies andere, der vierte Ring, das »*Sinthome*«[15] – oder, wenn man ein anderes Bild vorzieht, der »Astrolog[e]«, der, im richtigen »Augenblick« »[d]azukommen[d]«, eine Zahl von »Gestirnen« sieht als eine Konstellation[16] – zwischen Husserl und Freud und Benjamin wird der folgenden Lektüre durch einen spezifischen Ausschnitt aus der Übersetzungsgeschichte der Phänomenologie gebildet sein. Levinas, der 1931 zusammen mit Gabrielle Pfeiffer Husserls *Cartesianische Meditationen* ins Französische überträgt, markiert seinen Beginn; Derrida, der 1962 unter dem Titel *L'origine de la géométrie* seine Übersetzung des Textstücks »Beilage III« aus dem Umkreis von *Die Krisis der Europäischen Wissenschaften und die Transzendentale Phänomenologie* vorlegt, bildet seinen Abschluss. Aus den Husserl-Übersetzungen, die in der Zwischenzeit entstehen,[17] wird einzig die im Jahr 1950 von Paul Ricœur vorgelegte der *Ideen I* von Interesse sein. (Zumindest was Übersetzungen im engeren, zwischensprach-

---

14 Aus der Forschungsliteratur zu den Husserl'schen Ursprüngen der französischen Theoriebildung nach dem Zweiten Weltkrieg sei hier der Aufsatz »To Institute, to Primally Institute (Stiften, Urstiften)« von Petar Bojanić hervorgehoben. Die folgenden Überlegungen haben ein anderes Ziel, stehen – insbesondere in ihrem übersetzungstheoretischen Interesse an Husserls Begriff der ›Stiftung‹ (vgl. den dritten Teil des vorliegenden Buchs) – denen Bojanićs aber in vielerlei Hinsicht nahe.

15 Lacan, *Le séminaire XXIII*, S. 11.

16 Benjamin, »Über das mimetische Vermögen«, *Gesammelte Schriften* [= GS] 2:1, S. 206–207.

17 Für eine vollständige Übersicht vgl. Spielers, *Husserl Bibliography*, S. 68–70.

lichen Sinne anbelangt: So wird das Augenmerk im Falle der *Cartesianischen Meditationen* nämlich auch, ja, primär deren – im unmittelbaren Anschluss an die Publikation der französischen Version aufgenommenen – Über- und Umarbeitung durch Husserls letzten Assistenten, Eugen Fink, gelten.) Diese drei Husserl-Texte, in denen ihre Übersetzungsgeschichte engste Bezüge zu Freud und Benjamin lesbar machen wird, sind es auch, was den Aufbau des vorliegenden Buchs bestimmt, wobei – dieses ›Zickzack‹ wie auch die Eklektik der Lektüre überhaupt wird sich als von Anfang an wohlbegründet erweisen, wenn dies auch erst ganz am Schluss – der Chronologie der Übersetzungen die der Originale vorgezogen (und also mit den von Ricœur übertragenen *Ideen I* begonnen) werden soll.

Ohne dass sich daraus die Möglichkeit einer eindeutigen Zuordenbarkeit zwischen den Elementen der einen Menge und denen der anderen ergäbe, wird solche im Dialog mit Frankreich vollzogene Zusammenstellung von Husserl, Freud und Benjamin in eins die von drei Begriffen sein. Es sind dies: *Theorie*, *Zwang* und *Übersetzung*. Ausgehend von diesen Begriffen – aus denen in den drei Teilen des vorliegenden Buchs jeweils ein Paar tonangebend sein wird: *Übersetzung und Zwang* im ersten, *Zwang und Theorie* im zweiten Teil, endlich *Theorie und Übersetzung* – möchte ich die folgende Lektüre in systematischer Hinsicht, die »forme la plus générale de notre question« in den Worten Derridas provisorisch wie folgt bestimmen. Entpuppt sich das Verhältnis zwischen ›Theorie‹ in jenem ursprünglichen Sinne, den Husserl interessiert, und ihrer ›Übersetzung‹, die Brüche und Differenzen, die diese von jener trennen und denen man stets allererst gerecht werden müsste, nicht dennoch als ›zwingender‹, genauer: ›zwanghafter‹ Zusammenhang? Tritt durch ihre Übersetzung, die Husserl mit Freud und Benjamin eng-, theoriehistorisch aus der Phänomenologie herausgeführt haben wird, nicht zutage, dass Derartiges, Übersetzung, einer bestimmten Idee von Theorie nicht äußerlich ist, sondern sie in ihrem Drinnen konstituiert; genau gesagt in dem, was solche Theorie selbst als ihre Quelle und ihren Rechtsgrund anerkennt, dem ›Prinzip aller Prinzipien‹, und zwar dem, »was sich uns in der ›Intuition‹ originär, (sozusagen« – eine innersprachliche Übersetzung sozusagen – »in seiner leibhaften Wirklichkeit) darbietet«. Es soll folglich darum gehen, zwischen Husserl und seiner Rezeption, Freud und Benjamin lesbar zu machen, dass das Übersetzt-Werden der transzendentalen Phänomenologie, der von Husserl so genannten ›reinen‹ Phänomenologie – die *Ideen I*, von Ricœur übersetzt, sind (aus französischer Sicht) ihr Anfang; die von Levinas und Pfeiffer übertragenen (und kurz darauf von Fink wieder aufgenommenen) *Cartesianischen Meditationen* hätten »Abschluss u[nd] letzte Klarheit«[18] leisten sollen; die *Krisis*, deren »Beilage III« Derrida übersetzt, war Husserls letztes Buchprojekt – als Moment innerhalb der phänomenologischen Reinigung des Wesens des Theoretischen sich ankündigt. Besser: damit beginnen, in Rechnung zu stellen, dass – mit Benjamin gesprochen, aber auch freudianisch – deren »Fortleben«[19] jenseits der Mutter- bzw. in der Fremdsprache nichts anderes ist als die Phänomenologie *selbst*, nichts anderes als die Theorie an und für sich, in ihrer zwingenden, zwanghaften Vollendung durch Wiederholung (durch Hände, die nicht die eigenen sind).[20] *Nichts als Wiederholung* – ich bediene mich, wie ein

---

18 »Husserl an Ingarden, 19. III. 1930«, *Husserliana: Dokumente* [= Hua Dok] 3:3, S. 262.

19 Benjamin, »Die Aufgabe des Übersetzers«, GS 4:1, S. 11.

20 So, in seiner Husserl-Freud-Benjamin'schen (Syn-)These genommen, ließe sich das vorliegende Buch denn als Versuch eines Beitrags zur *Psychoanalyse der Philosophie* charakterisieren. Psychoanalyse der Philosophie und nicht der *Philosoph:innen* wohlverstanden – und also ›Psychoanalyse‹ einzig insofern, als ›Psyche‹ auch Nicht-Organischem, Textuellem zugesprochen wird in »völlig unmetaphorischer Sachlichkeit« (Benjamin, »Die Aufgabe des Übersetzers«, GS 6:1, S. 11). Mit diesem (Benjamin'schen) Zusatz sind, so scheint mir, die Bedenken zerstreut, die Derrida, im Zusammenhang des Ausdrucks *supplément*, sagen lassen: »Bien qu'elle ne soit pas un commentaire, notre lecture doit être interne et rester dans le texte. C'est pourquoi, malgré quelques apparences, le repérage du mot *supplément* n'est ici rien moins que psychanalytique, si l'on entend par là une interprétation nous transportant hors de l'écriture vers un signifié psycho-biographique ou même vers une structure psychologique générale qu'on pourrait séparer en droit du signifiant.« (*De la grammatologie*, S. 228 | *Grammatologie*, Übers. Rheinberger/Zischler, S. 275: »Obschon unsere Lektüre nicht Kommentar sein soll, muß sie doch innerhalb des Textes verbleiben. Aus diesem Grund und entgegen allem Anschein ist die Kennzeichnung des Ausdrucks *Supplement* nichts weniger als psychoanalytisch, sofern darunter eine Interpretation verstanden wird, die uns aus der Schrift heraus – und zu einem psycho-biographischen Signifikat oder sogar zu einer allgemeinen psychologischen Struktur führt, die man mit Recht vom Signifikanten trennen könnte.«) Diese Passage in *De la grammatologie* hat eine Vorläuferin in dem Text »Freud et la scène de l'écriture«, wo Derrida – wissend um den Klang solcher Verneinung in psychoanalytischem Ohr? – betont: »Malgré les apparences, la déconstruction du logocentrisme n'est pas une psychanalyse de la philosophie.« (S. 293 | »Freud und der Schauplatz der Schrift«, Übers. Gasché, S. 302: »Wider allem Anschein ist die Dekonstruktion des Logozentrismus keine Psychoanalyse der Philosophie.«) Im Zusammenhang der möglichen Charakterisierung des vorliegenden Buchs als ›Psychoanalyse der Philosophie‹ soll allerdings

Parasit, weiter an der Rhetorik Derridas, um mir nicht selbst die Finger schmutzig zu machen –: Das ist es vielleicht, was Husserl kurz vor seinem Tod, vergleichbar der Zwangsneurotiker:in am Waschbecken besorgt ob unsichtbarer Schädlinge, leise geflüstert hat: »Gerade jetzt, wo ich fertig bin, weiß ich, dass ich von vorne anfange, denn fertig sein heißt, von vorne anfangen.«

*
* *

Husserl hat nicht viel gelesen. Zumindest, was die Werke Freuds und Benjamins anbelangt.[21] Und wenn sich diese Autoren, via das Dritte der Übersetzung, im Folgenden zusammengestellt finden, so also nicht ohne persönliche Absicht, das heißt, mit Blick auf die Texte, Gewalt. Lektüre, in anderen Worten, entzündet sich hier wesentlich an Ähnlichkeiten (wie sie ohne eine Lehre vom Ähnlichen nicht zu haben sind und nicht ohne Leere), liest, wenn nicht zwischen den Zeilen, so doch zwischen den Texten, wo ebenfalls nichts steht, und also gewissermaßen nur in Anführungszeichen. (In dieser Hinsicht, so scheint mir, ist meine Zusammenstellung von Husserl, Freud und Benjamin freilich nicht allein. Ich will hier keine *Thesen gegen die Philologie* formulieren,[22] doch: Ist überhaupt ein ›Lesen‹, zumindest eine Les*art* denkbar, die nicht auch [Syn-]Thetik wäre; die nicht

---

nachdrücklich Folgendes betont werden. Ähnlich wie Husserl nach Levinas zur Philosophie via die Mathematik gekommen ist, stößt die folgende Untersuchung auf Freud via die Übersetzungsgeschichte der Phänomenologie und liest ihn (fast) ganz unabhängig von der psychoanalytischen Literatur in seiner Nachfolge. Aus den, mit Derrida gesprochen, »immenses ignorances« der folgenden Seiten »en matière d'histoire de la p[sychanalyse]« möchte ich an dieser Stelle eigens hervorheben den scharfsinnigen Aufsatz »Psychoanalytische Anmerkungen zur Geschichte der Philosophie« (1913) von Alfred von Winterstein. Auf diesen Aufsatz – mit welchem sich die folgende Lektüre an entscheidenden Punkten berühren wird bzw. welchem die folgende Lektüre an psychoanalytischen Erkenntnissen kaum etwas, zumindest vielleicht aber eine lesenswerte ›Fallstudie‹ hinzufügen wird – bin ich erst nach Abschluss des Manuskripts aufmerksam geworden (konkret durch die Darstellung von Victor Tausk, »Psychoanalyse der Philosophie und psychoanalytische Philosophie«).

21 Mir sind nur zwei Textstellen bekannt, da Husserl explizit auf Freud Bezug nimmt: »Beilage XIV«, Hua 42, S. 113; und »Nr. 9«, Hua 42, S. 126. Von Benjamin ist in Husserls Schriften, soweit ich sehe, nirgends die Rede.

22 Ich spreche hier in Anlehnung an Werner Hamachers Text »95 Thesen zur Philologie«.

auch läse, »was nie geschrieben wurde«;[23] die nicht sich verdoppeln müsste zu einem ›Pech für die [textuellen] Tatsachen!‹;[24] kurz: die nicht auch Aussage über das Lesen hinaus, über das Überlesen im Lesen an und für sich wäre?) Wenn die folgende Lektüre auch nicht ohne Absicht (und also -sehen von dem, was ihr sich nicht fügt) ist, so bleibt sie doch Lektüre, hat den – ›philologischen‹? – Anspruch, dass, was sie an ihre Gegenstände heranträgt (um nicht zu sagen: sadistisch in diese hineinsieht), danach – in einer ›dialektischen‹ Wendung? – immer schon da gewesen sein werde. Gewalt wird, mit anderen Worten, geteilte sein, ebendas sein, was es am Gelesenen in seiner spezifischen Zusammenstellung an Mitteilung, *an ihm an Sinn für mich* gibt. Diese Gewalt, die der Sinn an sich ist, besteht – auch bei Husserl, der *prima vista* nichts mehr hasst als Theorie im Sinne des (spekulativen) Systems, darum bittet, »[m]eine Philosophie [...] nicht ein ›System‹ zu nennen«, insofern es »gerade ihr Absehen [ist], alle ›Systeme‹ für immer unmöglich zu machen«[25] – in letzter Konsequenz darin, kein ›Wir‹ zu kennen, das nicht Alibi wäre für ein »*Es ist so*, weil ich es *so mache*«.[26] So spielt sie sich denn in unserem Kopf ab, ist ihr (Tat-)Ort nicht die Wirklichkeit (und ist, wie wir später mit Benjamin werden sagen können, ihre Zeit, ist die historische Entsprechung der geschichtslosen Epoché Husserls – in welcher die »Welt« zwar nicht »negier[t]«, aber doch »nicht so

23 Benjamin, »Über das mimetische Vermögen«, GS 2:1, S. 213. Benjamin entnimmt diese Formel Hugo von Hofmannsthals Kurzdrama *Der Thor und der Tod.*

24 Vgl. Mauthner, *Wörterbuch der Philosophie I*, S. 390: »Ich weiß nicht gleich, ob der Scherz mehr als ein Scherz ist, der oft erzählt wird. Jemand habe behauptet, die Natur stimme nicht ganz mit Hegels Naturphilosophie zusammen; Hegel habe geantwortet: ›Desto schlimmer für die Tatsachen.‹ In Hegels *Encyklopädie* finden sich Stellen, die eigentlich noch schlimmer sind.«

25 »Husserl an Welch, 17./21. VI. 1933«, Hua Dok, 3:6, S. 456. »[D]ie grossen Idealisten nach Kant«, schreibt Husserl etwas später in dem Brief, »habe ich nur in Bruchstücken kennen gelernt, also nie eingehend studiert. Jetzt erst, nachdem die Phänomenologie aufgrund meiner Lebensarbeit den sicheren Gang wirklicher Wissenschaft gewonnen hat (allerdings der grösste Teil meiner konkreten Untersuchungen harrt noch der Veröffentlichung), habe ich ein grosses Interesse auch für sie als meine ›Vorgänger‹. Denn nun kann ich sie also solche verstehen, nämlich von meiner Phänomenologie aus und auf sie hin. Im Grunde bin ich zu einem guten Teile Autodidakt.« (Ebd., S. 460.)

26 Fichte, »Zweite Einleitung in die Wissenschaftslehre«, *Werke* 1, S. 460.

hin[genommen]« wird wie im »natürlich-praktischen Leben«,[27] ähnlich wie die »Neurose« »die Realität« nicht »verleugnet«, sondern »nur nichts von ihr wissen [will]«[28] – in bestimmter Hinsicht der Barock: ihm »gilt die Natur als zweckmäßig für den Ausdruck ihrer Bedeutung, für die [...] Darstellung ihres Sinnes, die [...] unheilbar verschieden von seiner geschichtlichen Verwirklichung bleibt«).[29] Ebendarin wird für uns denn der Sinn des Postulats Husserls, der nicht viel gelesen hat, bestehen, »daß die ›Fiktion‹ das Lebenselement der Phänomenologie, wie aller eidetischen Wissenschaft, ausmacht«[30]: dass dieses Postulat – gleichermaßen barock die Anamnesis der Idealist:in und die psychoanalytische Anamnese[31] – an jenen Kommentar Freuds zur »asoziale[n] Natur der Neurose« *erinnert*, wie sie sich

> »aus deren [gemeint: der Neurose] ursprünglichster Tendenz [ergibt], sich aus einer unbefriedigenden Realität in eine lustvollere Phantasiewelt zu flüchten. In dieser vom Neurotiker gemiedenen realen Welt herrscht die Gesellschaft der Menschen und die von ihnen gemeinsam geschaffenen Institutionen; die Abkehrung von der Realität ist gleichzeitig ein Austritt aus der menschlichen Gemeinschaft.«[32]

---

27 Husserl, *Ideen I*, Hua 3:1 [1950], S. 67. In der zu Husserls Lebzeiten publizierten Fassung der *Ideen I* schließt die betreffende Passage etwas anders: »Tue ich so, wie es meine volle Freiheit ist, dann negiere ich diese ›Welt‹ also nicht, als wäre ich Sophist, ich bezweifle ihr Dasein nicht, als wäre ich Skeptiker; aber ich übe die ›phänomenologische‹ ἐποχή [epoché], die mir jedes Urteil über räumlich-zeitliches Dasein völlig verschließt.« (*Ideen I* [1913], S. 56.) Diese ursprüngliche Version der Passage ist es auch, was in der Neuauflage des Bands 3:1 der *Husserliana* durch Karl Schuhmann, wie ich sie andernorts zitiere, zu finden ist (vgl. Hua 3:1 [1976], S. 65).

28 Freud, »Der Realitätsverlust bei Neurose und Psychose«, *Studienausgabe* [= SA] 3, S. 359.

29 Benjamin, *Ursprung des deutschen Trauerspiels*, GS 1:1, S. 347.

30 Husserl, *Ideen I*, Hua 3:1 [1976], S. 148.

31 So könnten es auch Sätze aus der (genetischen) Phänomenologie sein, wenn Freud etwa schreibt: »Der Gegensatz zwischen Subjektivem und Objektivem besteht nicht von Anfang an. Er stellt sich erst dadurch her, daß das Denken die Fähigkeit besitzt, etwas einmal Wahrgenommenes durch Reproduktion in der Vorstellung wieder gegenwärtig zu machen, während das Objekt draußen nicht mehr vorhanden zu sein braucht. Der erste und nächste Zweck der Realitätsprüfung ist also nicht, ein dem Vorgestellten entsprechendes Objekt in der realen Wahrnehmung zu finden, sondern es *wiederzufinden*, sich zu überzeugen, daß es noch vorhanden ist.« (»Die Verneinung«, SA 3, S. 375.)

32 Ders., *Totem und Tabu*, SA 9, S. 363.

Dass solcher »Austritt«, Eintritt in eine phantastisch-lustvolle »clôture«, der Philosophie als *Théorie de l'intuition*, i.e. als Theorie aus Anschauung, i.e. als Theorie, die nichts anderes ist als, wovon sie Theorie ist, nicht Akzidens ist, sondern an ihr Prinzip (aller Prinzipien), an ihren »absolute[n] Anfang« im »echten Sinne« rührt, hat ursprünglich und deutlicher als alle nach ihm der Husserl-Leser und -Übersetzer Levinas gesehen. Ohne diesen (oder Freud oder Benjamin) beim Namen zu nennen, gibt er uns bezüglich der Intuition und Intention der Phänomenologie Husserls an einer Stelle Folgendes zu verstehen auf:

> »Le solipsisme n'est ni une aberration, ni un sophisme: c'est la structure même de la raison. Non point en raison du caractère ›subjectif‹ des sensations qu'elle combine, mais en raison de l'universalité de la connaissance, c'est-à-dire de l'illimité de la lumière et de l'impossibilité pour aucune chose d'être en dehors. Par là la raison ne trouve jamais d'autre raison à qui parler. L'intentionalité [sic] de la conscience permet de distinguer le moi des choses, mais ne fait pas disparaître le solipsisme puisque son élément, la lumière, nous rend maître du monde extérieur, mais est incapable de nous y découvrir un pair. L'objectivité du savoir rationnel n'enlève rien au caractère solitaire de la raison. Le retournement possible de l'objectivité en subjectivité est le thème même de l'idéalisme qui est une philosophie de la raison.«[33]

Insofern es dieser »retournement possible« ist, was, unter den Namen ›Theorie‹ und ›Übersetzung‹ und ›Zwang‹, im Folgenden unser Gegen-

---

33 Levinas, *Le temps et l'autre*, S. 48 | *Die Zeit und der Andere*, Übers. Wenzler, S. 38–39: »Der Solipsismus ist weder eine Verirrung noch ein sophistischer Trugschluß: er ist die eigentliche Struktur der Vernunft. Nicht aufgrund des ›subjektiven‹ Charakters der Empfindungen, die von der Vernunft kombiniert werden, sondern aufgrund der Universalität der Erkenntnis, das heißt der Unbegrenztheit des Lichtes und der für jeden denkbaren Gegenstand geltenden Unmöglichkeit, außerhalb zu sein. Dadurch findet die Vernunft niemals eine andere Vernunft, zu der sie sprechen könnte. Die Intentionalität des Bewußtseins erlaubt es, das Ich von den Dingen zu unterscheiden, aber sie läßt den Solipsismus nicht verschwinden, da sein Element, das Licht, uns zwar zu Herren der äußeren Welt macht, jedoch unfähig ist, uns dort einen Partner zu entdecken. Die Objektivität des vernünftigen Wissens nimmt von dem Einsamkeitscharakter der Vernunft nichts weg. Die mögliche Umkehrung der Objektivität in Subjektivität ist das eigentliche Thema des Idealismus, der eine Philosophie der Vernunft ist.«

stand ist, darf uns Levinas' spätere ›eigene‹ Philosophie, Philosophie *außer sich* und der fleischlichen »caresse«[34] statt der (Syn-) Optik und des ›Berührungstabus‹,[35] jetzt zum letzten Mal interessiert haben. Dieser späteren Philosophie gemäß ist das andere des in ihr so genannten »retournement possible«, das andere dessen, was unser Lesen an der Schau (Husserl) in ihrer sadistischen -lust (Freud) und mit ihrem barocken -spiel (Benjamin) interessiert, das fremde Gesicht.

---

34 Ebd., S. 82 | S. 60: »Liebkosung«.

35 Mit dieser Wendung beziehe ich mich auf *Hemmung, Symptom und Angst* von 1926, wo Freud festhält: »Wir haben alle die Erfahrung gemacht, daß es dem Zwangsneurotiker besonders schwer wird, die psychoanalytische Grundregel« – i.e. alles auszusprechen, was während der Analysesitzung in den Sinn kommt – »zu befolgen. Wahrscheinlich infolge der hohen Konfliktspannung zwischen seinem Über-Ich und seinem Es ist sein Ich wachsamer, dessen Isolierungen schärfer. Es hat während seiner Denkarbeit zuviel abzuwehren, die Einmengung unbewußter Phantasien, die Äußerung der ambivalenten Strebungen. Es darf sich nicht gehenlassen, befindet sich fortwährend in Kampfbereitschaft. Diesen Zwang zur Konzentration und Isolierung unterstützt es dann durch die magischen Isolierungsaktionen, die als Symptome so auffällig und praktisch so bedeutsam werden, an sich natürlich nutzlos sind und den Charakter des Zeremoniellen haben. / Indem es aber Assoziationen, Verbindung in Gedanken, zu verhindern sucht, befolgt es eines der ältesten und fundamentalsten Gebote der Zwangsneurose, das Tabu der *Berührung*. Wenn man sich die Frage vorlegt, warum die Vermeidung von Berührung, Kontakt, Ansteckung in der Neurose eine so große Rolle spielt und zum Inhalt so komplizierter Systeme gemacht wird, so findet man die Antwort, daß die Berührung, der körperliche Kontakt, das nächste Ziel sowohl der aggressiven wie der zärtlichen Objektbesetzung ist.« (SA 6, S. 265.) Ebendiese Frage und ebendiese Antwort wird sich uns im Folgenden aufs immer Neue aufdrängen mit Blick auf das so komplizierte System der Husserl'schen Phänomenologie.

I.
Ursprung eines französischen Trauerspiels

Nicht nur der Dualismus des Cartesius ist barock …
Walter Benjamin

1. Das Glück der Übersetzung

1996, nicht ganz fünfzig Jahre nach Erscheinen seiner Übersetzung des ersten Bands von Husserls *Ideen zu einer reinen Phänomenologie und phänomenologischen Philosophie*,[1] hält Paul Ricœur anlässlich der Vergabe des Übersetzer:innenpreises der Deutschen Verlagsanstalt einen Vortrag unter dem Titel »Défi et bonheur de la traduction«.[2] Ausgangspunkt bildet der Titel von Antoine Bermans Studie *L'épreuve de l'étranger: Culture et traduction dans l'Allemagne romantique* von 1984. Bei der einleitenden Diskussion des Ausdrucks »épreuve« – Ausdruck, der bezeichnenderweise seinerseits nur schwer in andere Sprachen überführbar ist – lässt Ricœur nicht viel Zeit verstreichen, zwei weitere Theoretiker im Gespräch willkommen zu heißen. Zumindest eine dieser Einladungen liegt zunächst nicht ohne Weiteres auf der Hand:

> »Mise à l'épreuve, comme on dit, d'un projet, d'un désir voire une pulsion: la pulsion de traduire. / Pour éclairer cette épreuve, je suggère de comparer la ›tâche du traducteur‹ dont parle Walter Benjamin sous le double sens que Freud donne au mot ›travail‹, quand il parle dans un essai de ›travail de souvenir‹ et dans un autre essai de ›travail de deuil‹. En traduction aussi, il est procédé à certain sauvetage et à un certain consentement à la perte.«[3]

---

1 Vgl. Husserl, *Idées directrices pour une phénoménologie et une philosophie phénoménologique pures* [= *Idées I*], Übers. Ricœur.

2 »Défi et bonheur de la traduction« ist als Teil von Ricœurs Textsammlung *Sur la traduction* publiziert worden. Darin sind außerdem Ricœurs Texte »Le paradigme de la traduction« und »Un ›passage‹: traduire l'intraduisible« enthalten, auf welche ich später noch zu sprechen kommen werde. In der deutschen Übersetzung von *Sur la traduction* werden die drei – zu verschiedenen Anlässen entstandenen – Texte nicht klar getrennt (so wird etwa der Titel des einen Aufsatzes, »Défi et bonheur de la traduction«, neu als Untertitel für die ganze Sammlung verwendet: *Vom Übersetzen: Herausforderung und Glück des Übersetzens*).

3 Ricœur, »Défi et bonheur de la traduction«, S. 2 | *Vom Übersetzen*, Übers. Bardoux, S. 5–6: »Auf die Probe gestellt, wie man sagt, wird ein Projekt, ein Verlangen, ein Trieb sogar: der Trieb zum Übersetzen. / Um diese Prüfung zu erhellen,

Bemerkenswert an diesem Verweis auf die Freud'sche Psychoanalyse ist nicht, *dass* ein solcher gemacht wird – seit der im Jahr 1965 publizierten Studie *De l'interpretation: Essai sur Sigmund Freud* gehört die Psychoanalyse zu den unverzichtbaren Bezugspunkten der Philosophie Ricœurs, Ricœur zu den einflussreichsten philosophischen Kommentator:innen der Psychoanalyse in Frankreich –; vielmehr, unter welchem Gesichtspunkt und auf welche Weise dies geschieht. Die Aufgaben der Übersetzer:in werden in Beziehung gesetzt mit ›Erinnerungs-‹ und ›Trauerarbeit‹ – und letztere Ausdrücke so, ohne dass sie im Text je im originalen Wortlaut angeführt worden wären,[4] übertragen: auf einen Problemkomplex, eben die zwischensprachliche Übertragung, mit welchem sie bei Freud *prima vista* nichts zu schaffen haben.

Was der »travail de deuil«, insbesondere aber der »travail de souvenir« mit der Arbeit der »traduction« teilt bzw. was es erlaubt, die beiden als »équivalent«[5] zu denken, ist für Ricœur zunächst einmal das jeweilig inhärente Moment einer gewissen »résistance«.[6] Ricœurs Vorlesung sträubt sich, die Quellen der von Freud entlehnten Begrifflichkeiten explizit beim Namen zu nennen (»dans un essai [...] et dans un autre essai«). Alles – so auch der Vergleich mit anderen Texten Ricœurs[7] – spricht aber dafür, dass hier Freuds Aufsätze »Erinnern, Wiederholen und Durcharbeiten« von 1914 und »Trauer und Melancholie« von 1917 gemeint sein müssen. »Je größer der Widerstand ist«, so Freud im früheren der beiden genannten Texte, »desto ausgiebiger wird das Erinnern durch das Agieren (Wiederholen) ersetzt sein.«[8] So wie die Erinnerungsarbeit ein anstrengendes Ringen mit gegenläufigen intrapsychischen Mechanismen bedeutet

---

schlage ich vor, die ›Aufgabe des Übersetzers‹, von der Walter Benjamin spricht, mit dem doppelten Sinn zu vergleichen, den Freud dem Wort ›Arbeit‹ gibt, wenn er in einem Essay von ›Erinnerungsarbeit‹ und in einem anderen von ›Trauerarbeit‹ spricht. Auch in der Übersetzung wird auf eine gewisse Errettung hin gewirkt und auf eine gewisse Einwilligung in den Verlust.«

4 Diese Tatsache unterscheidet die Freud'schen Begrifflichkeiten in auffälliger Weise von jenen Nicht-Freud'schen »fameux maîtres-mots, *Vorstellung, Aufhebung, Dasein, Ereignis*«, auf welche Ricœur an einer Stelle verweist (»Défi et bonheur de la traduction«, S. 5).

5 Ebd., S. 3.

6 Ebd.

7 Vgl. ders., *La mémoire, l'histoire, l'oubli*, S. 69–72.

8 Freud, »Erinnern, Wiederholen und Durcharbeiten«, SA Ergänzungsband, S. 211.

(in wesentlichen Hinsichten ist es gerade der ›Widerstand‹, was ›Erinnern‹ zur ›Arbeit‹ macht), hat nach Ricœur die Übersetzer:in zu kämpfen: sei es mit dem (eigenen) Widerwillen, übersetzend einzugestehen, dass die für selbstgenügsam, unantastbar gehaltene ›Muttersprache‹ eine unter vielen ist; sei es mit Widrigkeiten, wie sie vom zu übersetzenden Text ausgehen und wie sie, wo sie sich im Modus von (scheinbarer) Unübersetzbarkeit geben, das Übersetzen geradewegs zum Stillstand bringen können.

Ein zweiter, mit dem eben umrissenen aber aufs Engste verzahnter Aspekt von Ricœurs (Benjamin'scher) Auseinandersetzung mit Freud ist der Problemkomplex des Verlusts bzw. des Abschieds. Ich rufe den entsprechenden Satz gegen Anfang von Ricœurs Text noch einmal in Erinnerung: »En traduction aussi, il est procédé à certain sauvetage et à un certain consentement à la perte.« Ricœur fährt fort: »Sauvetage de quoi? Perte de quoi? C'est la question que pose le terme d'›étranger‹ dans le titre de Berman.«[9] Die Auflösung dieser wichtigen (doppelten) »question« folgt einige Seiten später:

> »Notre comparaison avec le travail de souvenir, évoqué par Freud, a trouvé ainsi son équivalent approprié dans le travail de traduction [...]. Eh bien, c'est arrivé à ce point de dramatisation que le travail de deuil trouve son équivalent en traductologie, et y apporte son amère mais précieuse compensation. Je le résumerai d'un mot: renoncer à l'idéal de la traduction parfaite.«[10]

Auf den ersten Blick leuchtet diese Erklärung sofort ein – und mit ihr, nachträglich, die Bezugnahme auf Freud. Die Übersetzung, jede Übersetzung ist Trauerarbeit, insofern sie einen Verlust markiert und Abschied nehmen muss: vom Original. Auf den ersten Blick leuchtet das ein – aber auch auf einen zweiten? Tatsächlich nämlich, mag

9 Ricœur, »Défi et bonheur de la traduction«, S. 2 | *Vom Übersetzen*, Übers. Bardoux, S. 6: »Errettung wovon? Verlust wovon? Diese Frage wirft das ›Fremde‹ in Bermans Titel auf.«

10 Ebd., S. 7–8 | S. 13–14: »Unser Vergleich mit der von Freud angesprochenen Erinnerungsarbeit hat somit in der Übersetzungsarbeit ihr passendes Äquivalent gefunden [...]. An einem solchen Punkt der Dramatisierung angekommen, findet nun die Trauerarbeit ihr Äquivalent in der Übersetzungswissenschaft und verschafft ihr ihre bittere, doch kostbare Kompensation. Um es in einem Gedanken zusammenzufassen: den Verzicht auf das Ideal der perfekten Übersetzung.«

der Unterschied auch ein überaus feiner sein, sagt Ricœur an dieser Stelle etwas anderes. Nicht der jeweilige Ursprungstext, nicht, um es in der (allzu) naheliegenden Terminologie Freuds auszudrücken, ein bestimmtes (Text-)*Objekt* ist es, was gemäß der Ricœur-Stelle Gegenstand der translatorischen ›renonciation‹ bildet, sondern ein »idéal«. Und insofern es sich bei »idéal« hier um das »de la traduction parfaite« handelt, müsste also gesagt werden: Die Übersetzung, als Trauerarbeit gedacht, ist, *was sie selbst ist*, indem sie in gewissem Sinne *Abschied von ihrer eigenen Vollendung* nimmt.

Eine Verknotung dieser Art ist der Freud'schen Verwendung der Begriffe nicht – oder zumindest nicht ohne Weiteres – abzuringen und es wird bald Gelegenheit sein, ausführlicher über sie nachzudenken. Für den Moment aber will ich mich noch streng an die argumentative Architektonik von »Défi et bonheur de la traduction« halten. »Mais de quelle parfaite«, so Ricœur im Anschluss an das obig Zitierte, »est-il question dans ce renoncement, dans ce travail de deuil?«[11] Antwort auf diese neue Frage (die aus dem, was ihr vorangeht, ›folgen‹ kann eigentlich nur, insofern sie ihm Gewalt antut) gibt ein theoriehistorischer Streifzug vom Traum der ›absoluten Bibliothek‹ der Aufklärung über den Humboldt'schen Begriff der ›Bildung‹ bis zur Formel der ›reinen Sprache‹ in Benjamins Aufsatz »Die Aufgabe des Übersetzers«. Ricœur fasst zusammen: »Sous toutes ces figures, le rêve de la traduction parfaite équivaut au souhait d'un gain pour la traduction, d'un gain qui serait sans perte. C'est précisément de ce gain sans perte qu'il faut faire le deuil jusqu'à l'acceptation de la différence indépassable du propre et de l'étranger.«[12] Diese zwischen Bestandsaufnahme und (Auf-)Forderung oszillierenden Sätze sind nicht ohne innere Spannung. Spannung, die tatsächlich desto deutlicher wird, je enger man Ricœurs Text und dem in ihm in Anschlag gebrachten Vokabular Folge leistet: »[C]'est ce deuil de la traduction absolue«, so Ricœurs Schluss, »qui fait le bonheur de traduire. Le

11 Ebd., S. 8 | S. 14: »Doch um welche perfekte Übersetzung geht es in diesem Verzicht, in dieser Trauerarbeit?«

12 Ebd., S. 9–10 | S. 16: »Bei all diesen Figuren kommt der Traum von der perfekten Übersetzung dem Wunsch nach einem Zugewinn für die Übersetzung gleich, ein Zugewinn, der ohne Verlust einherginge. Bis die uneinholbare Differenz zwischen dem Eigenen und dem Fremden akzeptiert ist, muss aber alle Hoffnung auf genau diesen Zugewinn ohne Verlust zu Grabe getragen werden.«

bonheur de traduire est un gain lorsque, attaché à la perte de l'absolu langagier, il accepte l'écart entre l'adéquation et l'équivalence, l'équivalence sans adéquation. Là est son bonheur.«[13] *Schwieriges Glück*, zumindest schwieriger Genitiv. Erlaubt diese Passage – deren kunstvolle, einer musikalischen Fuge nicht unähnliche Gestaltung nicht darüber hinwegtäuschen darf, dass in ihr Verschiedenes und tatsächlich auch alles andere als ›Äquivalentes‹ ausgesagt wird – nicht auch eine Lesart, durch deren Linse ›Glück‹, was die Übersetzung angeht, gleichsam zum *Zwang* wird? So stellt sich nämlich die Frage, ob die Rede von der »traduction absolue« im Grunde nicht ganz ohne Sinn sei. *Entweder ohne Sinn oder* – »entweder«, so Hegel an einer Stelle, »Spinozismus oder keine Philosophie«[14] – *Hegelianismus*: Die ›perfekte Übersetzung‹ wäre, was sie ist, als Übersetzung *und* übersetztes Original, wäre gleichsam vom Schlage jener »Identität der Identität und der Nichtidentität«,[15] wie sie Hegel im Kern des Schelling'schen Denkens ausmacht. Analog – bzw. im Gegensatz – zu diesem Mangel an Sinn hätten wir es bei Ricœurs Rede vom »bonheur de traduire« eigentlich mit einem Überschuss an solchem, geradewegs mit einem Pleonasmus zu tun. ›Glück‹, wo übersetzt wird, würde dann nicht eine *Modalität* unter anderen möglichen meinen, sondern das ›Glück *der* Übersetzung‹, die *Tatsache, dass* übersetzt wurde. (Und wenn mit der »équivalence sans adéquation« ein weiterer Aspekt hinzukommt, so doch nur – die betreffenden Sätze streng bei der Syntax genommen – um zu sagen, dass das Glück des Glücks der Übersetzung in der Akzeptanz dessen liegt, was zu akzeptieren das Glück der Übersetzung ist.) ›Bonheur‹ wäre, in anderen Worten, nichts, was eine gegebene Übersetzung auch *nicht* haben könnte, wäre vielmehr anderer Name einer solchen Gegebenheit selbst, Name, der die Übersetzung selbst meint in dem, *was an ihr erscheint*.

---

13 Ebd., S. 10 | S. 16–17: »[D]iese Trauer um die absolute Übersetzung macht gerade das Glück des Übersetzens aus. Das Glück des Übersetzens ist ein Zugewinn, wenn der Übersetzer, an den Verlust des Sprachlich-Absoluten gebunden, den Abstand zwischen Adäquatheit und Äquivalenz akzeptiert: Äquivalenz ohne Adäquatheit. Darin liegt sein Glück.«

14 Hegel, *Vorlesungen über die Geschichte der Philosophie I*, *Werke* 18, S. 163–164.

15 Ders., *Differenz des Fichteschen und Schellingschen Systems der Philosophie*, *Werke* 2, S. 96.

2. Die Idee der Trauer

Und doch, aller Pleonasmen (und Hegelianismen) zum Trotz: Wie in Anlehnung an die Freud'sche Psychoanalyse von »bonheur« sprechen, ohne auch von dessen *anderem* zu sprechen, ohne, in einem und genau diesem Wort, auch den ›malheur‹ auf den Plan zu rufen? Ricœur – dessen Umgang mit der ›unglücklichen‹ Dimension seines übersetzungstheoretischen Entwurfs in »Défi et bonheur de la traduction« darin besteht, sie konsequent zu umgehen, sie zu verdrängen – scheint sich ebendieser Tatsache bewusst zu werden, wenn er ein Jahr später, in einer mit »Le paradigme de la traduction« betitelten Vorlesung, zu der in »Défi et bonheur de la traduction« entfalteten Motivik wie folgt zurückkehrt:

> »Travail de traduction, conquis sur des résistances intimes motivées par la peur, voire la haine de l'étranger, perçu comme une menace dirigée contre notre propre identité langagière. Mais travail de deuil aussi, appliqué à renoncer à l'idéal même de *traduction parfaite.* Cet idéal, en effet, n'a pas seulement nourri le désir de traduire et parfois le bonheur de traduire, il a fait aussi le malheur d'un Hölderlin, brisé par son ambition de fondre la poésie allemande et la poésie grecque dans une hyper-poésie où la différence des idiomes serait abolie.«[16]

Wie bereits »Défi et bonheur de la traduction« nimmt »Le paradigme de la traduction« an wichtigen Knotenpunkten der Argumentation auf Benjamins »Die Aufgabe des Übersetzers« Bezug. Und dasselbe gilt auch hier, beim »malheur d'un Hölderlin«; Rede, die – ohne

16 Ricœur, »Le paradigme de la traduction«, S. 28 | *Vom Übersetzen*, Übers. Bardoux, S. 39–40: »Übersetzungsarbeit, errungen gegen innere Widerstände, die von der Angst vor dem Fremden motiviert sind, sogar vom Hass auf das Fremde, das als eine gegen unsere eigene sprachliche Identität gerichtete Bedrohung wahrgenommen wird. Aber auch Trauerarbeit, aufgewendet, um gerade auf das Ideal von *perfekter Übersetzung* zu verzichten. Tatsächlich hat dieses Ideal nicht nur das Verlangen nach Übersetzung und manchmal das dabei empfundene Glück genährt, es hat auch einen Hölderlin ins Unglück gestürzt, der an seinem Anspruch zerbrochen ist, die deutsche und die griechische Poesie in einer Überpoesie zu verschmelzen, in der die Differenz der Idiome aufgehoben wäre.«

Nachweis, doch unüberhörbar – auf die folgenden Passagen gegen Ende von Benjamins Essay anspielt:

> »[D]ie Wörtlichkeit hinsichtlich der Syntax wirft jede Sinneswiedergabe vollends über den Haufen und droht geradenwegs ins Unverständliche zu führen. Dem neunzehnten Jahrhundert standen Hölderlins Sophokles-Übersetzungen als monströse Beispiele solcher Wörtlichkeit vor Augen. [...] Die Sophokles-Übersetzungen waren Hölderlins letztes Werk. In ihnen stürzt der Sinn von Abgrund zu Abgrund, bis er droht in bodenlosen Sprachtiefen sich zu verlieren.«[17]

Eine derartige (Benjamin'sche) Lektüre des Beispiels Hölderlins in »Le paradigme de la traduction« weiterverfolgend kommt die Leser:in endlich nicht umhin, bei Ricœur, am ›Glück‹ der Übersetzung und nun auch an dessen anderem interessiert, die (gedämpfte) Stimme noch eines *anderen Benjamin* zu vernehmen: Stimme nicht einzig des Autors von »Die Aufgabe des Übersetzers«, sondern auch des *Ursprungs des deutschen Trauerspiels* von 1925 mit seinem Interesse an jener »Welt, die unterm Blick des Melancholischen sich auftut«.[18]

Einerseits – diese liegen am nächsten – sind da die Stellen im *Trauerspielbuch*, die eine »barocke Gebärde [...] beim späten Hölderlin«[19] feststellen, die Bedeutung der »Hölderlinschen Sophoklesübersetzungen« in der »von [Norbert von] Hellingrath nicht umsonst ›barock‹ genannten Spätzeit des Dichters«[20] betonen. Andererseits – vielleicht weniger offensichtlich, doch mit Blick auf die innere Entwicklung des Denkens Benjamins umso interessanter – ist an das letzte Kapitel des *Trauerspielbuchs* zu denken, wo das im »Übersetzer«-Aufsatz gezeichnete Bild vom Hölderlin'schen ›Sturz‹ des »Sinn[s] von Abgrund zu Abgrund« wiederkehrt, um, jetzt, die Situation vor dem allesentscheidenden (alles, i.e. das Schicksal der barocken Grübler:in wie auch das des wesentlich auf diese Pointe hin geschriebenen Buchs Benjamins) Moment jenes dialektischen Umschlags zu charakterisieren, durch welchen die im »leeren Abgrund des Bösen«[21] fischende

17 Benjamin, »Die Aufgabe des Übersetzers«, GS 4:1, S. 17–21.

18 Ders., *Ursprung des deutschen Trauerspiels*, GS 1:1, S. 318.

19 Ebd., S. 403.

20 Ebd., S. 364–365.

21 Ebd., S. 404.

barocke Allegorisierung der dinglichen Welt sich als Selbstbetrug, nämlich als »Allegorie der Auferstehung«[22] entpuppen und in »Gottes Welt erwach[en]«[23] wird: »Wie Stürzende im Fallen sich überschlagen, so fiele von Sinnbild zu Sinnbild die allegorische Intention dem Schwindel ihrer grundlosen Tiefe anheim, müßte nicht gerade im äußersten unter ihnen so sie umspringen, daß all ihre Finsternis, Hoffart und Gottferne nichts als Selbsttäuschung scheint.«[24] Ist, vor diesem (doppelten)[25] Hintergrund, der ›wahnsinnige‹ (ja, durch die Linse des *Trauerspielbuchs* gelesen, vom Wahn gewissermaßen bis aufs barocke Skelett zernagte) späte Hölderlin ein glückliches Beispiel für translatorischen »malheur«? Nicht ohne Weiteres sind hier, beim späten Hölderlin, Ja und Nein auseinanderzuhalten.

Einerseits nein. Was in »Le paradigme de la traduction« Hölderlins Streben nach einer »hyper-poésie où la différence des idiomes serait abolie« genannt wird, bringt Ricœur an anderer Stelle schmuckloser zum Ausdruck, auf den Punkt wie folgt: »Hölderlin [...] parle grec en allemand«[26] – und übersetzt so eben doch bzw. Abschied gibt es auch hier. Besteht *der* »malheur« von Hölderlins Arbeit an Sophokles in deren Dunkelheit, ist er nur *eines*: nicht ›malheur du traduction‹, sondern bestimmtes Malheur eines bestimmten Übersetzers – und so wiederum Ausdruck dessen, was in »Défi et bonheur de la traduction« ›Glück‹ heißt. Denn – im Sinn von Ricœurs Text ist das nicht, in seinen konkreten Formulierungen aber durchaus[27] – nicht

22 Ebd., S. 406.

23 Ebd.

24 Ebd., S. 405.

25 Eigentlich handelt es sich sogar um einen dreifachen Hintergrund. Denn die Benjamin'sche Tropik ist auch die Hölderlins selbst. Zu denken ist hier an die letzte Strophe von »Hyperions Schicksalslied«: »Es schwinden, es fallen / Die leidenden Menschen / Blindlings von einer / Stunde zur andern, / Wie Wasser von Klippe / Zu Klippe geworfen / Jahrlang in's Ungewisse hinab.« (Hölderlin, *Sämtliche Werke* 3, S. 143.) Und an den Übergang von der vierten zur fünften Strophe in der ersten Fassung der Ode »Stimme des Volkes«: »Ins All zurück die kürzeste Bahn, so stürzt / Der Strom hinab, er suchet die Ruh, es reißt, / Es ziehet wider Willen ihn von / Klippe zu Klippe, den Steuerlosen, / Das wunderbare Sehnen dem Abgrund zu« (*Sämtliche Werke* 2, S. 49). Für diese und unzählige andere wichtige Hinweise bedanke ich mich herzlich bei Sébastien Fanzun.

26 Ricœur, »Un ›passage‹«, S. 48 | *Vom Übersetzen*, Übers. Bardoux, S. 66: »Hölderlin, der mit deutschen Worten Griechisch spricht«.

27 Lisa Foran bringt es, so scheint mir, auf den Punkt, wenn sie in ihrem Aufsatz »An Ethics of Discomfort: Supplementing Ricœur *On Translation*«, S. 37, schreibt:

weniger als die geglückte Übertragung macht die diskutierenswerte klar, dass sie *als Übertragung* gelungen ist. Anders und, ich sage es deutlich, nun unabhängig von Hölderlin formuliert: Fällt ›Glück‹ mit dem Abschied von der ›perfekten Übersetzung‹ zusammen, tritt es in einer ironischen Wendung gleichsam da am deutlichsten zutage, wo am denkbar *schlechtesten* übersetzt wird, bzw. mehr als jede andere stellt die völlig missratene Übersetzung unter Beweis, dass erfolgreich Abschied genommen wurde.

Andererseits ja. Wenn das Bild Hölderlins, durch Benjamin ergänzt und mit dem melancholischen Tiefsinn der barocken Allegoriker:in in Beziehung gesetzt, auch nicht als Illustration eines ›unglücklichen‹ Übersetzens taugt, so doch zumindest dazu, begrifflich schärfer herauszustellen, inwiefern überhaupt kein konkretes, i.e. einer konkreten Übersetzung entnommenes Beispiel Derartiges vermöchte. Wie das Bild Hölderlins, da er übersetzt, als eines für translatorischen »malheur« versagt, funktioniert es: aber als *Allegorie* im Sinne Benjamins. Es »bedeutet«, mit dem *Trauerspielbuch* zu reden, »etwas anderes als es ist. Und zwar bedeutet es genau das Nichtsein dessen, was es vorstellt«[28] bzw., hier, beispielhaft zur Darstellung bringen soll: Die Idee vom ›Unglück‹ des Übersetzens, wie sie in »Défi et bonheur de la traduction« als Negativ oder Relief sich abzeichnete und in »Le paradigme de la traduction« – in der Aussprache ihres wahren Namens, »malheur«, der mit dem Rückzug hinter einen unangemessenen Beleg, »d'un Hölderlin«, zusammenfällt – gleichsam aufblitzt, ist ebendas, *Idee*, und ist, darin liegt ihre traurige Auszeichnung, gewissermaßen *nichts als das.* Sehr nahe kommt dem an Freud geschulten Übersetzungsbegriff Ricœurs (der ohne Verweis auf das *Trauerspielbuch* auskommt) und seinen unverhofften Implikationen das *Trauerspielbuch* (in dem der Name Freud nicht anzutreffen ist), wenn es das Verhältnis zwischen den »Phänomenen« und den »Ideen«, die »deren [gemeint: der Phänomene] objektive virtuelle Anordnung«, »deren objektive Interpretation« sind,[29] zunächst negativ, nämlich wie folgt bestimmt: »Denn in Ideen sind die Phänomene

---

»Ricœur seems to favour a successful work of mourning over a failed one. Of course, this does not mean Ricœur is committed to a fixed translation, but rather that he can find happiness in any translation, regardless of its unfinished status.«

28 Benjamin, *Ursprung des deutschen Trauerspiels*, GS 1:1, S. 406.

29 Ebd., S. 214.

nicht einverleibt.«[30] Genau das, so scheint mir, ist es, worum es bei Ricœur – neben anderem, Glücklicherem – von Anfang an, wortwörtlich oder nicht, gegangen ist: um die Idee einer Art von (Nicht-) Übersetzung, die, außerstande, es hinter sich zu lassen, am »idéal de la traduction parfaite« hartnäckig festhält; nicht also, in der Sprache der Psychoanalyse ausgedrückt, (›arbeitend‹) Abschied nimmt von solchem »idéal«, sondern es (›symptomatisch‹) *einverleibt*, es nicht ›introjiziert‹, sondern ›inkorporiert‹, wie sich mit Nicolas Abraham und Maria Torok auch sagen ließe.[31]

»[C]'est ce deuil de la traduction absolue«, lasen wir bei Ricœur, »qui fait le bonheur de traduire.« Der »deuil indicible« dagegen, i.e. die ins Pathologische bzw. zur Melancholie gewendete Trauer, »installe à l'intérieur du sujet un *caveau secret*«.[32] In einem solchem – einer »crypte«,[33] wie sich Abraham und Torok im folgenden Satz selbst übersetzen – bleibt dem ›unglücklichen‹ Übersetzen das unerreichbare Ideal seiner selbst erhalten. So trifft, was für die Melancholie im psychopathologischen Sinn gilt, denn auch auf die translatorische zu: *Das Symptom ist das Wort* – darauf, dass es, was verloren ist, noch gebe. Und was die Übersetzung anbelangt, ist das Symptom auch *das* Wort – insofern es zögernd zurückgehalten wird, ganz ausbleibt. Es geht dies Hand in Hand mit der Bestimmung dessen, wogegen »malheur« sich abgrenzt, nämlich Übersetzung, deren ›Glück‹ in ihrer Tatsache liegt, Übersetzung, die, unzweideutiger gesprochen, *fertiggeworden* ist. Der »malheur« der zwischensprachlichen Übertragung liegt darin, *in* bzw. *als Teil* einer solchen nicht in Erscheinung zu treten. Und, zumindest unter einem (Benjamin'schen) Gesichtspunkt, nichts als die der Einverleibung eines Ideals – sehr treffend mit Blick auf Ricœur denn auch der erklärende Zusatz Abraham und Toroks, dass, »[p]our qu'il s'en édifie une [crypte],

---

30 Ebd., S. 215.

31 Vgl. Abraham/Torok, »Deuil *ou* mélancolie«, S. 259–260. Abraham und Torok beziehen sich mit diesen Ausdrücken auf Melanie Klein. Vgl. in diesem Zusammenhang auch die scharfsinnige phänomenologische Auseinandersetzung mit dem Problemkomplex der ›Melancholie‹, die Bernhard Waldenfels vorlegt in *Erfahrung, die zur Sprache drängt*, S. 168–171.

32 Abraham/Torok, »Deuil *ou* mélancolie«, S. 266 | »Trauer *oder* Melancholie«, Übers. Große, S. 551: »Die unsagbare Trauer errichtet im Inneren des Subjekts eine *geheime Gruft*.«

33 Ebd., S. 266 | S. 551: »Krypta«.

il faut que le secret honteux ait été le fait d'un objet, jouant le rôle *d'idéale du moi*«[34] – ist die Idee solcher Übersetzung nichts Geringeres, aber auch nichts anderes, als die ihrer selbst: Idee der Idee, Idee vom Idealen selbst.[35]

3. Zweiverleibung

1950, nicht ganz ein halbes Jahrhundert vor einem mit »Défi et bonheur de la traduction« überschriebenen Vortrag anlässlich der Vergabe des Übersetzer:innenpreises der Deutschen Verlagsanstalt, legt Ricœur seine Übertragung des ersten Bands von Husserls *Ideen zu einer reinen Phänomenologie und phänomenologischen Philosophie* vor.[36] Die Arbeit an den *Idées directrices pour une phénoménologie et une philosophie phénoménologique pures*, wie sie bei Ricœur heißen werden, beginnt in den frühen 1940er-Jahren. Ricœur ist zu dieser Zeit als Kriegsgefangener in Choszczno (Arnswalde) interniert. Von dieser im brutalsten Sinne außerordentlichen Übersetzungssituation gibt Natalie Depraz die folgende eindrückliche Beschreibung:

> »Als Gefangener der Deutschen Armee während des Zweiten Weltkriegs fängt der junge Philosoph an, sorgfältig Husserls Werk zu lesen und Bemerkungen am Rande seines Exemplars aufzuschreiben. Allmählich werden punktuelle Notizen zu Sätzen, und Husserls Denken zu einem selbstständigen französischen Text, so dass am Rand und parallel zum Originaltext eine französische Übersetzung zu entstehen beginnt [...]. Diese Übersetzung [...] charakterisiert sich durch ihre sehr persönliche Fassung: wegen des tragischen Kriegs- und Gefängniszusammenhangs ihres Entstehens und der innigen Nähe der Gedanken beider Phänomenologen, welche auf der selben Seite des Textes *de facto* vereint wer-

34 Ebd., S. 267 | S. 552: »[Um zu veranlassen, dass um es herum eine Krypta errichtet wird,] muß das schmähliche Geheimnis die Tat eines Objekts sein, das die Rolle des *Ichideals* innehatte.«

35 Zu Benjamins – im vorliegenden Buch nicht eigens berücksichtigten – Unterscheidung zwischen ›Idee‹ und ›Ideal‹ vgl. seine Studie *Der Begriff der Kunstkritik in der deutschen Romantik*, GS 1:1, S. 110–119. Für diesen und viele andere wertvolle Hinweise bedanke ich mich herzlich bei Charles de Roche.

36 Zum Bezug zwischen Ricœurs (später) Übersetzungstheorie und seiner (frühen) -arbeit vgl. auch de Launay, »Préface«, S. ix.

> den. Ricœur schreibt direkt handschriftlich auf Husserls Text, er verfügt damals über keine eigenen Schreibblätter, auch nicht über eine Schreibmaschine, nur einen Kugelschreiber. Kann man eine größere materiell-erlebte Innigkeit des Denkens erwarten?«[37]

Genauso wenig vielleicht kann man das erwarten, wie man bei ein und derselben Denker:in eine größere Innigkeit zwischen Theorie und Praxis, nämlich eine größere Nähe zu einem Übersetzen im Zeichen des »malheur« finden können wird als bei Ricœur selbst. Im Zusammenhang der Denkfigur der »traduction absolue« bzw. »traduction parfaite«, wie sie in den Schriften eines späteren, theoretisierenden Ricœur eine zentrale Rolle spielen wird, bemerkte ich in loser Anlehnung an Hegel, dass sich in solchem Ideal der Wunsch nach einem Schreiben ausdrücke, das in eins eigenständig und identisch mit einem anderen wäre. Als Einheit, als *eine* Übersetzung ist das, noch einmal, unmöglich (den Begriffen nach und entsprechend durch »Beispiele«, schon gar nicht, wenn diese, wie nach Benjamin Hölderlins Sophokles-Übertragungen, als »monströse« »vor Augen« treten, unmöglich anschaulich zu machen) – aber es ist solche Unmöglichkeit ihrerseits nicht nichts, nicht ohne Geschichte und so nicht ohne eine gewisse Lesbarkeit. Wenn es, in einem Wort, das andere von Ricœurs ›glücklicher‹ (besser vielleicht übersetzt mit: ›geglückter‹) Übersetzung auch nicht geben kann *als solches*, Übersetzung, so einer solchen unabgeschlossene Realisierung eben doch als *ein Text*, insofern Text, wie im Falle der »*de facto* vereint[en]« *Ideen/Idées I* Husserls/Ricœurs, *de jure* mehr als einer ist. »Diese Übersetzung«, lasen wir bei Depraz, »charakterisiert sich durch ihre sehr persönliche Fassung«, nämlich dadurch, dass sie – in vorgreifendem Rückverweis auf Benjamins »Übersetzer«-Aufsatz, der in der »Interlinearversion des heiligen Textes […] das Urbild oder Ideal aller Übersetzung« sehen kann, behaupten kann, dass »in irgendeinem Grade […] alle großen Schriften […] zwischen den Zeilen ihre virtuelle Übersetzung [enthalten]«[38] – am Rand der *Ideen I* entsteht und entsprechend, den *Ideen I* entsprechend, in Existenz tritt, *indem* sie in einem ganz konkreten, »materiell-erlebte[n]« Sinne nicht Abschied nimmt, Abschied

---

37 Depraz, »Paul Ricœur«, S. 284.

38 Benjamin, »Die Aufgabe des Übersetzers«, GS 4:1, S. 21.

zu nehmen versäumt: auf der einen Seite vom übersetzten Original, dessen Saum sie bildet; auf der anderen Seite – eben da »auf der selben Seite des Textes« wie das (immer noch anwesende, potentiell immer *noch anders* zu übersetzende) Original – vom wesentlich unerreichbaren Ideal der ›perfekten‹ Übersetzung. Ideal, dessen ›Einverleibung‹ also (doch) ›sichtbar‹ ist insofern, als solche ›Phänomenalität‹ exakt um den Preis dessen erkauft ist, *was* so erscheint: Ideal ist ›in‹, *ist* die Übersetzung im Modus deren Desintegration oder Zersplitterung, wird und wird nicht, in (mehr als) einem Wort, ein-, vielmehr zweiverleibt.

Größte »Innigkeit« zwischen der Kehr- oder Schattenseite dessen, was später »bonheur« heißen wird, und Ricœurs früher eigener Übersetzungspraxis ist freilich nicht nur da gegeben, wo Letztere auf ihre – durch, wiewohl immense und in höchstem Maße bedenkenswürdige, so eben doch äußere Zwänge bedingte – materielle Konkretisation hin befragt wird. Anders, differenzierter ausgedrückt: ›Äußeres‹ ist hier, zwischen *Ideen I* und *Idées I*, in einem Maße ›zwingend‹, dass es, selbst wo es nicht mehr gegeben ist, Wirkung zeigt. In gleicher Weise nämlich wie die ursprünglichen *Idées I*, ›Marginalversion‹ in einem nicht »virtuelle[n]« Sinne, ihre Vorlage nicht hinter sich bzw. ihre Vorlage nicht (übersetzend) *in sich* aufgehen lassen dürfen, werden sich die ›fertigen‹, publizierten *Idées I* dadurch auszeichnen, aufs immer Neue (durch Klammerbemerkungen, deutsche Einschübe im französischen Text, Fußnotenkommentare etc.) ihren translatorischen Status, an der Übersetzung den Aspekt der *Arbeit* zu unterstreichen: ebendas also, was erfolgreich (trauernd) zu leisten den »bonheur« der Übersetzung ausmacht und was man dieser, als ›geglückter‹, nicht mehr ansähe.

4. »(Abschattungen)«

Den so behaupteten ›melancholischen‹ Zug von Ricœurs *Idées I* möchte ich im Folgenden mit einem konkreten Beispiel veranschaulichen – Beispiel, das, gleich und aus ganz anderen Gründen wie der »malheur d'un Hölderlin«, eines unter anderen und, metonymisch für diese alle, eigentlich keines ist.

Im §41 der *Ideen I*, mit »Der reelle Bestand der Wahrnehmung und ihr transzendentes Objekt« überschrieben, wendet sich Husserl der (wie er zeigen möchte: wesentlich perspektivischen) Natur der raumgegenständlichen Wahrnehmung zu. In diesem Zusammenhang lesen wir die folgenden Sätze:

> »Dieselbe Farbe erscheint ›in‹ kontinuierlichen Mannigfaltigkeiten von Farbenabschattungen. Ähnliches gilt für sinnliche Qualität und ebenso für jede räumliche Gestalt. Die eine und selbe Gestalt (als dieselbe leibhaft gegeben) erscheint kontinuierlich immer wieder ›in anderer Weise‹, in immer anderen Gestaltabschattungen. Das ist eine notwendige Sachlage und offenbar von allgemeinerer Geltung. Denn nur der Einfachheit halber haben wir am Falle eines in der Wahrnehmung unverändert erscheinenden Dinges exemplifiziert.[39] Die Übertragung auf beliebige Veränderungen liegt auf der Hand. / In Wesensnotwendigkeit gehört zu einem ›allseitigen‹, kontinuierlich einheitlich sich in sich selbst bestätigenden Erfahrungsbewusstsein vom selben Ding ein vielfältiges System von kontinuierlichen Erscheinungs- und Abschattungsmannigfaltigkeiten, in denen alle in der Wahrnehmung mit dem Charakter der leibhaften Selbstgegebenheit fallenden gegenständlichen Momente sich in bestimmten Kontinuitäten abschatten.«[40]

Das philosophische Gewicht dieser Passage ist kaum hoch genug anzusetzen. Sie leistet – zumindest einer bestimmten, mit Levinas'

---

39 Husserl spielt hier auf die folgende (dem Zitierten unmittelbar vorangehende) Stelle an: »Immerfort diesen Tisch sehend, dabei um ihn herumgehend, meine Stellung im Raume wie immer verändernd, habe ich kontinuierlich das Bewußtsein vom leibhaftigen Dasein dieses einen und selben Tisches, und zwar desselben, in sich durchaus unverändert bleibenden. Die Tischwahrnehmung ist aber eine sich beständig verändernde, sie ist eine Kontinuität wechselnder Wahrnehmungen. Ich schließe die Augen. Meine übrigen Sinne sind außer Beziehung zum Tische. Nun habe ich von ihm keine Wahrnehmung. Ich öffne die Augen, und ich habe die Wahrnehmung wieder. Die Wahrnehmung? Seien wir genauer. Wiederkehrend ist sie unter keinen Umständen individuell dieselbe. Nur der Tisch ist derselbe, als identischer bewußt im synthetischen Bewußtsein, das die neue Wahrnehmung mit der Erinnerung verknüpft. Das wahrgenommene Ding kann sein, ohne wahrgenommen, ohne auch nur potentiell bewußt zu sein (in der Weise der [...] Inaktualität); und es kann sein, ohne sich zu verändern. Die Wahrnehmung selbst ist aber, was sie ist, im beständigen Fluß des Bewußtseins und selbst ein beständiger Fluß: immerfort wandelt sich das Wahrnehmungs-Jetzt in das sich anschließende Bewußtsein des Soeben-Vergangenen, und zugleich leuchtet ein neues Jetzt auf usw.« (*Ideen I*, Hua 3:1 [1976], S. 84.)

40 Ebd., S. 85.

Théorie de l'intuition vorgezeichneten, von Ricœur weitergeführten[41] Lesart eines bestimmten Abschnitts des Schaffens Husserls zufolge – nichts Geringeres, als (vorgreifend) den eigentlichen, zweigeteilten Gegenstand der Phänomenologie im Ganzen zu etablieren: eben den (räumlichen) *Gegenstand* (den »wir dadurch wahr[nehmen], dass [er] sich ›abschattet‹«),[42] von dem das auf ihn intentional bezogene *Bewusstsein* (dessen »Erlebnis[se]« mit dadurch bestimmt sind, dass sie »sich nicht ab[schatten]«)[43] als ›reines‹ bzw. ›absolutes‹ sich abhebt. Der immensen Aufgabe der Übersetzung dieser Zeilen stellt sich Ricœur wie folgt:

> »La même couleur apparaît ›dans‹ un divers ininterrompu d'*esquisses* de couleur (Abschattungen). La même analyse vaut pour chaque qualité sensible et pour chaque forme spatiale. Une seule et même forme (donnée corporellement *comme* identique) m'apparaît sans cesse à nouveau ›d'une autre manière‹, dans des esquisses de formes toujours autres. Cette situation porte la marque de la nécessité; de plus elle a manifestement une portée plus générale. Car c'est uniquement pour une raison de simplicité que nous avons pris pour exemple le cas d'une chose qui apparaît sans changement dans la perception. Il est aisé d'étendre la description à toute espèce changements. / *En vertu d'une nécessité éidétique, une conscience empirique de la même chose perçue sous ›toutes ses faces‹, et qui se confirme continuellement en elle-même de manière à ne former qu'une unique perception, comporte un système complexe formé par un divers ininterrompu d'apparences et d'esquisses; dans ces divers viennent s'esquisser eux-mêmes* (sich abschatten), *à travers une continuité déterminée, tous les moments de l'objet qui s'offrent dans la perception avec le caractère de se donner soi-même corporellement.*«[44]

Ich nähere mich dem, was so zum zweiten Mal, doch »in anderer Weise«, »d'une autre manière«, gesagt wird, in Form von vier Beobachtungen an.

Erste Perspektive: Der zentrale Ausdruck der »Abschattung« wird übersetzt als »esquisse«. Zwischen diesen beiden Ausdrücken besteht

---

41 Vgl. Ricœur, »Introduction du traducteur«, S. xvi–xvii.

42 Husserl, *Ideen I*, Hua 3:1 [1976], S. 84.

43 Ebd.

44 Ders., *Idées I*, Übers. Ricœur, S. 132–133.

eine unmittelbare Verbindung weder mit Blick auf die jeweils bezeichnete ›Sache‹ (und auch nicht mit Blick auf ihren umgangssprachlichen Gebrauch) noch in etymologischer Hinsicht noch bezüglich des jeweiligen Sprachmaterials (oder wenn Letzteres, dann nur durch wohlwollende Augen, wie sie etwa ›jeweils drei Vokale‹ oder ›Doppelkonsonant vor dem letzten Vokal‹ feststellen). Erfüllt würden alle diese Kriterien, wenn – was sie hier offensichtlich nicht tut – die Wendung »esquisse« als Übersetzung für die deutsche ›Skizze‹ fungierte. Natürlich verbietet derartige (scheinbare) Deckungsgleichheit zweier Wörter keineswegs, das erste von ihnen als Übertragung auch für andere aus der Sprache des zweiten zu verwenden, doch – die Übersetzer:in kennt das – es erlegen solche Situationen, ob nun zurecht oder nicht, der eigenen Wortwahl eine gewisse zusätzliche Beweislast auf. Zusätzliche Bringschuld gibt es hier aber noch aus einem anderen Grund. So vollzieht sich Ricœurs Übersetzung – *nolens volens*, wohl aber dieser Tatsache sich bewusst – nämlich im Schatten einer anderen. Die zum Zeitpunkt der *Idées I* ausschlaggebende (weil einzige) Übersetzung eines längeren Husserl-Texts ins Französische ist die der *Cartesianischen Meditationen* durch Gabrielle Pfeiffer und Emmanuel Levinas im Jahr 1931. Diese schlugen für »Farbenabschattungen« – das einzige Vorkommnis von »Abschattung« in den *Cartesianischen Meditationen* – die Wendung »nuances« vor.[45] Vor diesem Hintergrund ist Ricœurs Wortwahl nicht zuletzt auch Stellungnahme, ist das Versprechen, wie es jede Übersetzung – und sei es auch nur performativ – gibt, hier ein doppeltes, nämlich auch: dass es gute Gründe gebe, andere mögliche Übersetzungen in den Wind zu schlagen.

---

45 Vgl. ders., *Cartesianische Meditationen*, Hua 1, S. 78: »Geradehin gesehen haben wir etwa die eine unverändert bleibende Gestalt oder Farbe, in reflektiver Einstellung die zugehörigen Erscheinungsweisen, die in kontinuierlicher Folge sich aneinanderschließenden der Orientierung, der Perspektive usw. Dabei ist jede solche Erscheinungsweise in sich selbst, z.B. die Gestalt oder Farbenabschattung in sich selbst Darstellung von ihrer Gestalt, ihrer Farbe usw.« | *Méditations cartésiennes*, Übers. Pfeiffer/Levinas, S. 76: »Dans la vision dirigée sur l'objet, nous aurons, par exemple, une forme ou une couleur qui reste identiquement la même. Dans l'attitude réflexive, nous aurons les aspects ou ›apparences‹ correspondants, modalités d'orientation, de perspective, etc., qui se succèdent en une suite continue. Chacun de ces ›aspects‹, considéré en lui-même, par exemple la forme ou la nuance en elle-même, est, de plus, *représentation de* sa forme, *de* sa couleur, etc.«

Zweite Perspektive: Husserls »Abschattung« wird übersetzt und gleichzeitig auch nicht. Die »esquisses de couleur« werden begleitet von einer Klammer, die in den (französischen) Sprachleib der Übersetzung den ihrer (deutschen) Vorlage einflicht.[46] Eine interlinguale Einverleibung, Einschluss eines Fremd-, fremdsprachlichen Körpers im eigenen Gewebe, mit drei weitreichenden Implikationen. Erstens, den französischen Textfluss unterbrechend, unterstreicht bzw. zerrt solche Einverleibung ins Rampenlicht: die Tatsache, dass es sich bei den *Idées I* um eine Übersetzung eines anderssprachigen Texts handelt. Sie macht, zweitens bzw. überdies, klar, dass solche Übersetzung hier, zwischen »Abschattungen« und »esquisses«, *problematischer* ist als anderswo (nämlich problematischer als da, wo es, ganz einfach, keine Klammern gibt). Sie lässt, drittens, den Begriff der Übersetzung selbst nicht unberührt: Hier – bei einer Zeichenfolge, wie es sie im Original in der (i.e. doppelten) Form nicht gibt – haben wir es nicht mit einem Verzicht der Übersetzer:in, nicht mit ›Unübersetztem‹, geschweige denn – wir lesen ja (auch) »esquisses« – mit schlechterdings ›Unübersetzbarem‹ zu tun, sondern mit einer Art *Unübersetzung*,[47] mit einer (wenn auch gleichsam penelopeischen) Art von Arbeit.

Dritte Perspektive: Die Wortsequenz »esquisses de couleur (Abschattungen)« genügt sich selbst nicht. Nicht nur in dem eben umrissenen Sinne, dass der ›eigentliche‹, i.e. hier französische Text durch eine fremdsprachige Klammer supplementiert werden muss, sondern auch mit Blick auf die Tatsache, dass der Satz nicht ohne eine (also zweite) Ergänzung in Form einer Fußnote auskommt. So lesen wir bei Ricœur am unteren Rand der Seite:

»Nous avons traduit *Abschattung* par ›esquisse‹, qui rend grossièrement l'idée d'une révélation fragmentaire et progressive de la chose. Profil,

46 Diese Geste Ricœurs bewegt sich ihrerseits, auf eigene Weise im Schatten einer (Levinas'schen) Tradition. Ungleich den *Méditations cartésiennes*, denen »nuance« genügt, führt Levinas in seiner *Théorie de l'intutition dans la phénoménologie de Husserl* die »Abschattung« auch (auch) im Originalwortlaut an. So etwa wenn er den Leser:innen erklärt: »chez Husserl, les sensations [...] sont caractérisées comme étant des ›reflets et des ombres‹ (Abschattungen) de l'objet« (S. 107) | *Husserls Theorie der Anschauung*, Übers. Haensler/Fanzun, S. 113: »die Empfindungen [sind] für Husserl [...] charakterisiert als Abschattungen des Gegenstands«.

47 Zu dieser Wortwahl hat mich Esther Kilchman mit ihrem Aufsatz »Nicht übersetzt: Von Störfällen im Transfer zwischen den Sprachen« inspiriert.

aspect, perspective, touche, etc., conviendraient également mais ne donnent pas de verbe pour traduire *sich abschatten*, s'esquisser.«[48]

Dieser Zusatz am Seitenende – Zusatz oder *supplément*, den man (in loser Anlehnung an Derrida) als *d'origine* bezeichnen,[49] nämlich (zumindest keimhaft) bereits im Original- bzw. Marginalmanuskript der *Idées I* finden kann[50] – leistet zweierlei: Zum einen legt Ricœurs Text dadurch linguistische Rechenschaft ab über die doch beachtliche semantische Abweichung vom Original, wie sie »esquisse« darstellt; zum anderen lenkt er aufs Neue und nun *expressis verbis* (»nous avons traduit«) die Aufmerksamkeit der Leser:innen auf die translatorische Natur des Lektüregegenstands. Und aufs Neue wird dieser Umstand mit einem schwerwiegenden, schwermütigen Vorzeichen versehen: Die Übersetzung von »Abschattung«, deren prekärer Status bereits durch die Klammerbemerkung im Haupttext deutlich markiert wurde, wird nun geradewegs für »grossière[]« erklärt. Und nicht nur sie, »esquisse«, sondern im Grunde jede mögliche. Andere Übersetzungen für »Abschattung« – die tragische Ironie ist nicht zu überhören – »conviendraient également«, passten genauso: also nicht genau.

Vierte, gleichsam panoptische Perspektive: Als Beispiel für translatorischen ›malheur‹ genommen ist Ricœurs Umgang mit der Husserl'schen »Abschattung« keines unter gleichen. Anders, augenzwinkernd ausgedrückt: Wenn die spezifische (Un-)Übersetzungspraxis der *Idées I* die Kehr- oder Schattenseite der mehr als ein halbes Jahrhundert später vorgelegten Theorie vom translatorischen »bonheur«

---

48 Husserl, *Idées I*, Übers. Ricœur, S. 132, Anm. 1 | Übers. PPH: »Wir haben *Abschattung* mit ›Skizze‹ oder ›Zeichnung‹ übersetzt, was grob die Idee einer fragmentarischen und fortschreitenden Offenbarung des Dings wiedergibt. Profil, Aspekt, Perspektive, Pinselstrich etc. passten genauso, liefern aber kein Verb, um auf andere Weise *sich abschatten*, sich abzeichnen, zu sagen.« Der »idée d'une révélation fragmentaire et progressive de la chose«, wie sie nach Ricœur bei Husserl zu finden ist, begegnen wir auch in Benjamins – von einem späteren Ricœur diskutierten – »Übersetzer«-Aufsatz: mit seinem translatorischen Messianismus, gemäß dem die Übersetzung Quell- und Zielsprache »wie Scherben als Bruchstück eines Gefäßes, als Bruchstück einer größeren Sprache erkennbar zu machen« habe (GS 4:1, S. 18). Von Benjamins Vergleich wird im dritten Teil des vorliegenden Buchs noch ausführlicher die Rede sein.

49 Vgl. Derrida, *De la grammatologie*, S. 442.

50 Für die Einsicht in das Originalmanuskript von Ricœurs Übersetzung bedanke ich mich beim Fonds Ricœur in Paris, im Besonderen bei Marc Boss.

antizipiert, so im Falle der »Abschattung« nicht einzig *in actu* (*inhibito*), sondern auch *wohlwissentlich* um ebendiese unglückliche Tatsache. Erinnern wir uns nämlich daran, was ein zukünftiger Ricœur vorgeschlagen haben wird:

> »[J]e suggère de comparer la ›tâche du traducteur‹ dont parle Walter Benjamin sous le double sens que Freud donne au mot ›travail‹, quand il parle dans un essai de ›travail de souvenir‹ et dans un autre essai de ›travail de deuil‹. En traduction aussi, il est procédé à certain sauvetage et à un certain consentement à la perte. / Sauvetage de quoi? Perte de quoi? [...] Je le résumerai d'un mot: renoncer à l'idéal de la traduction parfaite. [...] [C]'est ce deuil de la traduction absolue qui fait le bonheur de traduire.«[51]

Und es bildet das Gegenteil davon ihren »malheur«: Wo die Übersetzungsarbeit nicht Abschied nimmt, nimmt sie kein (glückliches) Ende. Zweierlei versäumte -nahme – die sich im Falle der »Abschattung« zu ihrem eigenen Namen verdoppelt: »Abschattung« wird zu »esquisse« und dieser Übergang *selbst* soll um jeden Preis – durch einen Metadiskurs über das Übersetzen, durch Anführen des Originalwortlauts und von Varianten, durch ausführliche Kommentierung – eine solche, vorläufige Skizze, *bleiben*.

5. Exkurs: Phänomenologie des Zwangs

Im Falle der Melancholie, heißt es bei Freud an einer Stelle, wurde die affektiv-libidinöse Besetzung des (verlorenen) Objekts »nicht auf ein anderes Objekt verschoben, sondern ins Ich zurückgezogen«;[52] nicht,

---

51 Ricœur, »Défi et bonheur de la traduction«, S. 2–10 | *Vom Übersetzen*, Übers. Bardoux, S. 6–17: »[I]ch [schlage] vor, die ›Aufgabe des Übersetzers‹, von der Walter Benjamin spricht, mit dem doppelten Sinn zu vergleichen, den Freud dem Wort ›Arbeit‹ gibt, wenn er in einem Essay von ›Erinnerungsarbeit‹ und in einem anderen von ›Trauerarbeit‹ spricht. Auch in der Übersetzung wird auf eine gewisse Errettung hin gewirkt und auf eine gewisse Einwilligung in den Verlust. / Errettung wovon? Verlust wovon? [...] Um es in einem Gedanken zusammenzufassen: den Verzicht auf das Ideal der perfekten Übersetzung. [...] [D]iese Trauer um die absolute Übersetzung macht gerade das Glück des Übersetzens aus.«

52 Freud, »Trauer und Melancholie«, SA 3, S. 203.

Freud mit Ricœur aufs Übersetzen übertragen, auf einen eigenständigen Text in anderer Sprache verschoben, sondern aufs Übersetzen selbst zurückgezogen. »Dort«, lesen wir weiter, »fand [die Besetzung] aber nicht eine beliebige Verwendung, sondern diente dazu, eine Identifizierung des Ichs mit dem aufgegebenen Objekt herzustellen. Der Schatten des Objekts fiel so auf das Ich [...].«[53]

Wenn die »Abschattung« ein solcher Fall ist, dann, in einer schwierigen Wendung, gerade deshalb nicht nur das. In dem Moment nämlich, da – wie hier, im Windschatten von Ricœurs Rede von der ›glücklichen‹ bzw. ›geglückten‹ Übersetzung – Melancholie auf ihre Äußerungsformen hin befragt, sie in ihrer *Symptomatik* genommen wird, lässt sie sich, ihrerseits, noch *in anderer Weise*, nämlich unabhängig vom Problemkomplex des (versäumten) Abschieds, der ihr zugrunde liegt, beschreiben. Benjamins *Trauerspielbuch* – seinerseits weit weniger an den Ursachen der Trauer denn an ihrer *Erscheinung*, ihrer (wenn auch alles andere als orthodox Husserl'schen) »Phänomenologie«[54] interessiert – tut ebendas: Der Engel in Albrecht Dürers Stich *Melencolia I* – ihm widmet Benjamins Studie eine eingehende Analyse, ja, hat in ihm in wesentlichen Hinsichten ihr eigentliches nicht-literarisches Zentrum – trauert, indem er »die Gerätschaften des tätigen Lebens am Boden ungenutzt«[55] liegen lässt; doch nicht weniger als die ›Tätigen‹ *meint er die Dinge*, phänomenologisch gesprochen, und zwar meint er sie »als Gegenstand des Grübelns«.[56] Ricœur folgend, der »suggère de comparer la ›tâche du traducteur‹ dont parle Walter Benjamin sous le double sens que Freud donne au mot ›travail‹«, möchte ich mit dem folgenden kurzen Exkurs vorschlagen, die Arbeit der ›unglücklichen‹ Übersetzer:in mit der Un-Tätigkeit der barocken Grübler:in des *Trauerspielbuchs* in Beziehung zu setzen – und so Ricœur, den Theoretiker wie den Übersetzer, nicht nur (aufs Neue) mit einem anderen Benjamin, sondern nun auch mit einem anderen Freud in Beziehung zu setzen. Denn genauso wie es »[v]on der stoischen ἀπάθεια [apátheia] zur Trauer [...] nur ein Schritt [ist]«,[57] wie Benjamin kurz vor seiner Diskussion von Dürers Stich

---

53 Ebd.

54 Benjamin, *Ursprung des deutschen Trauerspiels*, GS 1:1, S. 318.

55 Ebd., S. 319.

56 Ebd.

57 Ebd.

bemerkt, sind es nur zwei Schritte von der – im *Trauerspielbuch* nicht nur einmal und, wie wir bald werden sagen dürfen, nicht von ungefähr als »zwanghaft«[58] charakterisierten – Trauer zu einer ganz anderen Pathologie im Sinne Freuds.

Erster Schritt. Die Benjamin'sche »Trauer«, i.e. die unter diesem Titel visierte Form (grüblerischer) Kontemplation kehrt der Welt den Rücken zu, um ihr gerade auf diesem Weg verhaftet zu bleiben. Darin, in dieser *dialektischen Klebrigkeit* liegt ihre allgemeine und im eigentlichen Wortsinn *metaphysische* Bestimmung: »Die Melancholie verrät die Welt um des Wissens willen.«[59] Und sie schwört der Welt also die Treue: einerseits, ganz allgemein, in deren *Existenz* (›verraten‹, soll der Begriff überhaupt einen Sinn haben, lässt sich nur, was, und sei es auch nur als Scheinbares, als gegeben genommen wird); andererseits, spezifischer, kraft dessen, was Verrat hier zum *Ziel* hat (›Wissen‹, als solches gewiss nie ›von der Welt‹, ist, was es ist, dennoch nur, weil wesentlich, und sei es auch negativ, auf die Welt bezogen). In ihrer wesentlichen Relation zum Wissen und so dialektischen zur Welt genommen ist Benjamins Melancholie gewissermaßen alles nur nicht Freud'sche. Präziser: Sie ist, wenn Melancholie im Sinne Freuds, dann gerade nicht hinsichtlich deren Inhalts (i.e. gerade nicht hinsichtlich dessen, was an der Melancholie das ›Traurige‹ ist: ihr [nicht] einverleibendes Wissen um die Existenz dessen, was verloren ist; ›Wissen‹ entsprechend, das so eigentlich gar nicht oder einzig in Anführungszeichen genannt werden kann), sondern ausschließlich hinsichtlich des Allgemeinsten deren Form.

Worauf ich mit dieser verknoteten Ausdrucksweise anspiele, sind zwei spezifische, aufs Engste zusammenhängende Texte Freuds, »Neurose und Psychose« (1923/1924) und »Der Realitätsverlust bei Neurose und Psychose« (1924), und die Komplizenschaft bzw. Komplikation zweier bestimmter Definitionsversuche. {a} In »Neurose und Psychose« schlägt Freud zur Charakterisierung der Melancholie den Ausdruck der »narzisstischen Psychoneurose« vor und grenzt diese (verstanden als Konflikt »zwischen Ich und Über-Ich«) ab einerseits von der »Übertragungsneurose« (Konflikt »zwischen Ich

---

58 Ebd., S. 402.

59 Ebd., S. 334. Dieselbe Bestimmung begegnet auch an späterer Stelle, wo vom »allegorisch Betrachtenden [...], der die Welt um des Wissens willen verrät«, die Rede ist (ebd., S. 398).

und Es«), andererseits von der »Psychose« (Konflikt zwischen »Ich und Außenwelt«).[60] Die Verwendung des Begriffs in »Neurose und Psychose« ist freilich nicht die erste und hat, dem angeführten Unterscheidungsversuch zum Trotz, keineswegs vergessen, dass die »narzisstischen Psychoneurosen« eine andere, deutlich engere Beziehung zur »Psychose« unterhalten als »Psychose« und »narzisstische Psychoneurose« jeweils zur »Übertragungsneurose«. Das will nicht besagen, dass die »Psychoneurose« als »narzisstische« mit der »Psychose« geradewegs zusammenfalle (es hieße das, die Gründe für Freuds [neue] Verwendung des Ausdrucks zu verwerfen, noch bevor man betrachtet hat, was diese Gründe sind); wohl aber, dass, ausgehend vom Bezug zwischen ›melancholischem‹ Subjekt und intersubjektiv geteilter »Außenwelt«, mit Blick auf Neurose *und* Psychose weniger eine klare Entscheidung gefordert ist, als dass von der Leser:in verlangt wird, den Fäden und Falten eines möglichen Gewebes, eines möglichen Verflochten-Seins des einen mit dem anderen nachzudenken. {b} Nicht nur bei der »narzisstischen Psychoneurose« (die – als Bezeichnung genommen – im Werk Freuds wie angedeutet verschiedene Rollen zu spielen hat und die – in der in »Neurose und Psychose« bezeichneten, i.e. melancholischen Sache genommen – vielleicht tatsächlich eine Mittelstellung einnimmt) ist die Einteilung in bzw. Unterscheidung von ›Neuro-‹ und ›Psychotischem‹ nicht ohne Weiteres klar. Ebendieses ›Weitere‹ ist es, was Freud, der die Schwierigkeit also eingesteht, im zweiten der oben genannten Aufsätze, »Der Realitätsverlust bei Neurose und Psychose«, nachzuliefern gedenkt:

> »Ich habe kürzlich [an dieser Stelle findet sich ein Fußnotenverweis auf den anderen Aufsatz] einen der unterscheidenden Züge zwischen Neurose und Psychose dahin bestimmt, daß bei ersterer das Ich in Abhängigkeit von der Realität ein Stück des Es (Trieblebens) unterdrückt, während sich dasselbe Ich bei der Psychose im Dienste des Es von einem Stück der Realität zurückzieht. Für die Neurose wäre also die Übermacht des Realeinflusses, für die Psychose die des Es maßgebend. Der Realitätsverlust wäre für die Psychose von vorneherein gegeben; für die Neurose, sollte man meinen, wäre er vermieden. / Das stimmt nun aber gar nicht zur

60 Freud, »Neurose und Psychose«, SA 3, S. 336.

> Erfahrung, die wir alle machen können, daß jede Neurose das Verhältnis des Kranken zur Realität irgendwie stört, daß sie ihm ein Mittel ist, sich von ihr zurückzuziehen [...]. Dieser Widerspruch erscheint bedenklich, allein er ist leicht zu beseitigen, und seine Aufklärung wird unser Verständnis der Neurose nur gefördert haben.«[61]

Konkret wird dieses »gefördert[e]« »Verständnis der Neurose« in der Einsicht bestehen, »daß bei der Neurose ein Stück der Realität fluchtartig vermieden, bei der Psychose aber umgebaut wird. Oder: bei der Psychose folgt auf die anfängliche Flucht eine aktive Phase des Umbaues, bei der Neurose auf den anfänglichen Gehorsam ein nachträglicher Fluchtversuch.«[62] Ich lasse hier unberücksichtigt, ob diese Neuformulierung tatsächlich einholt, was der Anfang von Freuds Text in Aussicht stellt – um stattdessen, an Benjamin interessiert, mit Freud der (neuen) Unterscheidung von Neurose und Psychose sogleich eine (noch einmal) andere zu substituieren: »Oder«, so Freud im unmittelbar anschließenden Satz, »noch anders ausgedrückt: Die Neurose verleugnet die Realität nicht, sie will nur nichts von ihr wissen; die Psychose verleugnet sie und sucht sie zu ersetzen.«[63] Exakt das, der erste, die Neurose betreffende Teil dieser Bestimmung, ist es, so scheint mir, was die Benjamin'sche Melancholie beschreibt: Sie »verrät [...] um des Wissens willen«, »verleugnet [...] nicht«, sondern »will [...] wissen«. Wenn so, für die Dauer eines frankensteinartig zusammengenähten Satzes, »nur nichts« von mir unterschlagen wird, dann nicht um die Freud'sche Definition etwas sagen zu lassen, was sie bei Freud nicht sagen will – sondern, im Gegenteil, um desto schärfer hervortreten zu lassen, was sie, im Dialog mit Benjamin, *auch* sagt. Nicht nur »will« die »Neurose« sehr wohl »von« der »Realität« »wissen«, sondern ihr Studium ist so gewissenhaft, so spezialisiert, dass es seine ganze, ungeteilte Aufmerksamkeit »nur« Einem widmet. Dass es sich bei diesem Einen um »nichts« handelt, ändert am Bezug zum »[W]issen« der – von Freud auf Ebene der Syntax in auffälliger Weise von der (doppelt) positiv charakterisierten (»verleugne[nden]«, »ersetzen[den]«) Psychose abgegrenzten – Neurose nichts. (Ja, nicht nur ändert »nichts« nichts am neurotischen

61 Ders., »Der Realitätsverlust bei Neurose und Psychose«, SA 3, S. 357.
62 Ebd., S. 359.
63 Ebd.

Bezug zum Wissen, sondern es wird – bald, wenn wir uns ausführlicher mit Husserl beschäftigt haben werden – benannt haben, was Wissen, zumal ›theoretischem‹, wesentlich zugehört.) Und es ist dieser wesentliche (negative) Bezug zum Wissen der Neurosen, unter dessen Horizont nicht alle im Werk Freuds diskutierten Neurosen ebenbürtig sind; unter dessen Horizont eine spezifische aus ihnen als epistemisch privilegierte sich abhebt dadurch, dass ihre Spezifik – einem um die elterliche Aufmerksamkeit eifernden Kind vergleichbar – in wesentlichen Hinsichten nichts anderes als ihr Allgemeines, das allen Neurosen Gemeinsame ist.[64] Als diesem Prinz unter den Neurosen – es ist, um das Kind beim Namen zu nennen, der *Zwang* – weit eher als der Melancholie im Freud'schen Sinne gewidmet, entpuppt sich auch die ›Melancholie‹ des *Trauerspielbuchs* (die »mehrentheiles in Pallästen [wohnt]«),[65] wenn, was ich im Folgenden tun möchte, hinzugenommen wird, dass ›Wille zum Wissen‹ bei Benjamin wie bei Freud einen bösen Zwilling hat.

Zweiter Schritt. In Gedanken, ›apathisch‹ zieht sich die Melancholiker:in aus der Welt zurück – nicht aber in schlechthinnige Passivität, nicht um die Welt ganz den Anderen zu überlassen, sondern, ganz im Gegenteil, um sie sich *gerade dadurch*, gedanklich, restlos und ohne die kleinste Einschränkung der Herrschaftsgewalt untertänig zu machen *in ihrer Bedeutung*:

> »Wird der Gegenstand unterm Blick der Melancholie allegorisch läßt sie das Leben von ihm abfließen, bleibt er als toter, doch in Ewigkeit gesi-

---

64 »Die Zwangsneurose«, schreibt Freud in *Hemmung, Symptom und Angst*, »ist wohl das interessanteste und dankbarste Objekt der analytischen Untersuchung, aber noch immer als Problem unbezwungen.« (SA 6, S. 257.) Diese zweifelhafte Würdigung ist höchst bemerkenswert auch hinsichtlich ihrer sprachlichen Gestaltung, insbesondere hinsichtlich der Wortwahl »unbezwungen«. Sie passt zu der Vermutung, wie sie das vorliegende – primär am Zwanghaften der phänomenologischen Theoriebildung interessierte – Buch begleiten muss, nämlich: dass man vieles von dem so (bei Husserl) Herausgearbeiteten auch in der psychoanalytischen Theoriebildung wiederfinden kann. Auch diese hat – so charakterisiert Freud sein Vorgehen an einer Stelle als »Übersetzung seiner [gemeint: des Analysanden] Zwangsgedanken« – ihren Ursprung wesentlich im Zwang: dasselbe in anderen Worten zu sagen (*Bemerkungen über einen Fall von Zwangsneurose*, SA 7, S. 95).

65 Benjamin, *Ursprung des deutschen Trauerspiels*, GS 1:1, S. 322. Benjamin bezieht sich hier auf eine Aussage im Theatertext *Ernelinde, princesse de Norvège* von François-André Danican Philidor.

> cherter zurück, so liegt er vor dem Allegoriker, auf Gnade und Ungnade ihm überliefert. Das heißt: eine Bedeutung, einen Sinn ausstrahlen, ist er von nun an ganz unfähig; an Bedeutung kommt ihm das zu, was der Allegoriker ihm verleiht.«[66]

Bezüglich dieser Ohnmacht des (allegorisierten) Gegenstands – mit deren Charakterisierung als ›Überlieferung‹ Benjamin den konstitutiven Bezug zwischen bedeutungsvollem ›Ausgeliefert-Sein‹ und dem Medium der Schrift,[67] den nekrophilologischen Zug der barocken Allegorese akzentuiert – spricht eine Textpassage wenig später eine noch deutlichere, deutlicher freudianische Sprache. Da betont Benjamin (bzw. erinnert er daran),[68] dass die Allegoriker:in »keinesfalls Willkür als drastische Bekundung von der Macht des Wissens [meidet]«,[69] um solcher semiotischen Willkürherrschaft – sie ist Ricœurs *Idées I*, »Abschattungen« brillant-brutal zu ›Skizzen‹ degradierend, nicht fremd – sodann eine sexuelle Komponente abzulesen. Benjamin spricht – orientalistisch-taktlos wie psychoanalytisch treffsicher – von der »Wollust, mit welcher die Bedeutung als finsterer Sultan im Harem der Dinge herrscht«, und führt aus:

> »Es ist ja dem Sadisten eigentümlich, seinen Gegenstand zu entwürdigen und darauf – oder dadurch – zu befriedigen. So tut denn auch der Allegoriker in dieser von erdichteten wie von erfahrenen Grausamkeiten trunkenen Zeit. Bis in die religiöse Malerei spielt das hinein. Der ›Augenaufschlag‹, den barocke Malerei ›zu einem Schema‹ ausbildet, ›das ganz unabhängig ist von der im augenblicklichen Vorwurf bedingten Situation‹, verrät und entwertet die Dinge auf unaussprechliche Weise.«[70]

---

66 Ebd., S. 359.

67 Vgl. ebd., S. 350–389.

68 »Jede Person, jedwedes Ding, jedes Verhältnis«, stellt Benjamin schon früher in seiner Studie fest, »kann [im Barock] ein beliebiges anderes bedeuten. Diese Möglichkeit spricht der profanen Welt ein vernichtendes doch gerechtes Urteil: sie wird gekennzeichnet als eine Welt, in der es« – der Hegelianismus des Barock, sein ›Desto schlimmer für die Tatsachen‹ sozusagen – »aufs Detail so streng nicht ankommt.« (Ebd., S. 350.)

69 Ebd., S. 360.

70 Ebd. Benjamin zitiert hier den Aufsatz »Barock als Gestaltung antithetischen Lebensgefühls: Grundlegung einer Phaseologie der Geistesgeschichte« von Arthur Hübscher.

Mit seiner ›phänomenologischen‹ Befragung der Melancholie – Befragung der Melancholie hin auf ihre konkrete (allegorische) Äußerungsform und dieser Äußerungsform hin auf ihren ›sadistischen‹ Zug – rückt der *Ursprung des deutschen Trauerspiels* in intimste Nähe zur Freud'schen Psychoanalyse, wo diese über die Entstehung von ganz anderem als der Trauer spricht: eben, wir wissen es bereits, über die »Genese der Zwangsneurose«.[71] Am detailliertesten geschieht Letzteres in dem – nachträglich, mehr als zehn Jahre nach der Erstveröffentlichung, mit »Zur Theorie« überschriebenen und, nehmen wir auch das zur Kenntnis, einleitend als »Phänomenologie des Zwangsdenkens«[72] charakterisierten – zweiten Teil von Freuds *Bemerkungen über einen Fall von Zwangsneurose* (ursprünglich 1909), der Fall des *Rattenmanns* (Ernst Lanzer). Freuds Überlegungen lassen sich in sechs Schritte unterteilen. {a} Die Frage nach dem genauen Verhältnis der in der Strukturierung des intersubjektiven Raums (bzw. in der Strukturierung des Bezogenseins des Subjekts auf die Welt seiner ›Objekte‹) zentralen Gefühle *Liebe und Hass* führt Freud zur Feststellung einer »sadistischen Komponente der Libido«, wie sie bei der (späteren) Zwangsneurotiker:in »konstitutionell besonders stark entwickelt gewesen [ist] [...] und darum eine vorzeitige und allzu gründliche Unterdrückung erfahren [hat]«.[73] {b} Der so aus dem Reich des Bewusstseins expatriierte, »im Unbewußten als Haß fortwirkend[e] Sadismus« hat – einer jeden »Aktion[], für welche die Liebe das treibende Motiv sein soll« gleichsam still ins Wort fallend – eine »Entschlußlähmung« zur Folge, die sich »allmählich über das gesamte Tun des Menschen aus[breitet]«.[74] {c} Diese »Entschlußlähmung« ist schlechterdings »unerträglich[]« und wird einzig in dem Maße ›akzeptiert‹, wie das durch sie gehemmte, potentiell lustbringende »Tun« in anderer Weise realisiert werden kann. Hierin liegt die Aufgabe bzw. der Sinn des *Symptoms*: via »Verschiebung« die »gehemmten Vorsätze zum Entschluß [...] bringen«, »die dort aufgestaute Energie« in Form von »Ersatzhandlung[en] ihre Abfuhr [...] finden« lassen. »Indem bald der zärtliche, bald der feindliche Impuls diesen Weg zur Abfuhr erobert«, begegnet solcher Ersatz wechsel-

---

71 Freud, *Bemerkungen über einen Fall von Zwangsneurose*, SA 7, S. 100.

72 Ebd., S. 83.

73 Ebd., S. 96–97.

74 Ebd., S. 97.

weise versehen mit dem Index des ›Ge-‹ oder des ›Verbots‹ – immer aber begleitet von einem Gefühl der *Notwendigkeit*: Als die mit ihrer Unterlassung verbundene »Spannung eine unerträgliche und als höchste Angst wahrgenommen« wäre bzw. würde, kann, wo ihre Möglichkeit einmal etabliert ist, auf die »Ersatzhandlung« »nicht mehr verzichtet« werden, »*muss* [sie] ausgeführt werden«.[75] {d} Dies ›Müssen‹ – eben das ›Zwingende‹ dieser Art von Symptombildung – unterliegt (seinerseits) einer Ablenkung oder Verschiebung. »Durch eine Art von Regression treten [...] vorbereitende Akte an die Stelle der endgültigen Entschließung, das Denken ersetzt das Handeln, und irgendeine Gedankenvorstufe der Tat setzt sich mit Zwangsgewalt durch anstatt der Ersatzhandlung«,[76] wobei {e} diese Regression »durch einen andern an der Entstehung der Neurose beteiligten Faktor begünstigt« wird, nämlich die (obig genannte) »konstitutionell besonders stark entwickelt[e] [...] und darum eine[r] vorzeitige[n] und allzu gründliche[n] Unterdrückung« unterworfene »sadistische Komponente der Libido«, insofern sie – ein »fast regelmäßiges Vorkommnis in den Geschichten der Zwangskranken«, wie Freud (erst jetzt, wissend um die Implikationen?) ergänzt – begleitet wird von dem »frühzeitige[n] Auftreten und d[er] vorzeitige[n] Verdrängung des sexuellen Schau- und Wißtriebes«.[77] (Die Natur dieser [von mir so genannten] ›Begleitung‹ wird im Zusammenhang des *Rattenmann*-Falls nicht näher bestimmt. Der fünf Jahre später verfasste Aufsatz »Die Disposition zur Zwangsneurose« bietet folgende Erklärung an: »Besonders vom Wißtrieb gewinnt man häufig den Eindruck, als ob er im Mechanismus der Zwangsneurose den Sadismus geradezu ersetzen könnte. Er ist ja im Grunde ein sublimierter, ins Intellektuelle gehobener Sprößling des Bemächtigungstriebes [...].«)[78] {f} Wo aus besagten zwei Dispositionen, i.e. »Schau-« und »Wißtrieb«, letztere, also

> »der Wißtrieb in der Konstitution des Zwangskranken überwiegt, da wird das Grübeln zum Hauptsymptom der Neurose. Der Denkvorgang selbst wird sexualisiert [...] und die Befriedigung beim Erreichen eines Denk-

---

75 Ebd., S. 99.

76 Ebd., S. 99–100.

77 Ebd., S. 100.

78 Ders., »Die Disposition zur Zwangsneurose«, SA 7, S. 116.

> ergebnisses wird als sexuelle Befriedigung empfunden. Diese Beziehung des Wißtriebes zu den Denkvorgängen macht ihn besonders geeignet, in den verschiedenen Formen der Zwangsneurose, an denen er Anteil hat, die Energie, die sich vergeblich zur Handlung durchzuringen bemüht, aufs Denken zu locken, wo sich die Möglichkeit einer andern Art von Lustbefriedigung bietet. So kann sich mit Hilfe des Wißtriebes die Ersatzhandlung durch vorbereitende Denkakte weiter ersetzen. Der Aufschub im Handeln findet aber bald seinen Ersatz durch das Verweilen im Denken, und der ganze Prozeß ist schließlich mit Erhaltung all seiner Eigentümlichkeiten auf ein neues Gebiet übersetzt«[79]

– übersetzt auf das Gebiet der wesentlich endlosen, »bodenlose[m] Tiefsinn[]« verfallenen Allegorisierung der dinglichen Welt im Barock etwa oder aber, wir kennen den Fall, *auf das Gebiet des Übersetzens selbst*: wo es auf Perfektion pochend von seinem eigenen Abschluss nichts wissen will, aber eben nur nichts wissen will, um im Schatten von solchem vermeintlichen »malheur« ewig, wie das Gespenst eines Sultans in ausgestorbenem Harem, an sich selbst Genüge zu finden. (Ich möchte hier, am unteren Rand dieses Exkurses, Eines noch hinzunehmen. In einem späteren Text, *Hemmung, Symptom und Angst* [1926], wird Freud als eine der zentralen »Techniken« der [zwangsneurotischen] »Symptombildung« – bereits im *Rattenmann*-Fall ist es von zentraler Bedeutung, hat da aber noch keinen bzw. noch nicht diesen Namen[80] – das »*Ungeschehenmachen*« identi-

---

79 Ders., *Bemerkungen über einen Fall von Zwangsneurose*, SA 7, S. 100.

80 Ein konkretes Vorkommnis im *Rattenmann*-Fall des später so genannten »Ungeschehenmachens« ist etwa die folgende Episode: »Am Tage, als [seine Geliebte] abreiste, stieß [der Analysand] mit dem Fuße gegen einen auf der Straße liegenden Stein und *mußte* ihn nun auf die Seite räumen, weil ihm die Idee kam, in einigen Stunden werde ihr Wagen auf derselben Straße fahren und vielleicht an diesem Stein zu Schaden kommen, aber einige Minuten später fiel ihm ein, das sei doch ein Unsinn, und er *mußte* nun zurückgehen und den Stein wieder an seine frühere Stelle mitten auf der Straße legen.« (SA 7, S. 60.) Freud schlägt folgende Deutung vor: »Es tobt in unserem Verliebten ein Kampf zwischen Liebe und Haß, die der gleichen Person gelten, und dieser Kampf wird plastisch dargestellt in der zwanghaften, auch symbolisch bedeutsamen Handlung, den Stein von dem Wege, den sie befahren soll, wegzuräumen und dann diese Liebestat wieder rückgängig zu machen, den Stein wieder hinzulegen, wo er lag, damit ihr Wagen an ihm scheitere und sie zu Schaden komme. Wir verstehen diesen zweiten Teil der Zwangshandlung nicht richtig, wenn wir ihn nur als kritische Abwendung vom krankhaften Tun auffassen, wofür er sich

fizieren.[81] Man trifft es an »zuerst bei den zweizeitigen Symptomen, wo« – wie am Webstuhl der Penelope oder bei einer Übersetzer:in unglücklich mit ihrem Werk – »der zweite Akt den ersten aufhebt, so, als ob nichts geschehen wäre, wo in Wirklichkeit beides geschehen ist.«[82] Diese, wie sich Freud später etwas knapper [aber weiterhin nicht ohne Hegel] ausdrückt, »›Aufhebungen‹ durch Ungeschehenmachen«[83] sind nicht rein ›symptomatischer‹ Natur. Die Grenzen zwischen ›Pathologischem‹ und ›Normalem‹ sind hier fließend bzw. jenes hat in diesem eine Entsprechung. In Freuds Worten, der sich einer Wendung aus dem Bereich des Optischen und einer Fremdsprache bedient: »Seine Abschattung zum Normalen findet das Streben zum Ungeschehenmachen in dem Entschluß, ein Ereignis als ›*non arrivé*‹ zu behandeln […].«)[84]

6. Die perfekte Skizze

Ich fragte nach dem Pendant bzw. Negativ dessen, was in der Ricœur'schen Übersetzungstheorie der »bonheur de la traduction« heißt, um es in Ricœurs früher eigener Übersetzungspraxis, *avant la lettre*, zwischen den Sprachen, in die Tat umgesetzt zu finden – und um, in einem weiterführenden Schritt, etwas abseits vom eigentlichen Weg, solchen »malheur« mit der Allegoriker:in Benjamins bzw. Zwangsneurotiker:in im Freud'schen Sinne in Verbindung zu bringen.

Unglücklicherweise war dieses Vorgehen nicht umsonst. Ebendas wird – wie ich im Folgenden, als vorläufigen Abschluss der Auseinandersetzung mit Ricœur zeigen möchte – der dialektische, zweideutige Preis seiner Inanspruchnahme gewesen sein: dass unser Beispiel – als wäre es, ähnlich wie für Ricœur Hölderlin, Allegorie – für translatorischen »malheur« noch »etwas anderes[,] als es ist«, bedeutet »[u]nd zwar […] genau das Nichtsein dessen, was es vorstellt«; dass

---

selbst ausgeben möchte. Daß auch er sich unter der Empfindung des Zwanges vollzieht, verrät, daß er selbst ein Stück des krankhaften Tuns ist, welches aber von dem Gegensatz zum Motiv des ersten Stückes bedingt wird.« (Ebd., S. 61.)

81 Ders., *Hemmung, Symptom und Angst*, SA 6, S. 263.

82 Ebd.

83 Ebd.

84 Ebd., S. 263–264.

dem Übersetzungsproblem der »Abschattung«, ähnlich der barocken Grübelei – die, »[w]ie Stürzende im Fallen sich überschlagen«, dem »Schwindel ihres bodenlosen Tiefsinns anheim[fiele]«, würde sie nicht »mit jenem *einen* Umschwung« dialektisch gerettet »unterm Himmel sich wiederfinde[n]«[85] – *eine ›erlösende‹ Wendung eignet.* Anders und spezifischer: Im zwanghaft-erfolglosen Streben nach übersetzerischer Perfektion liegt der »malheur« der *Idées I* – aber *in eins ihre eigene* bzw. *eine andere* Perfektion, nämlich liegt eine performative Dimension begründet, wie sie einer ›geglückten‹ Übersetzung, und zwar präzise als geglückter, notwendigerweise abginge. Besagte Performativität – deren Bühne das Zwischen der Texte und der Sprachen ist – ist (ihrerseits) eine zweifache, setzt sich zusammen aus bzw. sich auseinander mit: {a} dem, *worum* es bei Husserl geht, einerseits; andererseits {b} mit der *Art und Weise* des Husserl'schen Umgangs.

{a} »Nous avons traduit«, lasen wir in einer von Ricœur gesetzten Fußnote, »*Abschattung* par ›esquisse‹, qui rend grossièrement l'idée d'une révélation fragmentaire et progressive de la chose.«[86] Wenn so, was im §41 der *Ideen I* Thema ist, unter dem Banner der ›Idee‹ zusammengefasst wird, so hat das – entgegen dem Anschein bzw. wiewohl der Ausdruck in dem Paragraphen an keiner Stelle vorkommt – nichts Behelfsmäßiges. Vielmehr handelt es sich bei Ricœurs Wortwahl um eine Art phänomenologisches Schibboleth, konkret: um eine (erst beim zweiten Lesen unüberhörbare) Anspielung auf eine spätere Stelle in den *Ideen I*, den §143. Da kehrt Husserl auf das »System von kontinuierlichen Erscheinungs- und Abschattungsmannigfaltigkeiten«, wie es gemäß dem §41 zum »Erfahrungsbewusstsein vom selben Ding« »[i]n Wesensnotwendigkeit gehört«,[87] wie folgt zurück:

---

85 Auf den engen Bezug zwischen der ›Grübler:in‹ des *Trauerspielbuchs* und dem ›monströsen‹ Übersetzer Hölderlin habe ich bereits hingewiesen. Und auch an der eben zitierten Stelle (»[w]ie Stürzende im Fallen sich überschlagen« usw.) ist das Echo von »Die Aufgabe des Übersetzers« deutlich hörbar. In letzterem Aufsatz lesen wir an einer Stelle: »Die Sophokles-Übersetzungen waren Hölderlins letztes Werk. In ihnen stürzt der Sinn von Abgrund zu Abgrund, bis er droht in bodenlosen Sprachtiefen sich zu verlieren. Aber es gibt« – nicht unähnlich jenem ›*einen* Umschwung‹ im *Trauerspielbuch* – »ein Halten. Es gewährt es jedoch kein Text außer dem heiligen [...].« (GS 4:1, S. 21.)

86 Husserl, *Idées I*, Übers. Ricœur, S. 132, Anm. 1 | Übers. PPH: »Wir haben Abschattung mit ›Skizze‹ oder ›Zeichnung‹ übersetzt, was grob die Idee einer fragmentarischen und fortschreitenden Offenbarung des Dings wiedergibt.«

87 Ders., *Ideen I*, Hua 3:1 [1976], S. 85.

»Es gibt, sagten wir,[88] prinzipiell nur inadäquat erscheinende (also auch nur inadäquat wahrnehmbare) Gegenstände. Jedoch ist der einschränkende Zusatz nicht zu übersehen, den wir machten. Wir sagten inadäquat wahrnehmbar in abgeschlossener Erscheinung. Es gibt Gegenstände – und alle transzendenten Gegenstände, alle ›Realitäten‹, die der Titel der Natur oder Welt umspannt, gehören hierher – die in keinem abgeschlossenen Bewußtsein in vollständiger Bestimmtheit und in ebenso vollständiger Anschaulichkeit gegeben sein können. / Aber als ›Idee‹ (im Kantischen Sinn) ist gleichwohl die vollkommene Gegebenheit vorgezeichnet – als ein in seinem Wesenstypus absolut bestimmtes System endloser Prozesse kontinuierlichen Erscheinens, bzw. als Feld dieser Prozesse ein a priori bestimmtes Kontinuum von Erscheinungen mit verschiedenen aber bestimmten Dimensionen, durchherrscht von fester Wesensgesetzlichkeit. [...] Ist nun eine abgeschlossene Einheit der Durchlaufung, als ein endlicher, nur beweglicher Akt, vermöge der allseitigen Unendlichkeit des Kontinuums nicht denkbar (das ergäbe eine widersinnige endliche Unendlichkeit): so liegt doch die Idee dieses Kontinuums und die Idee der durch dasselbe vorgebildeten vollkommenen Gegebenheit einsichtig vor – einsichtig wie eben eine ›Idee‹ einsichtig sein kann, durch ihr Wesen einen eigenen Einsichtstypus bezeichnend.«[89]

So wenig behelfsmäßig wie die Wortwahl des Husserl-Kommentators, der von der »idée d'une révélation fragmentaire et progressive« spricht, ist vor diesem (späteren) Hintergrund also die des Husserl-Übersetzers, der, die Behelfsmäßigkeit seiner eigenen Arbeit kommentierend, von einem »rend[re] grossièrement« spricht, um sogleich abzufedern bzw. nachzudoppeln: »Profil, aspect, perspective, touche, etc., conviendraient également mais ne donnent pas de verbe pour traduire *sich abschatten*, s'esquisser.«[90] Wo, wie hier, doppelt, in Worten (»grossièrement«) und mit Taten (die wiederum Worte,

---

88 Husserl spielt hier auf den §138 der *Ideen I* an, wo es heißt: »Prinzipiell kann ein Dingreales, ein Sein solchen Sinnes in einer abgeschlossenen Erscheinung nur ›inadäquat‹ erscheinen.« (Ebd., S. 319.)

89 Ebd., S. 331.

90 Husserl, *Idées I*, Übers. Ricœur, S. 132, Anm. 1 | Übers. PPH: »Profil, Aspekt, Perspektive, Pinselstrich etc. passten genauso, liefern aber kein Verb, um auf andere Weise *sich abschatten*, sich abzeichnen, zu sagen.«

eine unabgeschlossene Auswahl an solchen sind: »[p]rofil, aspect, perspective, touche, etc.«), klargemacht wird, dass die Übersetzung nicht perfekt ist, *gibt es Perfektion durchaus*: im Modus des ideellen Regulativs, das so etwas wie Selbstanklage und Aufzählung allererst nahelegt oder nötig macht. In diesem Punkt, ihrem »malheur«, sind Ricœurs »esquisse« und ihre »également« (un-)passenden Gefährtinnen, exakt das, was sie – ihren Gegenstand, die »Abschattung«, als (spezifisches deutsches) Lexem genommen – als Übersetzungen schlechterdings nicht und was sie – die »Abschattung« in ihrem Sinn genommen – einzig als Übersetzungen sein können: *eine Serie von* – »Sinn [stürzt] von Abgrund zu Abgrund« – *Abschattungen desselben (Wort-)Dings*. Ding, das aus dem französischen Text heraus-, nämlich (in Klammern, Wände einer Krypta, sie heimsuchend) die *Idées I* befällt, um gerade auf diesem Umweg den lesenden Blick auf seinen untoten, -verlorenen deutschen »Wort-Leib«[91] zu lenken – und so zu lenken auf eine Wortverwendungsgeschichte, wie sie, zumindest bei jenen für Benjamin wie Ricœur den Übersetzungstheoretiker so wichtigen Romantiker:innen, intim mit dem Problemkomplex der Übersetzung selbst verknotet ist.[92] »Mehrere Sprachen«, heißt es

91 Diesen Ausdruck entlehne ich einem Manuskript Husserls von 1918, wo es heißt: »Im wortkonstituierenden Bewusstsein ist nicht der bloße Wortlaut bewusst, als eine schlicht sinnliche Gegenständlichkeit, sondern das Wort, das ›etwas bedeutet‹; nicht in einem schlicht anschauenden, sondern in einem in Anschauung fundierten Bewusstsein konstituiert sich phänomenologisch das Wort, und das Wesen, das ihm dieses Bewusstsein vorschreibt, ist offenbar ein solches, dass wir das Wort nicht als eine Realität ansprechen können: als eine Realität in dem Sinn, in welchem wir ein Physisches oder Psychisches real nennen. In der Welt, in der ›Natur‹ im weitesten Sinn, gibt es nicht so etwas wie Worte. / Selbst das als Unterlage fungierende sinnliche Phänomen des ›Wortlauts‹ ist genau besehen im verbalen Bewusstsein nicht als Reales gesetzt. Man achte darauf, dass diese sinnliche Unterlage mannigfach wechseln kann, während immerfort das Bewusstsein desselben, evident desselben Wortes, da ist. Es wird ›das‹ Wort einmal aktuell ausgesprochen, das andere Mal ist es aktuell geschriebenes oder gedrucktes. Aber das erschallende Wort, das Tinten- und Papierwort ist nicht das Wort. Wäre der Schall, Tinte, Papier, diese ganze reale Sphäre, worin diese Wort-Dinge sind, Illusion, Schein, nichtige Realität, so litte das betreffende Wort selbst mitsamt seinem Wort-Leib nichts.« (»Beilage XIII«, Hua 20:2, S. 113.) Zu einer kritischen Diskussion dieser Husserl-Stelle in literaturwissenschaftlicher Perspektive vgl. Sandro Zanettis »Einleitung (How to Do *Things* with Words…)«, S. 16–18, zu dem von ihm herausgegebenen Heft *Wortdinge/Words as Things/Mots-choses*.

92 Auf diesen Umstand – und die folgenden beiden Textstellen – bin ich aufmerksam geworden durch den Text »Abschattungsabschattungen« von Johannes Kleinbeck.

bei Wilhelm von Humboldt, »sind nicht ebensoviele Bezeichnungen einer Sache; es sind verschiedene Ansichten derselben […].«[93] Und ganz im Fahrwasser dieses Satzes – und noch näher an Husserls »System von kontinuierlichen Erscheinungs- und Abschattungsmannigfaltigkeiten« – bewegt sich Friedrich Schleiermacher in seinem Essay »Ueber die verschiedenen Methoden des Uebersetzens«, wo von der »Sprache« die Rede ist »mit dem in ihr niedergelegten System der Anschauungen und Abschattung der Gemüthsstimmungen«.[94]

{b} Ich habe einführend auf die große philosophische Bedeutung des §41 der *Ideen I* für Husserls Denken hingewiesen. Nicht weniger aber als unter philosophischen Gesichtspunkten ist der Paragraph in höchstem Masse bemerkenswert auch unter poetologischen. So ist denn, was sich als deskriptive Bestandsaufnahme einer »Sachlage«[95] gibt, zugleich eine Begriffswerkstatt, den Ausdruck »Abschattung« zum phänomenologischen *terminus technicus* umprägend.[96] Erinnern wir uns:

> »Dieselbe Farbe erscheint ›in‹ kontinuierlichen Mannigfaltigkeiten von Farbenabschattungen. Ähnliches gilt für sinnliche Qualität und ebenso für jede räumliche Gestalt. Die eine und selbe Gestalt (als dieselbe leibhaft gegeben) erscheint kontinuierlich immer wieder ›in anderer Weise‹, in immer anderen Gestaltabschattungen.«[97]

So wie – ich versuche zu paraphrasieren, was Husserl hier sagt – uns Farben nie und dies wesentlich ›als solche‹, sondern stets und

---

93 von Humboldt, »Fragmente der Monographie über die Basken«, *Gesammelte Schriften* 7:2, S. 602.

94 Schleiermacher, »Ueber die verschiedenen Methoden des Uebersetzens«, S. 61.

95 Husserl, *Ideen I*, Hua 3:1 [1976], S. 85.

96 Husserls ›prägender‹ Umgang mit der »Abschattung« hat einen direkten Vorläufer: nämlich die Inanspruchnahme des Begriffs durch den Husserl akademisch wie privat wohlbekannten Begründer der Vektorrechnung Hermann Graßmann, in dessen Schriften der Ausdruck »Abschattung« als Synonym für ›Projektion‹ (einer Summe) fungiert (vgl. etwa Graßmann, *Die lineale Ausdehnungslehre*, S. 126). Für diesen wichtigen Hinweis bedanke ich mich bei Arnd Wedemeyer.

97 Husserl, *Ideen I*, Hua 3:1 [1976], S. 85. Strenggenommen handelt es sich hierbei um die zweite Verwendung des Ausdrucks »Abschattung« in den *Ideen I*. »Vorläufig«, lesen wir an früherer Stelle, »genügt der Hinweis darauf, dass schon die Raumgestalt des physischen Dinges prinzipiell nur in bloßen einseitigen Abschattungen zu geben ist« (ebd., S. 14). Das ist da dann aber auch schon alles.

ganz konkret *in einem bestimmten Licht* gegeben sind, zeigen sich der Wahrnehmung Gegenstände immer nur in bestimmten Ansichten bzw. von bestimmten Seiten.[98] (Die Rede von ›sich zeigenden Gegenständen‹ birgt – in Husserl'scher Hinsicht – freilich bereits die Gefahr eines gewissen Missverständnisses, insofern solche Rede – für Husserl – gleichsam *Name* ist: dafür, dass aus dem »veränderliche[n] Strom« der *Bewusstseins*erlebnisse gewisse aus ihnen »eigenartig aufleuchten«, wie der Astrolog:in Sternbilder, »sich zu Synthesen verknüpfen«.[99] Oder noch anders ausgedrückt: »*[A]ls* identischer bewußt *im* synthetischen Bewußtsein [meine Hervorhebungen]«[100] – und eben nur so und da – ist ›ein Gegenstand‹ ›Gegenstand‹ und ›einer‹. »Ähnliches gilt« – ich bemerke es eigens – übrigens auch für den Gegenstand, wie ihn die Freud'sche Theorie denkt. Zumindest legt das folgende Stelle nahe, die dem Gegenstand, der der Zwang ist, gewidmet ist, und von gewissen theoretischen Schwierigkeiten berichtet: »Die Mannigfaltigkeit in den Erscheinungen der Zwangsneurose ist eine so großartige, daß es noch keiner Bemühung gelungen ist, eine zusammenhängende Synthese aller ihrer Variationen zu geben.«)[101] *So wie*, noch einmal, uns Farben stets in einem bestimmten Licht gegeben sind, zeigen sich Gegenstände immer nur in bestimmten Ansichten – und es verzahnt sich also, wie sich nun zeigt, die sie durchziehende rhetorische Operation (der Analogisierung) mit dem Inhalt der Husserl-Passage, ihrem Gegenstand: »Die eine und selbe Gestalt [...] erscheint kontinuierlich immer wieder ›in anderer Weise‹«, wobei für die »Gestalt« des Worts »Abschattung«, die mehrmals erscheint, doch zweierlei Distinktes meint, eben ganz »Ähnliches gilt«. Oder, was dasselbe in anderer Perspektive ist: Die Formel, welche das Gegenständliche der Farbe angleicht, beschreibt in eins die solche Angleichung ermöglichende sprachliche Geste. *Im Vergleich zur Farbe* ist der Gegenstand *in anderer Weise in anderer Weise*. Eine Frage der

---

98 Das gilt nach Husserl prinzipiell: »Es zeigt sich [...], daß so etwas wie Raumdingliches nicht bloß für uns Menschen, sondern auch für Gott – als den idealen Repräsentanten der absoluten Erkenntnis – nur anschaubar ist durch Erscheinungen, in denen es ›perspektivisch‹ in mannigfaltigen aber bestimmten Weisen wechselnd und dabei in wechselnden ›Orientierungen‹ gegeben ist und gegeben sein muß.« (Ebd., S. 351.)

99 Ebd., S. 67.

100 Ebd., S. 84.

101 Freud, *Hemmung, Symptom und Angst*, SA 6, S. 261.

Übersetzung (nicht zwischen den Sprachen, wohl aber zwischen den Sprechweisen) ist »Abschattung« also nicht erst bei Ricœur, sondern (in anderer Weise) schon bei Husserl – und ist Frage schon bei Husserl begleitet von Wissen: um die notwendige Provisorität des eigenen Sprechens. Ebendas ist es, was die Anführungszeichen, die in anderer Weise einklammern, zum Ausdruck bringen: So wie das »bewusstseinstranszendent[e]« Ding, nie *stricto sensu* ›gegenwärtig‹ ist, sich einzig, wie Husserl sagt, in Abschattungen »bekundet«,[102] bekundet sich in der »Abschattung«, als Begrifflichkeit genommen, etwas, was es im Reich der »transzendenten Gegenstände«, im Reich der »›Realitäten‹, die der Titel der Natur oder Welt umspannt«, nicht gibt, nämlich das dafür ›adäquate‹ Vokabular. Für die Entwurfshaftigkeit von Ricœurs *Idées I,* die Idee translatorischer Trauer, die sich darin bekundet, gilt so Ähnliches wie nach Benjamin für die »Idee des deutschen Trauerspiels«, den »gewaltige[n] Entwurf dieser Form«: Wie das Barockdrama »[i]m Geiste der Allegorie […] als Trümmer, als Bruchstück«, ist die ›Abschattung‹ der *Ideen I* als ›esquisse‹ »konzipiert von Anfang an«.[103]

* * *

Wenn so, für die Dauer eines widerständigen Lexems, die Arbeit der Übersetzer:in mit ihren (originalsprachlichen) Klammern bzw. ihrem Klammern (ans Ideal einer perfekten Übertragung) und die Arbeit der Phänomenolog:in Hand in Hand gehen, Finger verschiedener Hände, wie Fäden, zu einer geteilten Textur sich verknoten: Haben wir es dabei mit einem glücklichen Zufall – oder eben einem *coup de malheur* – zu tun? Die folgenden Teile des vorliegenden Buchs werden Gründe geliefert haben, dies verneinen zu können, eine bestimmte Lesart vorschlagen, durch deren Linse seine Übersetzung ins Französische, und zwar genau als zwanghaft versäumte, nichts anderes als das Ganze, *ein gewisses Ganzes* des Husserl'schen Schreibens darstellt (so wie das eine und selbe Trauma weiter-, einer neuen Generation in anderer Weise aufgegeben werden kann).

---

102 Husserl, *Ideen I,* Hua 3:1 [1976], S. 117.

103 Benjamin, *Ursprung des deutschen Trauerspiels,* GS 1:1, S. 409.

Dies Ganze ist die Phänomenologie als ›transzendentale‹. In dieser, nicht ihrer einzigen, wohl aber maßgeblichen Form hat die Phänomenologie – zumindest aus Sicht von Husserls ersten französischen Übersetzer:innen – ihren Ursprung in den *Ideen I*: in jener mit den *Ideen I* vollzogenen Radikalisierung des Cartesianischen Zweifelsgedankens,[104] die in das Theorem der sogenannten ›phänomenologischen Reduktion‹ mündet. Dieses – von einem Kommentator, Ricœur, treffend die »porte étroite de la phénoménologie«,[105] die ›enge Pforte der Phänomenologie‹ genannte – operative Kernstück der ›transzendentalen‹ Phänomenologie bzw. die ihm entsprechende Geisteshaltung[106] führt Husserl wie folgt ein:

> »An die Stelle des Cartesianischen Versuchs eines universellen Zweifels könnten wir nun die universelle ἐποχή [epoché] in unserem scharf bestimmten und neuen Sinne treten lassen. Aber mit gutem Grunde begrenzen

---

104 Das Cartesianische Gewand ist – gemessen am Raum, welchen es im Husserl'schen Schreiben einnimmt, einerseits, andererseits mit Blick auf seine (französische) Rezeption – das prominenteste, in welches Husserl sein Denkprojekt kleidet. Grundsätzlich gilt aber, wie Husserl an einer Stelle betont: »Verschiedene Wege führen zu demselben Desiderat einer Wissenschaft von der transzendentalen Subjektivität.« (»Versuch zu einer Scheidung der Stadien auf dem Wege zu einer Wissenschaft von der transzendentalen Subjektivität«, Hua 8, S. 251.)

105 Ricœur, »Kant et Husserl«, S. 45.

106 Hier, mit diesem ›bzw.‹, verfahre ich zugegebenermaßen etwas gar schnell, ist die ›Reduktion‹ selbst sogleich wieder aus dem Blick geraten. Eine pointierte Bestimmung von Husserls Gedankenfigur – und ein sehr bemerkenswertes Beispiel dazu – liefert Maurice Merleau-Ponty: »Pendant longtemps, et jusque dans des textes récents, la réduction est présentée comme le retour à une conscience transcendantale devant laquelle le monde se déploie dans une transparence absolue, animé de part en part par une série d'aperceptions que le philosophe serait chargé de reconstituer à partir de leur résultat. Ainsi ma sensation du rouge est *aperçue comme* manifestation d'un certain rouge senti, celui-ci comme manifestation d'une surface rouge, celle-ci comme manifestation d'un carton rouge, et celui-ci enfin comme manifestation ou profit d'une chose rouge, de ce livre.« (*Phénoménologie de la perception*, S. 11) | *Phänomenologie der Wahrnehmung*, Übers. Boehm, S. 8: »Lange Zeit und noch in Texten jüngeren Datums stellt sich die Reduktion als Rückgang auf ein transzendentales Bewußtsein dar, vor welchem die Welt sich in einer absoluten Transparenz entfaltet, durch und durch beseelt von einem Apperzeptionssystem, das von seinem Resultat her zu rekonstituieren als die Aufgabe des Philosophen erscheint. So ist meine Rotempfindung *aufgefaßt als* Bekundung eines bestimmten empfundenen Rot, dieses als Bekundung einer roten Oberfläche, diese als Bekundung einer roten Pappe, diese endlich als Bekundung oder Abschattung eines roten Dinges, dieses Buches.«

> wir die Universalität dieser ἐποχή. Denn wäre sie eine so umfassende, wie sie überhaupt sein kann, so bliebe, da jede Thesis, bzw. jedes Urteil in voller Freiheit modifiziert, jede beurteilbare Gegenständlichkeit eingeklammert werden kann, kein Gebiet mehr für unmodifizierte Urteile übrig, geschweige denn für eine Wissenschaft. Unser Absehen geht aber gerade auf die Entdeckung einer neuen wissenschaftlichen Domäne, und einer solchen, die eben durch die Methode der Einklammerung, aber dann nur einer bestimmt eingeschränkten, gewonnen werden soll. / Mit einem Worte ist die Einschränkung zu bezeichnen. / Die zum Wesen der natürlichen Einstellung gehörige Generalthesis setzen wir außer Aktion, alles und jedes, was sie in ontischer Hinsicht umspannt, setzen wir in einem Schlage in Klammern: also diese ganze natürliche Welt, die beständig ›für uns da‹, ›vorhanden‹ ist, und die immerfort dableiben wird als bewußtseinsmäßige ›Wirklichkeit‹, wenn es uns auch beliebt, sie einzuklammern. / Tue ich so, wie es meine volle Freiheit ist, dann negiere ich diese ›Welt‹ also nicht, als wäre ich Sophist, ich bezweifle ihr Dasein nicht, als wäre ich Skeptiker; aber ich übe eine im eigentlichen Sinn ›phänomenologische‹ ἐποχή, das ist: die mir beständig als seiend vorgegebene Welt nehme ich nicht so hin, wie ich es im gesamten natürlich-praktischen Leben tue […].«[107]

Seine Epoché teilt Husserl mit Freud und Benjamin.[108] »Von der stoischen ἀπάθεια [apátheia] zur Trauer«, lasen wir beim dritten im Bunde, »ist es nur ein Schritt […].«[109] Und nur ein Schritt ist es vom

---

107 Husserl, *Ideen I*, Hua 3:1 [1950], S. 67. Wie bereits gesagt, lautet der Abschluss dieser Passage in der ursprünglichen (im *Jahrbuch für Philosophie und phänomenologische Forschung* publizierten) Fassung etwas anders: »Tue ich so, wie es meine volle Freiheit ist, dann negiere ich diese ›Welt‹ also nicht, als wäre ich Sophist, ich bezweifle ihr Dasein nicht, als wäre ich Skeptiker; aber ich übe die ›phänomenologische‹ ἐποχή, die mir jedes Urteil über räumlich-zeitliches Dasein völlig verschließt.« (*Ideen I* [1913], S. 56.) Diese (ursprüngliche) Variante ist es auch, woran sich die Neuauflage des Bands 3:1 der *Husserliana* orientieren wird (vgl. *Ideen I*, Hua 3:1 [1976], S. 65).

108 Dies trifft – zumindest was das Verhältnis Husserl/Freud anbelangt – auch in methodologischer Perspektive zu: Das Vorgehen der Psychoanalyse besteht, wie Ricœur an einer Stelle bemerkt, in wesentlichen Hinsichten darin, eine »epochè retournée« zu praktizieren (*De l'interprétation*, S. 445). In ähnlicher Weise wird Bernhard Waldenfels von einer »*klinische[n]* oder *therapeutische[n] Epoché*« bei Freud sprechen (*Erfahrung, die zur Sprache drängt*, S. 21).

109 Benjamin, *Ursprung des deutschen Trauerspiels*, GS 1:1, S. 319.

»schlechthin subjektiven Tiefsinn«[110] der Melancholie, welche »die Welt um des Wissens willen [verrät]«,[111] darin der Freud'schen »Neurose« ähnelt, welche »die Realität nicht [verleugnet]«, sondern »nur nichts von ihr wissen [will]«,[112] zur engen Pforte der »ἐποχή« Husserls (und also zurück zum Vokabular der Stoa),[113] wo immer nur Eins, *Ich*, hindurchpasst. Sie ist, wie Husserl andernorts ausbuchstabieren wird, das »methodische[] Mittel, wo durch ich mich als dasjenige Ich rein erfasse und dasjenige Bewußtseinsleben, in dem und durch das die gesamte objektive Welt für mich ist und ist, wie sie eben für mich ist.«[114]

Dass dieses »methodische[] Mittel« in den *Ideen I* eine »Methode der Einklammerung« genannt wird: Darauf sind wir, von Ricœurs *Idées I* her kommend, vorbereitet. Darauf, dass diese »Methode der Einklammerung« historisch – wie eine Übersetzung an die Stelle eines Originals – »[a]n die Stelle des Cartesianischen Versuchs eines universellen Zweifels« tritt, ebenso, Husserl von Freud her lesend, denn:

> »Ein [...] den Zwangskranken gemeinsames seelisches Bedürfnis [...] ist das nach der *Unsicherheit* im Leben oder nach dem *Zweifel*. Die Herstellung der Unsicherheit ist eine der Methoden, welche die Neurose anwendet, um den Kranken aus der Realität zu ziehen und von der Welt zu isolieren, was ja in der Tendenz jeder psychoneurotischen Störung liegt. [...] Die Vorliebe der Zwangskranken für die Unsicherheit und den Zweifel wird für sie zum Motiv, um ihre Gedanken vorzugsweise an jene Themen zu heften, wo die Unsicherheit eine allgemein menschliche ist, unser Wissen oder unser Urteil durch Notwendigkeit dem Zweifel ausgesetzt bleiben mußte. Solche Themen sind vor allem: Die Abstammung vom Vater, die Lebensdauer, das Leben nach dem Tode und das Gedächtnis, dem wir ja Glauben zu schenken pflegen, ohne für seine Verläßlichkeit die mindeste Gewähr zu besitzen. / Der Unsicherheit des Gedächtnisses bedient sich die Zwangsneurose in ausgiebigster Weise zur Symptombildung«[115]

---

110 Ebd., S. 406.

111 Ebd., S. 334.

112 Freud, »Der Realitätsverlust bei Neurose und Psychose«, SA 3, S. 359.

113 Zu Husserls Verhältnis zur stoischen Tradition vgl. Waldenfels, *Erfahrung, die zur Sprache drängt*, S. 75–82.

114 Husserl, *Pariser Vorträge*, Hua 1, S. 8.

115 Freud, *Bemerkungen über einen Fall von Zwangsneurose*, SA 7, S. 91.

– und bedient sich in ausgiebigster Weise zur Selbstlegitimierung die Phänomenologie Husserls, jene »admirable révolution moderne de la métaphysique«, wie wir bei Derrida lasen, »accompli« »[e]n privilégiant [...] la valeur de certitude attachée au phénomène présent à la conscience, [...], au présent vivant (*lebendige Gegenwart*)«.[116] In Worten – sie finden sich in einem Brief an seinen ehemaligen Studenten (und späteren Übersetzer) Dorion Cairns[117] und ihnen geht, wie derselbe Brief berichtet, ein (erfolgloser, gleichsam ungeschehen gemachter, gleichsam, einem Brief vergleichbar, als *non arrivé* behandelter) »Versuch« voran, »mich mit einem Nervenarzt zu beraten« – Husserls selbst: »Nur was ich immer wieder ›selbst sehen‹ [...] kann, soll mir, sagte ich, gelten.«[118]

---

116 Derrida, »La phénoménologie et la clôture de la métaphysique«, S. 84 | *Die Phänomenologie und die Schließung der Metaphysik*, Übers. Kleinbeck, S. 44: »Mit der Privilegierung [...] des Gewissheitswertes, der an das dem Bewusstsein gegenwärtige Phänomen, [...] an die *lebendige Gegenwart* [...] gebunden ist, hat Husserl vielleicht eine bewundernswerte moderne Revolution der Metaphysik vollzogen [...].«

117 Der in New Hampshire geborene Cairns verbringt während seines Studiums (in Harvard) mehrere Austauschjahre in Freiburg (zu dem intensiven persönlichen Dialog mit Husserl [und Eugen Fink, Husserls damaligem und letztem Assistenten] in den besagten Jahren vgl. Cairns, *Conversations with Husserl and Fink*). Im Jahr 1933 schließt Cairns eine (wesentlich von ebendiesem betreute) Dissertation zu Husserl ab (vgl. Cairns, *The Philosophy of Edmund Husserl*; zu Entstehung und Umständen dieser Dissertation vgl. Embree, »Editorial Foreword«, v–viii). Cairns ist der englische Übersetzer von Husserls *Cartesianischen Meditationen* und *Formale und transzendentale Logik* (vgl. Husserl, *Cartesian Meditations*; *Formal and Transcendental Logic*) und der Verfasser des – in jeder Hinsicht bemerkenswerten – *Guide for Translating Husserl*. Zu Husserls hoher Meinung von Cairns vgl. etwa »Husserl an Welch, 17./21. VI. 1933«, Hua 3:6, S. 462: »Unter den ganz Vereinzelten, die in den tiefsten Sinn meiner Phänomenologie eingedrungen sind, ist übrigens ein glänzend begabter und sehr ernster Amerikaner Herr Dorion C a i r n s, der die Energie und Konsequenz hatte, nicht abzulassen, bis er zum wirklichen Verständnis gekommen war.«

118 Vgl. »Husserl an Cairns, 21. III. 1930«, Hua Dok 3:4, S. 21–22: »Wären Sie schon damals in Freiburg vertrauensvoll zu mir gekommen, da Sie doch meine Sympathie für Sie merken mussten, ich hätte mich getraut, Sie von Ihren inneren Hemmungen zu kurieren. Denn auch ich hatte es in meiner Jugend schwer, litt an langen Anfällen von Depression, bis zum völligen Sinken allen Selbstvertrauens, machte auch den Versuch mich mit einem Nervenarzt zu beraten, obschon nicht mit solchem Erfolg wie Sie. Zum grossen Theil lag es an meinem philosophischen Versagen, von dem ich erst sehr spät erkannte, dass es ein Versagen der zeitgenössischen Philosophie sei, deren Unklarheit und scheinhafte Wissenschaftlichkeit ich mir zunächst anrechnen musste. Mich hielt das Vertrauen vorbildlicher und verehrungswürdiger Menschen, älterer Collegen (ich war schon Privatdozent), und der Wille, die ›Nervosität‹ nicht

Zwingend – vor allem dieser Aspekt von Husserls (transzendentaler) Theorie wird im folgenden Teil des vorliegenden Buchs interessieren – betrifft die phänomenologische Isolation von der Welt, betrifft die »Welt« als zweifelnd auf ihre ›Bedeutung‹ »für mich« zu ›reduzierende‹ nun auch die der sprachlichen Zeichen. Es ist, weiß Husserl,

> »klar, daß es kein erdenkliches sinnvolles Problem der bisherigen Philosophie und kein erdenkliches Seinsproblem überhaupt gibt, das nicht die transzendentale Phänomenologie auf ihrem Wege einmal erreichen müßte. Darunter auch [...] die Probleme der phänomenologischen Sprache [...].«[119]

Husserl schreibt diese Sätze in seinem (unvollendeten) letzten Buch, *Die Krisis der Europäischen Wissenschaften und die Transzendentale Phänomenologie*, wenige Jahre vor seinem Tod. Ihr »[E]inmal« aber wird, wie sich zeigen wird, in einer eigenartigen Wendung nachträglich immer schon stattgefunden haben, wird dem »Weg« der »Phänomenologie« als »transzendentaler« seinen ursprünglichen Sinn verliehen haben in dem Moment, da er sich gegen sein Ende neigt. Noch

---

gelten zu lassen, Geduld mit mir selbst zu haben – und jede gute Stunde zu nützen. In der philosophischen Arbeit entschloss ich mich allen großen Zielen zu entsagen und glücklich zu sein, wenn ich in den Sümpfen haltloser Unklarheit nur da und dort einen kleinsten festen Grund mir erarbeiten könne, auf dem ich wirklich stehen könne, in der Evidenz eben dieses festen Stehens. Nur was ich immer wieder ›selbst sehen‹ (zur ›Selbstgegebenheit‹ bringen) kann, soll mir, sagte ich, gelten. So habe ich von Verzweiflung zu Verzweiflung, von Wiederaufraffen zu Wiederaufraffen fortgelebt. [...] Das Leben sagt man ist kurz, die Kunst lang. Die philosophische ›Kunst‹ ist allerdings unendlich und angesichts der Unendlichkeit, die doch Lebensaufgabe geworden ist, von deren Erfüllung Sein oder Nichtsein abhängt, ist man immer Anfänger und Kind, wie lange man leben mag. [...] Darum fassen Sie Mut und trainieren Sie Ihren Willen zu sein und Sie selbst zu sein, Ihr echtes und wahres Sein in sich aufzubauen. Alle Hemmungen sind dann, wie das periodische Erstarren im Winter, teleologische Notwendigkeiten; in der Überwindung erwächst die höhere Kraft und der reinere Sinn, aus dem das gute Eigene werden kann. Der Kampf mit sich selbst und um sein Selbst ists, der den wahren Menschen und in besonderer Weise in der intellectuellen Sphäre den wahren Philosophen macht.« Auf diesen und andere wichtige Briefe Husserls bin ich aufmerksam geworden durch den Text »Die Husserls in Briefen« von Thomas Vongehr.

119 Husserl, *Krisis der europäischen Wissenschaften und die transzendentale Phänomenologie* [= *Krisis*], Hua 6, S. 192.

einmal, wenn auch in anderer Weise – wie im Falle von Ricœurs (Un-)Übersetzung der *Ideen I* –, werden es spezifische Übersetzungen sein, durch deren Pforte wir Eingang in die Phänomenologie finden. Und noch einmal und noch einmal in anderer Weise – nun eben unter dem Gesichtspunkt der »phänomenologischen Sprache« – wird uns die Husserl'sche an die »Phänomenologie des Zwangsdenkens«[120] im Sinne Freuds erinnern. An jene Stelle im zweiten Teil des *Rattenmann*-Falls, mit »Einige Zwangsvorstellungen und deren Übersetzung« überschrieben, etwa, die von einer zeitweiligen Trennung zwischen dem Analysanden und seiner »Geliebten« berichtet:

> »Nach ihrer Abreise bemächtigte sich seiner ein Verstehzwang, der ihn allen den Seinigen unausstehlich machte. Er nötigte sich, jede Silbe, die irgend jemand zu ihm sprach, genau zu verstehen, als ob ihm sonst ein großer Schatz entginge. So fragte er immer: ›Was hast du jetzt gesagt?‹ Und wenn man es ihm wiederholte, meinte er, es habe doch das erste Mal anders gelautet, und blieb unbefriedigt.«[121]

Freud sagt es nicht, die Vermutung aber liegt nahe, dass das Subjekt dieser Zeilen eines ist, das nicht viel gelesen hat. Zumindest nicht viel Verschiedenes. Hat »er«, in Abwesenheit der »Geliebten« gleichsam zum treuen Philologen geworden, sich einmal auf ein Buch eingelassen, dürfte »er« es – »jetzt« ist es sein großes Schätzchen – stets gut im Auge behalten, schwerlich jemals wieder aus der Hand geben.

---

120 Freud, *Bemerkungen über einen Fall von Zwangsneurose*, SA 7, S. 83.

121 Ebd., S. 60.

II.
Der Abschluss einer Philosophie

On voyage beaucoup dans certains romans de Sade ... Le modèle du lieu sadien est Silling, le château ... au plus profond de la Forêt Noire ...
Roland Barthes

1. Der Ritter und die Schrift

Im Jahr 1928 tritt Levinas auf Bestreben seines Straßburger Doktorvaters Jean Hering (seines Zeichens ehemaliger Schüler Husserls während dessen Lehrtätigkeit an der Universität Göttingen bis Mitte der 1910er-Jahre) eine Reise nach Freiburg im Breisgau an. Zu diesem Aufenthalt an der Hochburg der phänomenologischen Bewegung, der für den damals 22-Jährigen – und für seine Doktorarbeit *Théorie de l'intuition dans la phénoménologie de Husserl* – von prägender Bedeutung gewesen sein wird, lesen wir beim Levinas-Biographen Salomon Malka Folgendes:

> »Lévinas est encore auditeur libre aux séminaires de Husserl. Mais le vieux maître l'a adopté. Dans une lettre à [Roman] Ingarden, datée du 13 juillet, il écrit: ›Hering m'a envoyé un élève lituanien très doué.‹[1] Il le reçoit souvent à son domicile, au 40 de la Lorettostrasse, où il s'entretient avec lui de philosophie. Et quand arrivera, de Paris, une invitation à une série de conférences à la Sorbonne [...], Husserl demandera à Levinas de donner des leçons particulières de français à Mme Husserl afin qu'elle en perfectionne la connaissance avant ce voyage que le maître considère comme décisif.«[2] [3]

---

1 Malka bezieht sich hier auf »Husserl an Ingarden, 13. VII. 1928«, Hua Dok 3:3, S. 242: »Hering schickte mir einen hochbegabten litauischen Schüler.«

2 Malka, *Emmanuel Lévinas*, S. 55 | *Emmanuel Lévinas*, Übers. Miething, S. 51–52: »Lévinas war [...] lediglich Gasthörer in den Vorlesungen und Seminaren Husserls. Doch der alte Meister hatte ihn schon wohlwollend angenommen. In einem Brief an Ingarden vom 13. Juli schreibt er: ›Hering hat mir einen sehr begabten litauischen Schüler geschickt.‹ Er empfing ihn oft zu Hause, in der Lorettostraße 40, wo er mit ihm über Philosophie sprach. Als er zu einer Vorlesungsreise an die Sorbonne nach Paris eingeladen wurde [...] bat Husserl Lévinas, seiner Frau Privatstunden in Französisch zu geben, um ihre Kenntnisse vor dieser Reise, die von dem Meister als entscheidend eingeschätzt wurde, zu vervollkommnen.«

3 Malka fährt fort: »Ces leçons, sous forme de conversations, laisseront un souvenir mitigé à l'ancien pensionnaire de Fribourg. Il racontera plus tard, sous forme

---

d'une note discrète en bas de page, quelques souvenirs des blessures provoquées par les écarts de langage de son élève de français – Malvine Husserl – frisant l'antisémitisme, et vite corrigées par son époux gêné: ›Laissez cela, monsieur Lévinas, je proviens moi-même d'une maison de commerçants...‹« (Ebd., S. 55 | S. 52: »Diese in Konversationsform abgehaltenen Unterrichtsstunden sollten bei dem ehemaligen Freiburger Studenten zwiespältige Erinnerungen hinterlassen. Später berichtete er in einer unscheinbaren Fußnote von Kränkungen, die aus sprachlichen Entgleisungen seiner Schülerin – Malvine Husserl – resultierten [›Die Leute, obgleich Juden, sind sehr zuverlässig‹ sagte sie über Straßburger Geschäftsleute], welche schon fast als antisemitisch bezeichnet werden könnten. Entgleisungen, die der peinlich berührte Gatte rasch zu korrigieren versuchte: ›Lassen Sie, Herr Lévinas, ich stamme selbst aus einer Kaufmannsfamilie...‹ [Übers. modifiziert]«.) – Die »note discrète«/»unscheinbare Fußnote«, auf welche Malka anspielt, findet sich in Levinas' Text »La ruine de la représentation« und lautet: »Sur les relations personnelles avec Husserl, d'autres que moi apporteront des anecdotes intéressantes. Je voudrais seulement consigner trois points. – Pendant les deux semestres de mon séjour à Fribourg (été 1928, hiver 1928–1929), Madame Husserl, prétextant son prochain voyage à Paris, prenait chez moi des cours de ›perfectionnement en français‹. Ils avaient pour but d'ajouter à la bourse de l'étudiant plutôt que d'enrichir le vocabulaire de l'éminente élève. Ces gestes de bonté dissimulée furent fréquents à la maison de Husserl et eurent des bénéficiaires illustres. – Fin juillet 1928, j'ai fait un exposé au séminaire de Husserl. Ce fut la dernière séance, du dernier séminaire de sa carrière. De cet exposé, il ne fut pas question, bien entendu dans l'allocution d'adieux qui suivit; Husserl disait que les problèmes philosophiques lui apparaissaient enfin dans toute leur clarté, maintenant que le temps lui était ménagé par l'âge, pour les résoudre. – Dernier point enfin que j'hésiterais à relater, si le problème, récemment soulevé, du judaïsme de Husserl, ne m'incitait pas à le verser au dossier. Husserl et sa femme, on le sait, étaient des juifs convertis au protestantisme. Les dernières photos du maître accusent les traits de sa physionomie juive (on a peut-être tort de dire qu'elle commençait à ressembler à celle de prophètes, car personne ne possède, après tout, le portrait de Jérémie ou de Habacouc). Madame Husserl me parlait des juifs rigoureusement à la troisième personne, pas même à la deuxième. Husserl ne m'en parlait jamais. Sauf une fois. Sa femme devait profiter de son passage à Strasbourg pour faire un très important achat. Rentrant de courses qu'elle avait faites en compagnie de Madame Hering, mère du théologien et du philosophe strasbourgeois, elle a déclaré en ma présence: ›Nous avons trouvé une maison sérieuse. *Die Leute obgleich Juden, sind sehr zuverlässig*‹. Je n'ai pas caché ma blessure. Alors Husserl: ›Laissez cela, M. Levinas, je proviens moi-même d'une maison de commerçants et...‹ Il n'a pas continué. Les juifs sont durs les uns pour les autres, bien qu'ils ne tolèrent pas les ›histoires juives‹ que les non-juifs leur racontent, comme les clercs qui détestent les facéties anticléricales venant des laïcs, mais qui doivent, entre eux, s'en conter. La réflexion de Husserl m'a apaisé.« (S. 174, Anm. 1) | »Der Untergang der Vorstellung«, Übers. Krewani, S. 121, Anm. 1: »Über die persönlichen Beziehungen zu Husserl werden andere als ich interessante Anekdoten berichten. Ich möchte nur drei Punkte anführen. – Während der beiden Semester meines Aufenthaltes in Freiburg (Sommer 1928, Winter 1928/1929) nahm Frau Husserl unter dem Vorwand einer bevorstehenden Reise nach Frankreich

Besagte Reise Husserls nach Paris – mit welcher sich die Levinas'sche nach Freiburg also, zwischen den Sprachen vermittelnd, verquickt – findet im Frühjahr 1929 statt und resultiert in zwei jeweils zweistündigen Vorträgen.[4] Auf der Heimfahrt nach Breisgau legen die Husserls einen viertätigen Zwischenhalt in Straßburg ein, wo sich Husserls Wege aufs Neue mit denen Levinas' – fast zeitgleich wie Husserl nach Paris von Freiburg nach Straßburg (zurück-)gereist – und mit denen Herings kreuzen. Letzterer sorgt dafür, dass Husserl auch hier zwei Vorträge hält. Dabei »sprach«, schreibt Malvine Husserl in einem Brief an Ingarden, »m[ein] M[ann] [...] ganz frei«.[5]

Zurück in Freiburg angekommen fasst Husserl den Plan, das in Paris und Straßburg Referierte zu einer eigenständigen Monographie unter dem Titel *Cartesianische Meditationen* auszuarbeiten.

---

bei mir Unterricht. Der Unterricht hatte eher den Zweck einer Zugabe zum Geldbeutel des Studenten als einer Bereicherung des Wortschatzes der hervorragenden Schülerin. Diese Gesten versteckter Güte waren häufig im Hause Husserl und hatten erlauchte Adressaten. – Ende Juli 1928 machte ich ein Referat in Husserls Seminar. Es war die letzte Sitzung des letzten Seminars in seiner Laufbahn. Von dem Referat war natürlich in dem darauffolgenden Abschied keine Rede. Husserl sagte, daß nun, da er dank seines Alters Zeit habe, sie zu lösen, die philosophischen Probleme ihm endlich in ihrer ganzen Klarheit erschienen. – Letzter Punkt schließlich, den zu berichten ich zögern würde, wenn das kürzlich aufgeworfene Problem von Husserls Judentum mich nicht reizen würde, es dem Dossier hinzuzufügen. Husserl und seine Frau waren, wie man weiß, zum Protestantismus konvertierte Juden. Die letzten Photos des Meisters betonen die jüdischen Züge seiner Physiognomie (man hat vielleicht unrecht zu sagen, daß sie anfing der der Propheten zu ähneln, denn schließlich besitzt niemand das Gesicht des Jeremias oder des Habakuk). Frau Husserl sprach mir von Juden strikt in der dritten Person, nicht einmal in der zweiten. Husserl sprach mit mir niemals darüber. Außer einem Mal. Seine Frau sollte die Durchreise in Straßburg benutzen, um einen sehr wichtigen Einkauf zu tätigen. Nach der Rückkehr von den Einkäufen, die sie in Begleitung von Frau Hering, der Mutter des Straßburger Theologen und Philosophen, gemacht hatte, erklärte sie in meiner Gegenwart: ›Wir haben ein seriöses Haus gefunden. Die Leute, obgleich Juden, sind sehr zuverlässig.‹ Ich habe nicht verborgen, daß ich mich verletzt fühlte. Darauf Husserl: ›Lassen Sie, Herr Lévinas, ich komme selbst aus einem Haus von Kaufleuten und...‹ Er fuhr nicht fort. Die Juden sind hart gegeneinander; dennoch dulden sie nicht die ›Judengeschichten‹, die die Nichtjuden ihnen erzählen, so wie die Geistlichen die antiklerikalen Witze nicht mögen, wenn sie von Laien kommen, aber unter sich gewiß solche erzählen. Die Bemerkung von Husserl hat mich beruhigt.«

4 Diese und die im Folgenden angeführten Informationen zur Entstehung von Husserls *Cartesianischen Meditationen* entnehme ich der »Einleitung des Herausgebers«, Hua 1, S. xxi–xxxii, von Stephan Strasser.

5 »M. und E. Husserl an Ingarden, 24./26. III. 1929«, Hua Dok 3:3, S. 246.

Nach Stephan Strasser, dem Herausgeber des den *Pariser Vorträgen* und *Cartesianischen Meditationen* gewidmeten (ersten) Bands der *Husserliana,* arbeitet Husserl am Manuskript »vom 15. März bis 6. April und dann etwa vom 15. April bis 16. Mai in rastlosem Schaffensdrang [...]. In seinen guten Augenblicken schrieb Husserl in einem Zuge, ohne vorher einen Plan oder eine Disposition auszuarbeiten. Er schrieb fortlaufend, in fieberhafter Eile, wie in Trance.«[6]

Eingedenk ihrer eng mit Paris bzw. Straßburg verflochtenen Genese wünscht sich Husserl eine zeitnahe Veröffentlichung der *Cartesianischen Meditationen* in französischer Sprache. Noch im Monat ihrer Fertigstellung findet Husserls Schrift so ihren Weg (zurück) nach Straßburg, wo sich – dieses Duo war Husserl von Hering vorgeschlagen worden – Levinas und dessen Straßburger Kommilitonin Gabrielle Pfeiffer an die Übersetzung machen.[7] Die französischen Früchte dieser Zusammenarbeit werden von Alexandre Koyré (wie Hering einstmals Schüler Husserls in Göttingen) durchgesehen[8] und

6 Strasser, »Einleitung des Herausgebers«, Hua 1, S. xxvi. Es ist dies nicht der einzige Fall, da die Niederschrift, kann sich Husserl endlich zu ihr durchringen, sehr rasch vonstattenzugehen hat. So wurde etwa auch die finale Fassung der *Ideen I,* wie Husserl in einem Brief bemerkt, in nur »6 Wochen, ohne Entwürfe als Unterlage, wie im [sic] trance hingeschrieben« (»Husserl an Metzger, 4. IX. 1919«, Hua Dok 3:4, S. 413).

7 »On savait peu de choses sur le contexte de cette traduction, et encore moins sur la trajectoire ultérieure de Peiffer [Man weiß wenige Dinge über den Kontext dieser Übersetzung und noch weniger über den weiteren Werdegang von Pfeiffer]«, bemerkt Christophe Didier – bemerkt dies aber zu einem Anlass, der Besserung in Aussicht stellt, nämlich dem der jüngsten Entdeckung zweier Briefe an Pfeiffer von Husserl persönlich (»Découverte de deux lettres inédites du philosophe Edmund Husserl à la BNU«). Besagte Briefe sind zum Publikationszeitpunkt des vorliegenden Buchs noch nicht ediert.

8 Was das Ausmaß von Koyrés Mitwirkung an den *Méditations cartésiennes* anbelangt, hat Husserl selbst sehr bestimmte Vorstellungen. »Ich bin soeben«, schreibt er an Koyré, »heimgekehrt von meiner ersten u[nd] voraussichtlich einzigen Vortragsreise in Deutschland. Ich sprach über ›Phänomenologie u[nd] Anthropologie‹ in Frankfurt, Berlin u[nd] Halle – in den Orthsgruppen der ›Kant-gesellschaft‹ – u[nd] fand erstaunliche Antheilnahme an meinen philosophischen Bestrebungen. Ausser den öffentlichen Vorträgen (je in den grössten Auditorien) gab es überreiche Disputationen mit Collegen, denen ich z[um] Theil die Méditations Cartésiennes vorher hatte zusenden können. Immer wieder hörte ich die Lucidität Ihrer Übersetzung rühmen (auch in den Zuschriften), man meinte sogar, in Ihrer französischen Sprache und der ihr eigenen Durchsichtigkeit, kämen meine Gedanken zu einem wirksameren Ausdrucke als in meiner deutschen Sprache. Natürlich habe ich nachdrücklich darauf

erscheinen 1931 unter dem Titel *Méditations cartésiennes: Introduction à la phénoménologie.*

Die seiner französischen Übertragung durch Levinas und Pfeiffer wird die einzige Publikation des Manuskripts zu Husserls Lebzeiten bleiben. »Warum sind die ›Cartesianischen Meditationen‹ niemals in deutscher Sprache erschienen?«,[9] fragt Strasser – und er bietet als eine erste Erklärung folgende Beschreibung an:

> »Es scheint, daß Husserl mit dem Text, den er nach Straßburg gesandt hatte, später nicht mehr zufrieden war. Darauf weisen zahlreiche nachträgliche Bleistiftverbesserungen sowie Wellenlinien, Fragezeichen und ›Deleatur‹-Zeichen am Rande des Originalmanuskripts hin. Auch fehlt es nicht an kritischen Notizen, die teils den Inhalt, teils den methodischen Aufbau betreffen. Es handelte sich also nicht nur um stilistische Ausfeilungen [...].«[10]

Hinter dieser – uns in anderer Weise, aus translatorischem Kon- bzw. Paratext schon wohlbekannten – Relativierung der eigenen Arbeit »am Rande« der Seiten (und als tieferen Grund für die erfragte ausbleibende Veröffentlichung des weiter, bis ans Lebensende weiter ›auszufeilenden‹ Buchprojekts) identifiziert Strasser eine für die »publizistischen Pläne des älteren und alten Husserl« bestimmende Kopräsenz von »zwei einander widerstreitende[n] Tendenzen«. Es ist da nämlich

> »einerseits das Bedürfnis, den ganzen Reichtum seiner philosophischen Erkenntnis zu einer systematischen Einheit zusammenzufassen, andererseits die fortwährende Evolution seiner Anschauungen, die alle großangelegten Gesamtdarstellungen alsbald wieder als überholt erscheinen ließ. / Diese beständige Entwicklung dauerte bei Husserl bis in die letzten Jahre seines Lebens; man denke an sein stolz-bescheidenes Wort, er sei ›mindestens für sich selbst im Alter zur vollkommenen Gewißheit gekommen, sich einen wirklichen Anfänger nennen zu dürfen‹. – Bezeichnend für

hingewiesen, dass Sie der eigentliche Übersetzer seien u[nd] dass der schöne Erfolg Ihnen gedankt werden müsse.« (»Husserl an Koyré, 22. VI. 1931«, Hua Dok 3:3, S. 359–360.)

9 Strasser, »Einleitung des Herausgebers«, Hua 1, S. xxvi–xxvii.

10 Ebd., S. xxvii.

> Husserls Tendenz, seine philosophische Methode stets zu vervollkommnen, und sei es auch auf Kosten endgültiger systematischer Formulierungen, ist eine Anekdote, die Dr. E. Levinas dem Herausgeber [gemeint: Strasser selbst] mitgeteilt hat: Gelegentlich seines [...] Straßburger Aufenthaltes erzählte Husserl, daß er einst als Kind ein Taschenmesser zum Geschenk erhalten habe. Er fand jedoch, daß die Schneide nicht scharf genug sei und schliff sie immer wieder. Nur darauf bedacht, das Messer zu schärfen, bemerkte der Knabe Husserl nicht, daß die Klinge immer kleiner wurde und schwand. Levinas versichert, daß Husserl diese Kindheitserinnerung in traurigem Ton erzählt habe, da er ihr eine symbolische Bedeutung beimaß.«[11]

Strassers Text nennt das Kind nicht beim (Freud'schen) Namen, spricht mit Blick auf Husserls Schreibgepflogenheiten an keiner Stelle von ›Zwang‹ – doch macht er uns diesen Schritt, Schritt von der »symbolische[n] Bedeutung« der kindlichen Schleifszene zu ihrer psychoanalytischen, sehr leicht. Nicht dasselbe in (nur leicht) anderem Gewand, wohl aber von einer strukturellen Ähnlichkeit, wie sie nicht als Zufall abgetan werden will, sind die »zwei einander widerstreitende[n] Tendenzen«, die Husserl aufs immer Neue zum schreibenden »Anfänger« machen, und jene durch einen inneren »Kampf zwischen Liebe und Haß«[12] bedingte »Entschlußlähmung«[13] bzw. Tendenz zum »Ungeschehenmachen«,[14] wie sie nach Freud die zwangsneurotische Symptombildung bestimmt. Und wenige Beispiele taugten besser, um die Freud'sche Erklärung der Zwangshandlungen im engeren Sinne (im Gegensatz zu den Zwangs*gedanken*,

---

11 Ebd., S. xxix. Mit seiner Feststellung »zwei einander widerstreitende[r] Tendenzen« bei Husserl ist Strasser nicht allein. So beobachtet etwa auch Thomas Vongehr: »Der Hang zu immer weiter getriebenen Analysen und Deskriptionen führt [...] bei Husserl zu der von ihm selbst eingestandenen und beklagten ›Unfähigkeit mich zu verendlichen‹ [Hua Dok 3:5, S. 151], d.h. es ist sein Unvermögen, in der literarischen Produktion zu einem Ergebnis, also Abschluss zu kommen. Schon 1908 klagt Husserl: ›[I]ch bin gefesselt und kann nicht zusammenschließen und zur wirklichen Vollendung bringen!‹ [Hua Dok 3:9, S. 41]. Der phänomenologische Deskriptionsstil scheint der literarisch einheitlichen Publikations-Form, zu der sich Husserl zeitlebens gezwungen fühlt, zu widersprechen.« (»Die Geschichte der Rettung von Husserls Nachlass«, S. 42.)

12 Freud, *Bemerkungen über einen Fall von Zwangsneurose*, SA 7, S. 61.

13 Ebd., S. 97.

14 Ders., *Hemmung, Symptom und Angst*, SA 6, S. 263.

wie sie uns, am ›Grübeln‹ und ›Zweifeln‹ interessiert, weiter oben beschäftigten) zu veranschaulichen als das assoziationsreiche Schärfen des Taschenmessers. Denn, so Freud, die

> »eigentlichen Zwangshandlungen werden [...] nur dadurch ermöglicht, daß in ihnen eine Art Versöhnung der beiden einander bekämpfenden Impulse in Kompromißbildungen statthat. Die Zwangshandlungen nähern sich nämlich immer mehr, und je länger das Leiden andauert, um so deutlicher, den infantilen Sexualhandlungen nach Art der Onanie. So ist es bei dieser Form der Neurose doch zu Liebesakten gekommen, aber nur mit Zuhilfenahme einer neuen Regression, nicht mehr zu Akten, die einer Person gelten, dem Objekte von Liebe und Haß, sondern zu autoerotischen Handlungen wie in der Kindheit.«[15]

Nehmen wir, vorläufig abschließend, hinzu, dass sich das Husserl'sche – in von Strasser nicht von ungefähr so genannten »Ausfeilungen« textueller Natur sich übersetzende – ›Messerschleifen‹ mitnichten

---

15 Ders., *Bemerkungen über einen Fall von Zwangsneurose*, SA 7, S. 100. Zu Freuds Weiterentwicklung dieses Gedankens vgl. *Hemmung, Symptom und Angst*, SA 6, S. 256–261: »Die Symptome der Zwangsneurose sind im allgemeinen von zweierlei Art und entgegengesetzter Tendenz. Es sind entweder Verbote, Vorsichtsmaßregeln, Bußen, also negativer Natur, oder im Gegenteil Ersatzbefriedigungen, sehr häufig in symbolischer Verkleidung. Von diesen zwei Gruppen ist die negative, abwehrende, strafende, die ältere; mit der Dauer des Krankseins nehmen aber die aller Abwehr spottenden Befriedigungen überhand. Es ist ein Triumph der Symptombildung, wenn es gelingt, das Verbot mit der Befriedigung zu verquicken, so daß das ursprünglich abwehrende Gebot oder Verbot auch die Bedeutung einer Befriedigung bekommt, wozu oft sehr künstliche Verbindungswege in Anspruch genommen werden. In dieser Leistung zeigt sich die Neigung zur Synthese, die wir dem Ich bereits zuerkannt haben. In extremen Fällen bringt es der Kranke zustande, daß die meisten seiner Symptome zu ihrer ursprünglichen Bedeutung auch die des direkten Gegensatzes erworben haben, ein Zeugnis für die Macht der Ambivalenz, die, wir wissen nicht warum, in der Zwangsneurose eine so große Rolle spielt. [...] Wie jedes Übermaß den Keim zu seiner Selbstaufhebung in sich trägt, wird sich auch an der Zwangsneurose bewähren, indem gerade die unterdrückte Onanie sich in der Form der Zwangshandlungen eine immer weiter gehende Annäherung an die Befriedigung erzwingt. [...] Die allgemeine Tendenz der Symptombildung bei der Zwangsneurose habe ich bereits beschrieben. Sie geht dahin, der Ersatzbefriedigung immer mehr Raum auf Kosten der Versagung zu schaffen. Dieselben Symptome, die ursprünglich Einschränkungen des Ichs bedeuteten, nehmen dank der Neigung des Ichs zur Synthese später auch die von Befriedigung an, und es ist unverkennbar, daß die letztere Bedeutung allmählich die wirksamere wird.«

nur mit Blick auf die »publizistischen Pläne des älteren und alten Husserl« Geltung beanspruchen kann. Vielmehr begleitet es sein – nach derzeitigem Forschungsstand ca. 40.000 zu Lebzeiten unpublizierte Manuskriptseiten umfassendes – Schaffen, zumindest ab dem Punkt, wo dieses ›phänomenologisch‹ genannt werden kann, von Anfang an. Ein besonders eindrückliches (Selbst-)Zeugnis davon legt folgende persönliche Aufzeichnung Husserls ab, die auf den 25. September 1906 datiert ist:

> »Ich ging [...] zur Ordnung und Übersicht über meine Manuskripte. Mit Staunen habe ich gesehen, wieviel in diesen enthalten, wieviel angefangen und leider nicht vollendet ist. Es sind lauter Zeugnisse dafür, wie mächtig ich von tiefen und tiefsten Problemen ergriffen war. Und wie wurde ich in der Durchsicht der Manuskripte von ihnen wiederum von neuem ergriffen. Das ist sicher; nie und nimmer darf ich diese Forschungsgebiete aufgeben, diese angefangenen Bohrungen und Fundamentierungen unvollendet lassen. Das hieße mich selbst aufgeben. [...] Vor allem bedarf es größter innerer Konzentration und der Ausnützung der Zeit. Es bedarf der Ordnung und systematischer Durchdringung aller bisherigen Entwürfe. Die drei Wochen, die ich dieser Ordnung zugewendet, waren nicht verloren. Sie langten nicht entfernt.«[16]

Dass zum Abschluss bzw. zur Etablierung dieser (auf- und nicht zufällig oft wiederholten) »Ordnung« keine denkbare Zeitspanne »langt[e]«, wir es, in einem psychoanalytisch präzisen Sinne, mit einem Ordnungs*zwang* zu tun haben, deutet eine Aufzeichnung vom 4. September 1907 an – Husserl, Ordner auch seiner nicht-philosophischen Schriften, hat sie nachträglich zu der eben zitierten ins Notizbuch geklebt[17] –, in welcher Husserl den aktuellen Stand seines (nun fast ein Jahr fortgeschrittenen) Forschens mit folgenden Worten zusammenfasst: »Es dreht sich all mein Streben momentan um die Frage nach der natürlichen Ordnung der Untersuchungen und um die Art, wie die Fundamentaluntersuchungen selbst wieder zu beginnen und zu ordnen sind.«[18]

---

16 Husserl, »Persönliche Aufzeichnungen«, S. 296–297.

17 Vgl. dazu die Anmerkung des Herausgebers, Walter Biemel, ebd., S. 301, Anm. 9.

18 Ebd., S. 301.

Oder noch anders ausgedrückt: Es dreht sich Husserls Streben – aufs immer Neue momentan, im zur Ewigkeit verdrehten Moment – um sich selbst; darum, die Lust am eigenen Text nicht abbrechen zu lassen, ihn, den liebkosten, nicht aus der Hand geben zu müssen. In diesem (späteren) Licht, als Antizipation des fehlenden Fortschritts der in ihm formulierten Pläne ist denn (auch) der obig zitierte Ausschnitt aus der Notiz vom 25. September 1906 zu lesen – und das, an den philosophischen Schriften Husserls gemessen, höchst eigentümliche Ende dieser Notiz:

> »Vor allem bedarf ich der himmlischen Mithilfe. Gute Vorbedingungen der Arbeit und innere Konzentration, inneres Einssein mit den Problemen. Immer wieder die alten Manuskripte lesen, bessern abschreiben. [...] Reine Besinnung, reines Innenleben, in sich Hineinsaugen der Probleme und rein ihnen und nur ihnen zugewendet sein, das ist die Hoffnung meiner Zukunft. [...] Es bedarf der inneren Erneuerung oder inneren Reinigung und Festigkeit. Gegen alle Äußerlichkeiten, gegen alle Versuchungen des Adam muß ich mich mit neunfachen Erzen wappnen. / Ich muß meinen Weg gehen so sicher, so fest entschlossen und so ernst wie Dürers Ritter trotz Tod und Teufel. Ach, ernst ist mir das Leben genug gewesen. Die Heiterkeit des sinnlichen Lebensgenusses ist mir fremd geworden und muß mir fremd bleiben. Ich darf nicht passiv sein (und Genuß ist Passivität), ich muß leben in Arbeit, Kampf, in leidenschaftlich ernstem Ringen um den Kranz der Wahrheit. An Heiterkeit wird es nicht fehlen: heiterer Himmel über mir, wenn ich tapfer und sicher fortschreite, wie über dem Dürerschen Ritter! Und Gott sei mit mir wie mit ihm, trotzdem wir allzumal Sünder sind.«[19]

---

19 Ebd., S. 300. Der Stich Dürers wird bei Husserl an prominenter Stelle noch einmal auftreten, nämlich in den *Ideen I*. Da kommt Husserl an einer Stelle auf eine mögliche »Modifikation« unseres Bewusstseins zu sprechen, die darin besteht, dass sie »jede doxische Modalität, auf die sie bezogen wird, in gewisser Weise völlig aufhebt, völlig entkräftet – aber in total anderem Sinne wie die Negation, die [...] im Negat ihre positive Leistung hat, ein Nichtsein, das selbst wieder Sein ist. Sie durchstreicht nicht, sie ›leistet‹ nichts, sie ist das bewußtseinsmäßige Gegenstück alles Leistens: dessen N e u t r a l i s i e r u n g. Sie liegt beschlossen in jedem sich-des-Leistens-enthalten, es-außer-Aktion-setzen, es-›einklammern‹, ›dahingestellt-sein-lassen‹ und nun ›dahingestellt‹-haben, sich-in-das-Leisten-›hineindenken‹.« (Hua 3:1 [1976], S. 247–248.) In diesem Zusammenhang – Zusammenhang, der keiner unter anderen ist bzw. dessen Verständnis entscheidend ist auch für das jener »M e t h o d e d e r E i n k l a m m e r u n g«, Ursprung des phänomenologischen (Nicht-)Tuns, durch welche »ich« die

Wenn so – ganz im Geiste Freuds, welcher in der »Zwangsneurose ein Zerrbild einer Religion«[20] sehen kann – das fruchtlose, gerade deshalb bedeutungsschwangere Treiben des Philosophen in die Nähe der frommen Askese rückt, dann – zumindest durch freudianisch geschliffene Linse – nicht ohne Ironie, das heißt Wissen: darum, dass sich religiöse »Heiterkeit« und der »sinnliche[] Lebensgenuss[]«, den sie abzulösen vorgibt, bei näherer Betrachtung als aus demselben Holz geschnitzt erweisen; dass jene, dass »heiterer Himmel über« bzw. weißes Papier unter der schreibenden Hand *eine Nacht ist*, die es erlaubt, sich, unter der Hand, ganz diesem, dem »Genuß«, hinzugeben. Augenzwinkernd, nämlich Ausdruck einer geheimen Lust, ist

---

objektive Welt zwar nicht »negiere«, aber doch »nicht so hin[nehme], wie ich es im gesamten natürlich-praktischen Leben tue« (Hua 3:1 [1950], S. 67) – führt Husserl einige Seiten später ein konkretes Beispiel an: »Es sei etwa der Dürersche Kupferstich ›Ritter, Tod und Teufel‹ betrachtet. / Wir unterscheiden hier fürs Erste die normale Wahrnehmung, deren Korrelat das Ding ›Kupferstichblatt‹ ist, dieses Blatt in der Mappe. / Fürs Zweite das perzeptive Bewußtsein, in dem uns in den schwarzen Linien farblose Figürchen ›Ritter auf dem Pferde‹, ›Tod‹ und ›Teufel‹ erscheinen. Diesen sind wir in der ästhetischen Betrachtung nicht als Objekten zugewendet; zugewendet sind wir den ›im Bilde‹ dargestellten, genauer, den ›abgebildeten‹ Realitäten, dem Ritter aus Fleisch und Blut usw. / Das die Abbildung vermittelnde und ermöglichende Bewußtsein von dem ›Bilde‹ (den kleinen grauen Figürchen, in denen sich […] ein anderes durch Ähnlichkeit ›abbildlich darstellt‹) ist nun ein Beispiel für die Neutralitätsmodifikation der Wahrnehmung. Dieses abbildende Bildobjekt steht weder als seiend, noch als nichtseiend, noch in irgendeiner sonstigen Setzungsmodalität vor uns; oder vielmehr, es ist bewußt als seiend, aber als gleichsam-seiend in der Neutralitätsmodifikation des Seins. / Ebenso aber auch das Abgebildete, wenn wir uns rein ästhetisch verhalten und dasselbe wieder als ›bloßes Bild‹ nehmen, ohne ihm den Stempel des Seins oder Nichtseins, des Möglich- oder Vermutlichseins u. dgl. zu erteilen. Das besagt aber, wie ersichtlich, keine Privation, sondern eine Modifikation, eben die der Neutralisierung. Wir dürfen sie uns nur nicht vorstellen als eine an eine vorgängige Setzung angeschlossene umbildende Operation. Das kann sie gelegentlich auch sein. Das muß sie aber nicht sein.« (Hua 3:1 [1976], S. 252.)

20 Ich beziehe mich hier auf Freuds *Totem und Tabu*, SA 9, S. 363: »Die Neurosen zeigen einerseits auffällige und tiefreichende Übereinstimmungen mit den großen sozialen Produktionen der Kunst, der Religion und der Philosophie, andererseits erscheinen sie wie Verzerrungen derselben. Man könnte den Ausspruch wagen, eine Hysterie sei ein Zerrbild einer Kunstschöpfung, eine Zwangsneurose ein Zerrbild einer Religion, ein paranoischer Wahn ein Zerrbild eines philosophischen Systems.« Wagen wir bei dieser Gelegenheit aber auch den Ausspruch, dass Freud eine andere Zuordnung vorgeschlagen hätte, wenn er mit Husserl – der darum bittet, »[m]eine Philosophie […] nicht ein ›System‹ zu nennen« (»Husserl an Welch, 17./21. VI. 1933«, Hua Dok, 3:6, S. 456) – vertraut gewesen wäre.

denn auch folgende ›Klage‹ Husserls, die – um eine treffende Formulierung Thomas Vongehrs aufzugreifen – den Philosophen »in eine unendlich erscheinende Schreibbewegung eingesponnen zeigt«[21]:

> »Mitunter winkt uns nach langen Mühen die ersehnte Klarheit, wir glauben die herrlichsten Resultate uns so nahe, daß wir nur danach zu greifen brauchten. Alle Aporien scheinen sich zu lösen, die kritische Sense mäht die Widersprüche reihenweise nieder, und nun bleibt noch ein letzter Schritt: wir ziehen die Summe, wir beginnen mit einem selbstbewußten ›Also‹: und nun entdecken wir mit einemmal einen dunklen Punkt, der sich immer vergrößert; er wächst empor zu einem greulichen Ungeheuer, das alle unsere Argumente verschlingt und die soeben niedergemähten Widersprüche mit neuem Leben beseelt. Die Leichname werden wieder lebendig und grinsen uns hohnlächelnd an. Die Arbeit und der Kampf beginnt von vorn.«[22]

Im (ursprünglichen, gleichermaßen barocken) Bild zu reden: Dürers Ritter lässt sich nur deshalb nicht von Tod und Teufel vom Weg abbringen, um ungestört – wie ein Sultan in verlassenem Harem – mit seinem Schwert herumzuspielen. (Manchmal ist es ein »Taschenmesser«, manchmal eine »Sense«.) Und er hat weder Interesse daran, seinen Ritt je zu beenden, noch und noch weniger daran, dass, worin sein »leidenschaftlich ernste[s] Ringen« eigentlich besteht, je publik werde, sichtbare Spuren hinterlasse. Beim Schreiben, unglücklicherweise, fällt dies in eins – und es hat dieses also gewisse Vorkehrungen zu treffen. Husserls in eine »unendlich erscheinende Schreibbewegung eingesponnen[en]« Manuskripte, die – durch ihre die Möglichkeiten der deutschen Syntax teils (allzu) stark strapazierende Präzisionsversessenheit – sich gegen den verstehenden Zugriff, auch wo sie in transkribierter Form vorliegen, hartnäckig sträuben, sind fast ausschließlich in sogenannter ›Gabelsberger‹ Kurzschrift verfasst. (»Als Vorbereitung«, schreibt Edith Stein, die zwischen 1916–1918 Husserls Assistentin ist, mit Blick auf die Zusammenarbeit mit dem Philosophen, »muss ich jetzt auf meine alten Tage Gabelsberger

---

21 Vongehr, »Sprache und Erfahrungsstil im Denken Edmund Husserls«, S. 13.

22 Hua 10, S. 393. Es handelt sich um eine Passage aus dem Manuskriptmaterial zu Husserls *Vorlesungen zur Phänomenologie des inneren Zeitbewusstseins*, die in der finalen Version der *Vorlesungen* nicht mehr zu finden sein wird.

Stenographie lernen, das ist der Schlüssel zum Allerheiligsten.«)[23] Und nicht nur sind sie in ›Gabelsberger‹ Stenographie abgefasst, sondern überdies in einer veralteten (und überdies mit einem persönlichen Abkürzungssystem supplementierten) Variante,[24] wie sie also selbst den der Stenographie kundigen von Husserls Zeitgenoss:innen erhebliche Schwierigkeiten bereiten musste. (So bemerkt etwa Gerda Walther in einem persönlichen Schreiben an ihren ehemaligen Lehrer: »Endlich ist es mir gelungen, den Inhalt Ihres Briefes in grossen Zügen zu erfahren; einige, zum Teil sehr wichtige, Wörter fehlen zwar noch, aber im grossen Ganzen weiss ich doch nun den Sinn«, wobei »[d]as Schlimme [...] eben [ist], dass die meisten Leute nur die moderne Gabelsberger Stenographie können, die von dieser [gemeint: der von Husserl verwendeten] doch erheblich abweicht«.)[25]

Selbst das aber, stenographische Verschlüsselung (deren Schlüssel kaum mehr jemand kennt), wird dem Husserl'schen Schreiben noch nicht gereicht haben – zumindest da nicht, wo es um das »Allerheiligste[]« der *Cartesianischen Meditationen*, nach Husserls eigener Einschätzung nichts weniger als »das Hauptwerk meines Lebens«, »Abschluss u[nd] letzte Klarheit, für die ich eintreten, mit der ich ruhig sterben kann«,[26] geht. In diesem ausgezeichneten Fall will Text – zumindest wenn von uns beseelt – nichts, vor allem anderen eben nicht sich selbst, dem Zufall überlassen. Sein Ursprung selbst muss dem Geheimnis anvertraut, ungeschehen gemacht werden – muss Textsubjekt dazu auch eine kollektive Fehlleistung der beteiligten menschlichen in Anspruch nehmen: »Der Verbleib des ›Straßburger‹ Manuskripts«, auf dem die Übertragung von Pfeiffer und Levinas basiert, »ist unbekannt«, protokolliert Strasser. »Prof. Levinas erinnert sich nur, es Prof. Koyré zurückgesandt zu haben, Prof. Koyré nur, es Husserl zurückgesandt zu haben.«[27] Husserl hat das Manuskript nie zurückerhalten – oder aber er hat es zurückerhalten und sich entschieden, die Sendung als *non arrivé* zu behandeln.

---

23 »1. Brief: an Fritz Kaufmann« [16.08.1916], *Edith Steins Werke 8*, S. 12. Auf diesen Brief bin ich aufmerksam geworden durch Imhof, *Edith Steins philosophische Entwicklung*.

24 Vgl. van Breda, »Die Rettung von Husserls Nachlass und die Gründung des Husserl-Archivs«, S. 9.

25 »Walther an Husserl, 18. V. 1920«, Hua Dok 3:2, S. 257.

26 »Husserl an Ingarden, 19. III. 1930«, Hua Dok 3:3, S. 262.

27 Strasser, »Textkritischer Anhang«, Hua 1, S. 224.

2. »fast« (wie Vater und Sohn)

Meinem Blick auf Husserls *Cartesianische Meditationen* war bis zu diesem Punkt hauptsächlich an den psychodynamischen Gründen für ihren versäumten (deutschen) Abschluss gelegen; daran, die Schrift als (Fall-)Beispiel einer das Ganze der Husserl'schen Schreibpraxis bestimmenden Zwanghaftigkeit sehen zu lassen – und ich habe dabei etwaige *philosophische* Gründe für Husserls Unzufriedenheit mit seinem Manuskript gänzlich außer Acht gelassen. Derartige gibt es durchaus. Und einer aus ihnen ist in der Tat auch sehr gewichtig, ist nämlich eine Art *notwendiger wie unverzeihlicher ›Bluff‹*, den Husserl in der ursprünglichen Version der *Cartesianischen Meditationen* betreibt (und dies, worauf ich gleich zu sprechen kommen werde, am Ende der Schrift zumindest ansatzweise schon selbst eingesteht). Dieser ursprüngliche Mangel der *Cartesianischen Meditationen* und seine konkreten textuellen Konsequenzen sollen in den folgenden Unterkapiteln unser Thema sein – und uns (aufs Neue) mit der These liebäugeln lassen, dass bei Husserl ›philosophische‹ und ›psychische‹ Gründe an einem bestimmten Punkt überhaupt gar nicht mehr sich trennen lassen; dass, in einem Bild und großspuriger gesprochen, die transzendentale Phänomenologie ihren *einen Grund* darin hat, der Zwangsneurose eine Art philosophischen Ritterschlag zu erteilen.

2.1. Husserls fehlende Selbstkritik

Ich beginne also noch einmal ganz am Anfang der *Cartesianischen Meditationen*, bei jener Textvorstufe, die später die *Pariser Vorträge* heißt. Da, ganz zu Beginn des Texts, am Anfang des Anfangs der *Cartesianischen Meditationen* gewissermassen, schreibt Husserl Folgendes:

> »An dieser ehrwürdigsten Stätte französischer Wissenschaft über die neue Phänomenologie sprechen zu dürfen, erfüllt mich aus besonderen Gründen mit Freudigkeit. Denn kein Philosoph der Vergangenheit hat auf den Sinn der Phänomenologie so entscheidend gewirkt wie Frankreichs größter Denker, René Descartes. Ihn muß sie als ihren eigentlichen Erzvater verehren. Ganz direkt, ausdrücklich sei es gesagt, hat das Studium der Cartesianischen Meditationen in die Neugestaltung der werdenden

Phänomenologie eingegriffen [aus den zu Husserls Lebzeiten publizierten bzw. seinen Zuhörer:innen tatsächlich zugänglichen Schriften sind hier insbesondere die *Ideen I* gemeint] und ihr diejenige Sinnesform gegeben, die sie jetzt hat und die es fast gestattet, sie einen neuen Cartesianismus zu nennen, einen Cartesianismus vom 20. Jahrhundert.«[28]

In den *Cartesianischen Meditationen*[29] – auch hier handelt es sich um die allerersten Sätze des Texts – kehrt diese Passage wie folgt wieder:

»An dieser ehrwürdigen Stätte französischer Wissenschaft über die transzendentale Phänomenologie sprechen zu dürfen, erfüllt mich aus besonderen Gründen mit Freudigkeit. Denn Frankreichs größter Denker René Descartes hat ihr durch seine Meditationen neue Impulse gegeben, ihr Studium hat ganz direkt auf die Umgestaltung der schon im Werden begriffenen Phänomenologie zu einer neuen Form der Transzendentalphilosophie eingewirkt. *Fast* könnte man sie danach einen Neu-Cartesianismus nennen, wie sehr sie, und gerade durch die radikale Entfaltung Cartesianischer Motive, genötigt ist, *fast* den ganzen bekannten Lehrgehalt der Cartesianischen Philosophie abzulehnen [meine Hervorhebungen].«[30]

Während die erste Version »es fast gestattet«, die transzendentale Phänomenologie »einen neuen Cartesianismus zu nennen« (und »es« bis auf Weiteres auch dabei belässt: »es« also eigentlich, in metadiskursiver Perspektive, durchaus »gestattet«), sieht sich in der zweiten Variante das Wort »fast«, verdoppelt, in den Dienst einer Anapher gestellt (Anapher, die man, im Anbetracht der Rückkehr des »Neu-Cartesianismus« im Gewand »der Cartesianische[n] Motive«, beinahe einen Chiasmus nennen möchte) und gestellt in den Dienst einer ganz anders gerichteten Aussage.

Worauf Husserls aufs Sorgfältigste austarierte Satzkonstruktion – »fast« eine Tasche, »in welche bald Diess, bald Jenes [...] gesteckt

---

28 Husserl, *Pariser Vorträge*, Hua 1, S. 3.

29 Wie gesagt existiert von der ursprünglichen Version der *Cartesianischen Meditationen* (also derjenigen Version, welche von Pfeiffer und Levinas ins Französische übersetzt wurde) kein Exemplar mehr. Zur Rekonstruktion bzw. Etablierung des im Folgenden zitierten deutschen Texts vgl. Strasser, »Textkritischer Anhang«, Hua 1, S. 221–228.

30 Husserl, *Cartesianische Meditationen*, Hua 1, S. 43.

worden ist!«[31] – konkret hinauswill, führt eine Stelle etwas später im Buch, mit »Exkurs: Descartes' Verfehlen der transzendentalen Wendung« überschrieben, aus. »Descartes hatte«, schreibt Husserl da, »den ernsten Willen zu radikaler Vorurteilslosigkeit«, doch wurde unter seiner in den Tintenfässern der Scholastik getränkten Feder das »ego zur *substantia cogitans*, zum abgetrennten menschlichen *mens sive animus*«[32] – und es wurde Descartes selbst so, statt zum (Proto-) Phänomenologen, zum

> »Vater [...] des widersinnigen transzendentalen Realismus [...]. All das bleibt uns fern, wenn wir dem Radikalismus der Selbstbesinnung und somit dem Prinzip reiner Intuition oder Evidenz getreu bleiben, also hier nichts gelten lassen, als was wir auf dem uns durch die Epoché eröffneten Felde des *ego cogito* wirklich und zunächst ganz unmittelbar gegeben haben, also nichts zur Aussage bringen, was wir nicht selbst *sehen*. Darin hat Descartes gefehlt, und so kommt es«[33]

– und kommt Husserls Text (im ›Sehen‹ fast, das Wort ›fast‹ im Ohr »ganz direkt«) auf seinen Anfang zurück – »daß er vor der größten aller Entdeckungen steht, sie in gewisser Weise schon gemacht hat, und doch ihren eigentlichen Sinn nicht erfaßt [...].«[34] (Wir werden seinen tieferen Sinn erst später erfassen können, ich weise aber schon jetzt eigens auf den Umstand hin, dass wir zweimal einem »Vater« Husserls begegnet sind: einerseits jenem zu »verehren[den]« »Erzvater« am Anfang der *Pariser Vorträge*, »-vater«, von welchem in der späteren [i.e. in jener mit den *Cartesianischen Meditationen* vorgelegten]

---

31 Ich spreche hier in Anlehnung an Friedrich Nietzsches Aphorismus »Elemente der Rache« im zweiten Teil von *Menschliches, Allzumenschliches*: »Das Wort ›Rache‹ ist so schnell gesprochen: fast scheint es als ob es gar nicht mehr enthalten könne, als Eine Begriffs- und Empfindungswurzel. Und so bemüht man sich immer noch, dieselbe zu finden: wie unsere Nationalökonomen noch nicht müde geworden sind, im Worte ›Werth‹ eine solche Einheit zu wittern und nach dem ursprünglichen Wurzel-Begriff des Werthes zu suchen. Als ob nicht alle Worte Taschen wären, in welche bald Diess bald Jenes, bald Mehreres auf einmal gesteckt worden ist!« (*Kritische Studienausgabe* 2, S. 564). Zu den intrikaten (auto-)poetologischen Implikationen dieses (hier nicht vollständig zitierten) Aphorismus Nietzsches vgl. den Kommentar Thomas Schestags in seinem Buch *Mantisrelikte*, S. 7–16.

32 Husserl, *Cartesianische Meditationen*, Hua 1, S. 63.

33 Ebd., S. 63–64.

34 Ebd., S. 64.

Version derselben Stelle nicht mehr die Rede sein wird; andererseits, gerade eben, dem »Vater […] des widersinnigen transzendentalen Realismus«, der also nicht der der Phänomenologie selbst, nicht der ›eigene‹ »Vater« ist. Es ist nicht ohne Ironie, diese Ironie aber nicht überraschend, dass gerade als radikale Fortführung – denn es wird solche endlich nichts als »radikale Selbstbesinnung« gewesen sein können – des Denkens Descartes' die Phänomenologie von ebendiesem sich lossagen muss, das Gedächtnis an Descartes aufgeben muss, wie sie – *nach* Descartes *nun einzig* dem verpflichtet, »was wir […] selbst *sehen*« – am Gedächtnis als solchem zweifeln muss. Bei dieser Gelegenheit sei auch daran erinnert, besser: noch einmal im Originalwortlaut wiederholt, dass »[d]ie Vorliebe der Zwangskranken für die Unsicherheit und den Zweifel […] vorzugsweise an jene Themen« sich heftet, »wo die Unsicherheit eine allgemein menschliche ist […]. Solche Themen sind vor allem: Die Abstammung vom Vater, die Lebensdauer, das Leben nach dem Tode und das Gedächtnis […].«)[35]

»[W]as wir nicht selbst *sehen*«, sahen wir, darf uns philosophierend nicht interessieren: Gebot, das Descartes nur fast ganz ernstgenommen hat, Husserl mit Blick auf Descartes sagen lässt, »daß er vor der größten aller Entdeckungen steht, […] doch ihren eigentlichen Sinn nicht erfaßt«. Gelingt es den Husserl'schen *Meditationen*, dies ›Erfassen‹ (des »eigentlichen Sinn[s]«, »also de[s] Sinn[s] der transzendentalen Subjektivität«)[36] und so das auf der ersten Seite des Texts in Aussicht gestellte Programm einer »radikale[n] Entfaltung Cartesianischer Motive« in die Tat umzusetzen? Ganz zumindest, man ahnt es, nicht. Echte Philosophie – darin hat Descartes nicht gefehlt – ist zu verstehen als eine »ganz persönliche Angelegenheit des Philosophierenden«, »als *seine* Weisheit […], als sein selbsterworbenes […] Wissen, das er von Anfang an und in jedem Schritte verantworten kann«.[37] Nun, mag das Husserl'sche Denken diese »Angelegenheit« auch ernster als Descartes selbst genommen, nämlich sich erfolgreich dessen scholastischen Erbes, aller Psycholog- und Realismen entledigt haben, so ist es, wie Husserl (fast) am Ende der *Cartesianischen Meditationen* eingesteht, trotzdem noch nicht, was es sein müsste: ganz voraussetzungslos. Denn bislang haben »wir« uns phänome-

35 Freud, *Bemerkungen über einen Fall von Zwangsneurose*, SA 7, S. 91.

36 Husserl, *Cartesianische Meditationen*, Hua 1, S. 64.

37 Ebd., S. 44.

nologisierend – selbstverständlich – *in* der »transzendentalen Erfahrung« bewegt, haben ihr

> »*vertraut* dank ihrer ursprünglich durchlebten Evidenz und haben auch in ähnlicher Weise der Evidenz der prädikativen Deskriptionen aller transzendentalwissenschaftlichen Erfahrungsweisen überhaupt *vertraut* [meine Hervorhebungen]. Wir haben dabei die Forderung, die zu Anfang so ernstlich erhoben war, einer apodiktischen Erkenntnis, als der allein echt wissenschaftlich durchzuführenden, aus dem Auge verloren, sie aber keineswegs fallen gelassen. Nur daß wir es vorgezogen haben, die ungeheure Problematik der ersten, ihrer Art selbst noch mit einer Naivität behafteten Phänomenologie [...], in der die große und eigentümlichste Leistung derselben als einer neuartigen und höheren Gestaltung der Wissenschaft liegt, in Umrissen zu zeichnen, statt hier noch auf die weitere und letzte Problematik der Phänomenologie einzugehen, die Problematik ihrer Selbstkritik [...].«[38]

Das also ist der Stand der Phänomenologie am Ende des Buchs, von dem Husserl »Abschluss u[nd] letzte Klarheit« sich erhofft hatte: dass die Phänomenologie in diesem Buch nur fast fertig ist, dass dies Buch, »vertrau[end]« (und also noch nicht ganz »selbst *sehen[d]*«, noch nicht eigentlich »von Anfang an und in jedem Schritte verantworten[d]«), noch zu wünschen übrig lässt in phänomenologischer Perspektive. »Es wurden«, so Sebastian Luft über die Situation, in welcher sich die Phänomenologie bis und mit den *Cartesianischen Meditationen* befindet, »bisher zwar die Erfahrungsgehalte [...] innerhalb der transzendentalen Sphäre untersucht, nicht aber die Erfahrungsweisen derselben *durch* die erfahrende Instanz. Diese ist« und bleibt in den *Cartesianischen Meditationen* »der notwendig blinde Fleck im transzendentalen Leben [...].«[39] In ähnlicher Weise spricht Guy van Kerckhoven mit Blick auf die von Husserl so genannte »letzte Problematik der Phänomenologie« davon, dass das »meditierende Subjekt der Meditationen sich selbst als Phänomenologen [konstituiert]«, dabei aber »dieses ›*als* Phänomenologe‹ [...] im Dunkel [bleibt]«.[40]

---

38 Ebd., S. 177–178.

39 Luft, ›*Phänomenologie der Phänomenologie*‹, S. 16.

40 van Kerckhoven, *Mundanisierung und Individuation bei Edmund Husserl und Eugen Fink*, Übers. Hammerschmied/Boelderl S. 28.

Auf den ersten Blick ist diese ›Dunkel-‹ bzw. ›Blindheit‹ der »transzendentalen Erfahrung« (gegenüber ihrem ›Medium‹, gegenüber dem ›Erfahren‹ selbst solcher »Erfahrung« und seinen Eigenarten) nicht weiter brisant. Zumindest ist sie doch nichts, was nicht eine jede – ob nun empirische oder apriorische – Art von wissenschaftlichem Tun beträfe. (So wird etwa die Anthropolog:in bei der Erstellung eines qualitativen Fragebogens nicht mit einer Reflexion auf das ›Wesen der Sprache‹ sich aufhalten oder die Mathematiker:in, die an einem spezifischen Beweis arbeitet, nicht auf die Frage eingehen können, was überhaupt eine ›Zahl‹ sei.) Nun handelt es sich aber – und hält also der erste Blick einem genaueren nicht stand – bei der Phänomenologie gemäß den *Cartesianischen Meditationen* gerade nicht um eine Wissenschaft *inter pares*. Die Wissenschaft vom transzendentalen Bewusstsein, dadurch »von allen [...] Wissenschaften gesondert [...] und doch an sie in keiner Weise angrenz[end]«,[41] ist »eine[] im höchsten Sinne letztbegründete[] Erkenntnis«[42] – und sie ist das, *sie selbst*, strenggenommen also eigentlich noch nicht, solange sie noch von irgendeiner Form von »Naivität« (zum Beispiel eben bezüglich des eigenen methodischen Instrumentariums) »behaftet[]« ist. In diesem Licht ist denn, wie Luft es formuliert, ihre »Selbstkritik [...] nicht ein methodologisches ›Anhängsel‹ an die Phänomenologie«,[43] sondern sie gehört ihr, wiewohl notwendigerweise später als sie,[44] in einer schwierigen Faltung ursprünglich zu, zu ihrem Wesen selbst. Die »Selbstkritik« ist, anders, durchaus ein »Anhängsel«, aber in jener

41 Husserl, *Cartesianische Meditation*, Hua 1, S. 70.

42 Ebd., S. 182.

43 Luft, *›Phänomenologie der Phänomenologie‹*, S. 8.

44 Ich spreche hier in Anlehnung an Lufts (obig zitierte) Rede von den phänomenologischen »Erfahrungsweisen« als dem »notwendig blinde[n] Fleck im transzendentalen Leben«. Wesentlich ›verspätet‹ ist die phänomenologische »Selbstkritik« – und ist in einem ersten Stadium also »notwendig blind[]« die Phänomenologie – deshalb, weil die ›Weise‹ einer Erfahrung sich (›kritisch‹) betrachten lässt erst dann, wenn tatsächlich schon (›blind‹) irgendwelche Erfahrungen gemacht worden sind. Das zumindest scheint es mir zu sein, worauf Luft (mit Bezug auf jenes schwierige ›transzendentale Erfahren‹, das Husserl umtreibt) hinausmöchte, und ebendas ist es m.E. auch, was van Kerckhoven im Sinn hat, wenn er (in Anlehnung an Karl Schuhmann) von einer »ursprüngliche[n] Nachträglichkeit« der Phänomenologie spricht, einem Zuspätkommen der Phänomenologie »hinsichtlich ihres Ursprungsaktes [...], der sie instituiert« und den »sie unentwegt einholen [muss]« (*Mundanisierung und Individuation bei Edmund Husserl und Eugen Fink*, S. 28).

verknoteten Weise, die Derrida (in anderem Zusammenhang) von einem »supplément [...] d'origine«[45] sprechen lässt: Ihre »Selbstkritik« *er*-*gänzt* die transzendentale Phänomenologie, reagiert auf eine Art von Wissenschaft, wie sie allererst im Moment solcher ›Reaktion‹ ganz in Existenz getreten sein wird.[46]

2.2. Eugen Fink, die Phänomenologie und ihr Doppelgänger

Wie stellt sich Husserl dieser entscheidenden – ja, den unüberbietbaren Selbstanspruch der Phänomenologie beim Wort genommen, tatsächlich *alles* entscheidenden – »letzten Problematik der Phänomenologie«, der »Problematik ihrer Selbstkritik«? Zunächst einmal ist darauf zu antworten: dass, zumindest was eine eigentliche ›Lösung‹ der »Problematik« anbelangt, er selbst es überhaupt gar nicht tut, Husserl die »Selbstkritik« seiner Philosophie nämlich wesentlich einem Anderen überlässt. Dieser Andere, das fremde Paar Augen auf die eigene philosophische ›Blindheit‹, ist Husserls damaliger und letzter Assistent in Freiburg, Eugen Fink. Unter der Feder Letzteren entsteht im Zuge der Überarbeitungen der (ursprünglich fünf) *Cartesianischen Meditationen* eine gänzlich neue sechste Meditation.[47] Sie soll die von den *Cartesianischen Meditationen* selbst so genannte »erste«,

45 Derrida, *De la grammatologie*, S. 442.

46 Vgl. dazu auch meinen Text »›Es sedimentiert sich sozusagen.‹«, S. 272–278.

47 In Briefen aus dem Jahr 1946 an Stephan Strasser und Herman Leo van Breda wird Fink dazu folgende detaillierte Angaben machen: »In den Jahren 1932–33, als sich Husserl mit dem Projekt einer deutschen Ausgabe trug, mußte ich ihm eine Umarbeitung der *Cartesianischen Meditationen* entwerfen«; im Sommer 1932 entstehen »eine ganz neu entworfene *I. Meditation*, die 62 Schreibmaschinenseiten umfaßt und in der der Weg zum transzendentalen Ego ausführlich gegangen wird«, sowie »eine Reihe neuer Paragraphen zur *II. Meditation*, zusammen 32 Maschinenseiten, zur *III.* 14 neue Seiten, zur *IV.* 15 Seiten und zur *V.* 35 neue Seiten«; als Abschluss, auf der Schwelle zum Herbst desselben Jahres, entsteht »eine ganz neu entworfene *VI. Meditation* über die ›Idee einer transzendentalen Methodenlehre‹ mit 202 Seiten« (zitiert nach van Kerckhoven, *Mundanisierung und Individuation bei Edmund Husserl und Eugen Fink*, S. 41). Zum unglücklichen Ausgang des Projekts vgl. van Kerckhovens Kommentar, ebd., S. 53: »Noch bevor Fink seine [...] Neubearbeitung [...] der dem Originaltext folgenden *Meditationen* vorlegte, hatten diese Pläne für Husserl bereits ihre Faszination und ihren zwingenden Charakter verloren; die politischen Ereignisse vom Beginn des Jahres 1933 setzten jeder Hoffnung, daß die neuen deutschen *Meditationen* [...] erscheinen könnten, ein definitives Ende.«

noch mit einer methodologischen »Naivität behaftete Phänomenologie« durch die *Idee einer transzendentalen Methodenlehre* (dies der Untertitel der neuen, Fink'schen Meditation) supplementieren und also leisten, was Husserl selbst »notwendig[erweise]« nicht hat gelingen können (oder zwanghaft nicht hat gelingen wollen), nämlich, »die Phänomenologie zu vollenden«.[48]

---

48 Fink, *VI. Cartesianische Meditation*, Hua Dok 2:1, S. 9. Die Art und Weise, wie ich Finks *VI. Meditation* in diesem Abschnitt einführe, ist etwas unscharf bzw. ich lasse hier Finks »Methodenlehre« etwas gar direkt auf die in Husserls *Meditationen* geforderte »Selbstkritik« reagieren. Die so unterschlagenen Zwischenschritte haben auf das, was am Verhältnis zwischen Husserl und Fink im Folgenden von Interesse sein soll, keinen direkten Einfluss und sie werden – und also ohne allzu schlechtes Gewissen – im vorliegenden Buch weitgehend unberücksichtigt bleiben (so etwa die, für sich genommen bzw. in einem anderen Kontext durchaus interessante, Vorgeschichte des Begriffs »Selbstkritik« im Werk Husserls: vgl. dazu Luft, ›*Phänomenologie der Phänomenologie*‹, S. 8–26). Eine Ausnahme allerdings (oder, besser, ein Spezialfall: auch ihn werden wir nichts eigens diskutieren, werden seinen Einfluss aufs Finks *VI. Meditation* aber deutlich zu spüren bekommen) bildet der Umstand, dass Husserl in den betreffenden Jahren mit einer noch ganz anderen Idee, Idee, die von einer Überarbeitung und deutschen Publikation der *Meditationen* überhaupt nichts mehr wissen will, spielt. Von dieser anderen Idee – und dem ›Hin-und-Her‹, welchem Fink von seinem Patron so ausgesetzt wird – zeichnet van Kerckhoven folgendes Bild: »September–Oktober 1929 nahm Husserl die vorbereitenden Arbeiten für eine erweiterte Veröffentlichung der *Meditationen*, die im Sommer 1930 erscheinen sollten, in die Hand. [...] Anfang Dezember 1929 änderte Husserl neuerlich seine Pläne. Diesmal sah er [...] eine gänzliche Umgestaltung der *Meditationen* zu einem systematischen Werk vor, die Ende 1930 abgeschlossen sein sollte. [...] An diesen Plan hielt sich Eugen Fink im Dezember 1930 [...] Eine Reihe [...] von Belegen weist darauf hin, daß sich die Realisierung dieses Planes als so schwierig herausstellte, daß Husserl selbst beständig an seiner Verwirklichung zweifelte, ja sogar von neuem eine Ausgabe des Textes – mit einigen Ergänzungen und Korrekturen – ins Auge faßte, der der französischen Übersetzung zugrunde lag.« (*Mundanisierung und Individuation bei Edmund Husserl und Eugen Fink*, S. 50–52.) Zu besagtem Plan eines »systematischen Werk[s]« – Plan, der den der Überarbeitung der *Meditationen* zwischenzeitlich obsolet, ihn endlich doch wieder (doch nun gleichsam als Kompromiss, ja, Notlösung) relevant gemacht haben würde – gibt es für Husserl auch zwei konkrete lebensweltliche Gründe. Einerseits fühlt sich Husserl, wie Luft erklärt, unter einem »gewissen Zugzwang«, die »Phänomenologie [...] gegenüber der v.a. in Deutschland vorherrschenden neukantianischen Philosophie als eigenständige wissenschaftliche Philosophie zu profilieren, was eben nur durch die Gestaltung eines Systems der Phänomenologie möglich war. Husserl, für den (wie man konstatieren muss) diese Aufgabe nicht unmittelbar seinem philosophischen Naturell entsprach, blickte geradezu neidisch auf seine neukantianischen Kollegen [...]. Ohne ein ›System‹, um es salopp zu formulieren, konnte man nicht beanspruchen, echter Philosoph zu sein.« (›*Phänomenologie der Phänomenologie*‹, S. 3.) Von einem zweiten Grund berichtet Roman

Wenn ich im Folgenden über Finks *VI. Cartesianische Meditation* und ihren Entstehungskontext spreche, so orientiere ich mich dabei eng an den (bereits zitierten) exzellenten Monographien, die Sebastian Luft (*›Phänomenologie der Phänomenologie‹: Systematik und Methodologie der Phänomenologie in der Auseinandersetzung zwischen Husserl und Fink*) und Guy van Kerckhoven (*Mundanisierung und Individuation bei Edmund Husserl und Eugen Fink: Die sechste Cartesianische Meditation und ihr ›Einsatz‹*) zum Thema vorgelegt haben. Auf viele der (Primär- wie Sekundär-)Textstellen, die ich im Zusammenhang von Finks Schrift anführe, bin ich ursprünglich durch Luft bzw. van Kerckhoven aufmerksam geworden, zitiere diese Stellen der Übersicht halber aber nach Möglichkeit im Original und ohne expliziten Verweis auf Luft bzw. van Kerckhoven.

Ich beginne mit folgender Frage. Wer ist der zu dem Zeitpunkt nicht einmal dreißigjährige Philosoph, dem Husserl die ›Vollendung‹ seiner Phänomenologie, die Phänomenologie im (noch fehlenden) Ganzen anvertraut? Fink selbst wird von seinen Assistenzjahren bei Husserl rückblickend folgendes Bild zeichnen:

> »Diese ›Mitarbeit‹ dauerte sieben Jahre (1930–1937) und hatte sich von der untergeordneten Assistenten-Tätigkeit bald zu einer selbstständigen, von Husserl als solche immer wieder anerkannten produktiven Zusammenarbeit gesteigert, die dann in den letzten Lebensjahren Edmund Husserls zu einer eigenartigen intellektuellen Symbiose geworden war. Sieben Jahre lang hat Husserl tagtäglich in mehrstündigen Gesprächen mich in seine gesamten, über vier Jahrzehnte sich erstreckenden analytischen Forschungen eingeführt, die in seinen Manuskripten vorlagen. Ich habe dadurch, wie kein zweiter Mensch, einen umfassenden Einblick in die philos[ophische] Problematik Husserls, in ihre innersten Antriebe und unausgesprochenen Horizonte, in die unedierten Manuskriptmassen und Publikationsentwürfe gewonnen und damit eine lebendige Philosophie in der Ursprünglichkeit der theoretischen Arbeit kennen gelernt [...]

Ingarden: »[D]ie Idee [...], aus den ›Cartesianischen Meditationen‹ das ›systematische Hauptwerk‹ zu machen« steht »in deutlichem Zusammenhang mit dem Werk Heideggers und – wie zu vermuten ist – mit der Art, wie es von dem deutschen philosophischen Publikum aufgenommen wurde. Die ›Meditationen‹ sollten als Gegengewicht zu ›Sein und Zeit‹ in die Schale geworfen werden [...].« (»Erläuterungen zu den Briefen Husserls«, S. 163–164.)

> Husserl hat meine geistige Selbständigkeit gerade dadurch anerkannt, daß er immer meinen produktiven Widerspruch und meine Kritik suchte, die er als Stimulanz zur Objektivierung seiner schöpferischen Gedanken brauchte. So entstanden gerade in diesen sieben Jahren die wichtigsten Forschungsmanuskripte. In dieser Zeit, in der Husserl die Ernte seines langen Forscherlebens einzubringen versuchte, habe ich für ihn gleichsam als geistiger Katalysator gewirkt. / Als eine stolze Auszeichnung habe ich es immer empfunden, daß der bereits im biblischen Alter stehende Philosoph mir nicht nur eine einzigartige theoretische Ausbildung zuteil werden ließ, sondern sich dem so viel Jüngeren in einer väterlichen Freundschaft verband [...].«[49]

Diese Einschätzung beruht durchaus auf Gegenseitigkeit bzw. kann sich auf mannigfache Zeugnisse aus Husserls eigener Hand berufen. »Sie sind«, so Husserl etwa in einem 1934 verfassten Brief an seinen philosophischen Sohn, »seit Jahren schon nicht mehr mein ›Assistent‹, Sie sind nicht mein Sekretär, nicht mein geistiger Bedienter. Sie sind mein Mitarbeiter und zudem mein Seminar, meine Lehrtätigkeit.«[50] Und Husserl zögerte auch nicht, Außenstehende auf dies enge Verhältnis bzw. die für ihn so große Bedeutung Finks hinzuweisen. »[W]ir denken gemeinsam: wir sind gleichsam zwei kommunizierende Gefäße«, schreibt er 1933 in einem Brief an Daniel Feuling. »Was also Dr. Fink sagt, und nur er, ist absolut authentisch, und wenn er (aufgrund meiner Schriften und Manuscripte) über die Entwicklungsstufen der Phänomenologie spricht, so hat das unbedingten Vorzug gegenüber allem, was meine früheren Hörer sagen können [...].«[51] Im Einklang damit steht das im selben Jahr verfasste Vorwort zu einem Aufsatz Finks in der Zeitschrift *Kantstudien*, in welchem Husserl nachdrücklich – und nun auch eine breitere Öffentlichkeit – darauf hinweist, dass bei Fink »kein Satz ist, den ich mir nicht vollkommen zueigne, den ich nicht ausdrücklich als meine eigene Über-

---

49 Zitiert nach van Kerckhoven, *Mundanisierung und Individuation bei Edmund Husserl und Eugen Fink*, S. 58. Es handelt sich um einen bislang unveröffentlichten Text, den Fink 1945 im Zusammenhang seines Gesuchs um Habilitation an der Universität Freiburg verfasst hatte.

50 »Husserl an Fink, 21. VII. 1934«, Hua Dok 3:4, S. 93.

51 »Husserl an Feuling, 30. III. 1933«, Hua Dok 3:7, S. 89.

zeugung anerkennen könnte«.[52] Und wenn Husserl in einem Brief an Gustav Albrecht von 1934 zu verstehen gibt, dass Fink »als Mitdenker außerordentlich, als Assistent unbrauchbar, und in seiner seelischen Struktur sehr labil« ist, so doch nur, um die Tatsache zu unterstreichen, dass »[a]n ihm [...] die Zukunft der Phänomenologie [hängt]«, denn »er ist der einzige, der meine M[anuskripte] ausschöpfen, wirklich verstehen und ausarbeiten kann, wozu eben nicht nur ein schülerhafter Geist, sondern ein produktiv mitdenkender gehört«.[53]

Was bedeutet dieses enge Verhältnis zwischen den beiden Philosophen – »Husserl's phenomenology, at least as it reached its maturity in his last years, *was not just Husserl's* it was Husserl's *and Fink's*«, bemerkt Ronald Bruzina an einer Stelle[54] – mit Blick auf die *VI. Meditation* und die mit der Schrift zu leistende »Selbstkritik« der Phänomenologie? Eine deutliche – wenn auch hochkomplexe – Sprache sprechen folgende Sätze gegen Anfang von Finks Buch:

> »Es ist die eigene Aufgabe der transzendentalen Methodenlehre, [...] das im phänomenologischen Arbeiten anonym fungierende phänomenologisierende Denken und Theoriebilden einer eigenen transzendentalen Analytik zu unterziehen und so die Phänomenologie zu vollenden in der letzten transzendentalen Selbstverständigung über sich selbst. M.a.W. die transzendentale Methodenlehre intendiert nichts anderes als eine Phänomenologie der Phänomenologie. [...] Einen ersten Anlauf zu einer vorläufigen Charakteristik der transzendentalen Methodenlehre gewinnen wir in der Bestimmung ihres Themas [...]. Notwendig wird dabei eine Besinnung auf die phänomenologische Reduktion. [...] Die phänomenologische Reduktion bildet sich [...] in einer reflexiven Epoché von einer unerhörten dynamischen Struktur: durch die tiefste Selbstbesinnung sich verwandelnd, übersteigt sich der Mensch selbst und sein natürlich menschliches Sein in der Welt durch die Produktion des transzendentalen Zuschauers, der als solcher den Weltglauben, die Seinsthesen des welterfahrenden menschlichen Ich nicht mitmacht, sondern den Weltglauben sich ansieht [...] [M]it dem Vollzug der phänomenologischen Reduktion hat sich innerhalb des trans-

52 Fink, »Die phänomenologische Philosophie Edmund Husserls in der gegenwärtigen Kritik«, S. 320.

53 »M. und E. Husserl an Albrecht, 7. X. 1934«, Hua Dok 3:9, S. 105.

54 Bruzina, »Translator's Introduction«, S. xxviii.

> zendentalen Seins eine radikale Spaltung vollzogen. Das phänomenologisierende Reflexionsich steht in einem tieferen Kontrast zu dem transzendentalen Leben, das es in seiner weltkonstituierenden Bewegung thematisch macht, als je ein Reflexionsich in der natürlichen Einstellung zu dem reflektiv erfassten Ichleben. Hat nicht der phänomenologische Zuschauer sich herausgerissen aus der innersten Lebenstendenz des transzendentalen Lebens: der Weltverwirklichung, eben durch den Akt der Epoché? ›Konstituiert‹ überhaupt noch der transzendentale, an der Weltkonstitution unbeteiligte Zuschauer? [...] Haben wir [...] ein phänomenologisches Verständnis gewonnen von der weltbildenden transzendentalen Subjektivität, so vermögen wir doch nicht im Lichte dieses Verstehens den ›phänomenologisierenden Zuschauer‹ zu begreifen, obgleich dieser nicht außerhalb des transzendentalen Lebens steht. Es bleibt also im Felde der ›Transzendentalität‹ ein noch Unbegriffenes: eben der phänomenologisch-theoretisierende ›Zuschauer‹. Nichts anderes als eben dieser Zuschauer ist das Thema der transzendentalen Methodenlehre, die damit die phänomenologische Wissenschaft vom Phänomenologisieren, die Phänomenologie der Phänomenologie ist.[55]

Schwerlich ließe sich eine ›Vollendung‹ der Phänomenologie denken, die von größerer Treue gegenüber ihrem Gründervater, mehr im Sinne Husserls wäre als das so – von Fink, Husserl beerbend, oder eben von Husserl selbst, in Fink fortlebend – in Aussicht Gestellte: nämlich eine Methodenlehre, die, auf *ihre* Methode hin befragt, wesentlich von demselben Schlage wie ihr Gegenstand, i.e. eben die Methode der Phänomenologie selbst, sein will.

Zweierlei sind nun aber ein Plan und seine konkrete Durchführung – zumal wenn, wie im Falle der *VI. Meditation*, der Plan ein zwischen Lehrer und Schüler geteilter (zumindest noch in einem geteilten Vokabular formulierbarer) ist, seine Durchführung aber dem Schüler allein zufällt. Dieser Schüler ist hier eben Fink – und Fink ist Schüler, wiewohl in der Husserl'schen Phänomenologie bewandert wie kein anderer (er »beherrscht die Systematik der transzendentalen Phänomenologie fast besser als ich«, so Husserl an einer Stelle, »jedenfalls

---

55 Fink, *VI. Cartesianische Meditation*, Hua Dok 2:1, S. 8–13.

besser ist er befähigt sie darzustellen als ich Alter«),[56] doch nicht einzig Husserls. Letzterer hat im jungen Fink sein *alter ego*, ein ›anderes Selbst‹ gefunden, aber auch ein ›*anderes* Selbst‹, »a very decidedly *other* ›himself‹«,[57] wie es Bruzina ausdrückt. An konkreten ›fremden‹ Einflüssen ist hier einerseits der Deutsche Idealismus *stricto sensu* zu nennen, von welchem zwar Husserl – der nach eigenen Angaben »die grossen Idealisten nach Kant [...] nur in Bruchstücken kennen gelernt, also nie eingehend studiert« hat[58] – kaum (direkt) geprägt ist, Fink jedoch in ganz entscheidender Weise. Andererseits ist da der Einfluss Martin Heideggers, Husserls berühmtesten, vatermörderischen Sohns.[59] Husserl versucht verschiedentlich, diese anderen Einflüsse Finks zu verneinen, um gerade so, *nolens volens*, die Aufmerksamkeit darauf zu lenken. So etwa in einem Brief an Feuling,

---

56 »Husserl an Kuhn, 4. II. 1937«, Hua Dok 3:6, S. 242.

57 Bruzina, *Edmund Husserl and Eugen Fink*, S. 108.

58 »Husserl an Welch, 17./21. VI. 1933«, Hua Dok 3:6, S. 460.

59 Mit Blick auf die zahlreiche Literatur zum Verhältnis von Husserl und Heidegger sei hier eigens hervorgehoben die – indirekte, umso eindrücklichere – Art und Weise wie dieses Verhältnis und seine antisemitische Dimension Eingang gefunden haben in die »Première leçon« von Levinas' 1968 publizierten *Quatre lecture talmudiques*; vgl. dazu meinen Text »Emmanuel Levinas«. Ich verweise explizit auf Levinas auch deshalb, weil sich sein Philosophieren (am Anfang) in einer sehr ähnlichen Lage wie das Fink'sche befindet. Auch bei Levinas handelt es sich – von Husserl aus besehen – um einen philosophischen Sohn, dessen genaue Abstammung umkämpft ist. So gibt denn – in einer Weise, die sowohl das eigene (i.e. Levinas'sche) Verhältnis zu Husserl bzw. Heidegger als auch das zwischen Husserl und Heidegger als familiäres lesen lässt – Levinas zu Beginn seiner Dissertationsschrift von 1930 zu verstehen: »Conformément à notre but, nous ne craindrons pas de tenir compte aussi de problèmes que se posent les philosophes disciples de notre auteur, et, en particulier, M[onsieur] Martin Heidegger, dont on reconnaîtra souvent l'influence sur ce livre. En accentuant certaines apories, en soulevant certains problèmes, en précisant certaines vues et« – wie es Kinder tun – »en s'opposant à d'autres, la vie philosophique intense qui anime la philosophie de M. Heidegger permet parfois de préciser les contours de la philosophie de Husserl«, wie eines anderen, aber verwandten Gesichts. (*Théorie de l'intuition dans la phénoménologie de Husserl*, S. 14) | *Husserls Theorie der Anschauung*, Übers. Haensler/Fanzun, S. 21: »Entsprechend unserem Ziel scheuen wir auch nicht davor zurück, philosophische Probleme zu berücksichtigen, wie sie sich den Schüler:innen Husserls stellten, insbesondere Martin Heidegger, dessen Einfluss auf das vorliegende Buch man oft bemerken wird. Indem sie gewisse Aporien unterstreicht und gewisse Probleme aufwirft, indem sie gewisse Ansichten präzisiert, sich anderen widersetzt, erlaubt die überschäumende philosophische Lebendigkeit, welche die Philosophie Heideggers beseelt, zuweilen, die Philosophie Husserls genauer zu konturieren.«

in welchem Husserl über die Situation Finks in Freiburg Folgendes schreibt:

> »Er war hier zwar auch einige Semester Professor Heideggers Hörer, also sein akademischer Schüler, nie aber sein Schüler im philosophischen Sinn. Und ebensowenig je ›Hegelianer‹. Es wäre ganz verkehrt zu meinen, dass durch ihn neue, dem konsequenten Gedankenzug meiner früheren Entwicklung fremde Gedankenmotive auf mich wirksam geworden seien. Die konstitutive Phänomenologie [...] hat ihre absolut eigene Konsequenz, ähnlich wie die neuzeitliche exakte Physik seit Galilei.«[60]

Dass die *VI. Meditation* – bis jetzt habe ich erst aus ihrem *prima vista* ganz und gar phänomenologischen Anfang zitiert – nicht einzig aus Husserl'schem Garn gewoben ist, kommt in Finks Schrift in ihrem weiteren Verlauf verschiedentlich (und auch sehr deutlich) zum Ausdruck und ich werde diese Tatsache später im Detail bzw. textnah zu ihrem Recht kommen zu lassen versuchen. In pointierterer – und also für meine momentanen, einführenden Zwecke dienlicheren – Form aber als im eigentlichen Text der *VI. Meditation* kommt Fink auf die philosophische ›Heterogenität‹ seines Buchs aus einer gewissen Distanz zu sprechen: nämlich in einem kurzen Text, den er nachträglich als Vorbemerkung dazu entworfen hatte. In diesem (in den *Husserliana* so genannten) »Entwurf eines Vorwortes« ist Folgendes zu lesen:

> »Die nachstehende Schrift entstand im Zusammenhang des Auftrags, den der Verfasser als Assistent von Edmund Husserl übernommen hatte, Zusätze zu den ›Méditations Cartésiennes‹ zu entwerfen. Sie war als eine neue VI. Meditation geplant. / Der Verfasser hat versucht, eine Reihe von Problemen, die in Husserls Philosophie latent geblieben sind, zu formulieren. Zwar ist in der Phänomenologie Husserls der Gedanke einer Phänomenologie der Phänomenologie, einer Reflexion auf das Phänomenologisieren, ein wesentliches Moment der systematischen Konzeption. Die Exposition des Problems einer transzendentalen Methodenlehre ist hier bei aller Nähe zu Husserls Philosophie durch den Vorblick auf eine meontische Philosophie des absoluten Geistes bestimmt. / Das dokumen-

60 »Husserl an Feuling, 30. III. 1933«, Hua Dok 3:7, S. 89.

> tiert sich in der Einschränkung, die Husserls zustimmendes Urteil zu dieser Arbeit macht [...].«[61]

Hinter der Rede von einer »meontische[n] Philosophie des absoluten Geistes« steht, zusammengestellt durch einen schwierigen Genitiv, nun eben nichts anderes als jene (zweifache) andere philosophische Bildung Finks. Einerseits, mit dem »absoluten Geist[]«, spricht Fink hier im Geiste des Deutschen Idealismus (und spricht, konkret, den in der *VI. Meditation* unternommenen Versuch an, die Phänomenologie Husserls in Anlehnung an diejenige Hegels als »Prozess des ›Fürsichwerdens‹ des transzendentalen Lebens«,[62] als »Zusichselbstkommen«[63] des – zwar *an sich* immer transzendentalen, gegenüber dieser Tatsache im alltäglichen Leben aber notwendigerweise blinden – Bewusstseins des Menschen auszulegen). Andererseits, mit seinen Überlegungen zum »[M]eontischen«, und weniger offensichtlich beruft sich Fink damit auf Heidegger[64] (und beruft sich, mit Blick auf die *VI. Meditation*, auf eine da anzutreffende – Husserl weitgehend ganz, Heidegger gar nicht fremde – Weise des ontologischen Fragens und eine in diesem Konnex formulierte Einsicht Finks:

---

61 Fink, *VI. Cartesianische Meditation*, Hua Dok 2:1, S. 183.

62 Ebd., S. 109.

63 Ebd., S. 144.

64 Deutlicher noch wird das in einem zweiten Vorwort zum Ausdruck kommen, das Fink 1945 (da er die *VI. Meditation* als Habilitationsschrift einreicht) verfasst: »Das hier vorliegende Manuskript ›Idee einer transzendentalen Methodenlehre‹ hat die Form einer ›Sechsten Meditation‹. Das bedarf einer Erklärung. / Die anfängliche Abhandlungsform ist auf Wunsch Edmund Husserls umgeschrieben worden, da er dieses Manuskript als eine sechste Meditation der von ihm geplanten deutschen Ausgabe seiner ›Méditations Cartésiennes‹ einfügen wollte, um durch eine gemeinsame Publikation unsere Zusammenarbeit zum Ausdruck zu bringen. / Die hier entwickelte phänomenologische Fragestellung setzt die ›Méditations Cartésiennes‹ voraus und entspringt auf dem Boden und in den Grenzen der dort inaugurierten Problematik. Sie führt aber auch darüber hinaus, sofern sie die durchgängige methodische Naivität der ›Méditations Cartésiennes‹, welche in der unkritischen Übertragung der auf Seiendes bezogenen Erkenntnisweise auf die phänomenologische Erkenntnis der Bildung (Konstitution) des Seienden besteht, eigens in Frage stellt. Nicht die Iteration der philosophischen Reflexion zu einer Phänomenologie der Phänomenologie ist dabei das Wesentliche, sondern die Aporie, ob und wie der Horizont, von dem her letztlich ›Sein‹ verstanden werden soll, selbst ›seiend‹ ist, ob und wie das Sein der Zeitigung des Seienden bestimmbar ist.« (*VI. Cartesianische Meditation*, Hua Dok 2:1, S. 184.)

dass nämlich das Thema der Phänomenologie, das »›transzendentale[] Sein‹ als Gegenbegriff zu ›natürlichem‹ oder ›weltlichem Sein‹ nicht [auf] eine Art des Seins überhaupt«[65] verweist, aber das damit Gemeinte »ebensowenig« – daher denn auch die [nachträgliche] Rede vom ›Me-Ontischen‹, vom ›Nicht-Seienden‹ – »mit dem naiven Gegenbegriff des Seins, mit dem Begriff des ›Nichts‹ [zu] charakterisieren«[66] ist. Auf diesen Punkt – und seine weitreichenden sprachtheoretischen Implikationen – werde ich später noch ausführlicher zu sprechen kommen.)

Aber nicht nur in seinem verdichteten – und im Falle des ›Meontischen‹ bzw. Heideggers auch (bewusst) kryptischen – Hinweis auf die zwei anderen wichtigen Einflüsse der *VI. Meditation* ist Finks nachträglicher »Entwurf eines Vorworts« höchst bemerkenswert. So gibt dieser Text nämlich auch genauer – i.e. genauer als die *VI. Meditation* selbst, in welcher, als Zusatzkapitel zu den ursprünglichen *Meditationen* und in der Perspektive Husserls verfasst, Husserl namentlich notwendigerweise nicht auftritt – Aufschluss darüber, in welchem *Verhältnis* die Inanspruchnahme jener anderen beiden Lehrer, des spekulativen und des ontologischen, zum phänomenologischen steht. Fink spricht von einem die *VI. Meditation* »bestimm[enden]« »Vorblick« – nicht weniger wichtig als diese Wortwahl aber ist die syntaktische Gestaltung vom »Entwurf eines Vorworts«:

> »Zwar ist in der Phänomenologie Husserls der Gedanke einer Phänomenologie der Phänomenologie, einer Reflexion auf das Phänomenologisieren, ein wesentliches Moment der systematischen Konzeption. Die Exposition des Problems einer transzendentalen Methodenlehre ist hier bei aller Nähe zu Husserls Philosophie durch den Vorblick auf eine meontische Philosophie des absoluten Geistes bestimmt.«

Zwar ist da ein »Zwar«, aber ein ›Aber‹ bleibt aus. Überdies ist da ein »hier«, das zwar den aufs Vorwort folgenden Text (eben die *VI. Meditation*) meint, aber, strenggenommen, auch die »Phänomenologie Husserls« meint: also auf etwas hinweist, was *in* der »Phänomenologie Husserls« über diese hinausweist; etwas, was die »Phänomeno-

65 Ebd., S. 80–81.
66 Ebd., S. 80.

logie Husserls« zwar noch in »Nähe zu Husserls Philosophie« sich bewegen lässt, aber bzw. gerade deshalb auch Zeugnis ablegt von einem Riss, einem Ur-Sprung, in ihr, sich selbst. Ein »very decidedly *other* ›himself‹« (Bruzina) fände Husserl in Fink also in dem noch tieferen, gleichsam Rimbaud'schen Sinne: dass der ›Sohn‹ dem ›Vater‹ vor Augen führte, was an diesem selbst anders, dass das ›väterliche‹ Selbst ein Anderer ist.

Und tatsächlich haben wir es »hier« nicht mit einem syntaktischen Lapsus des Fink'schen Texts zu tun, gar einem Winkelzug (wie er etwa dem phänomenologischen Patron verschleiern wollte, dass der geteilte Plan einer »Phänomenologie der Phänomenologie« in seiner konkreten und eben individuellen Durchführung gänzlich von [Hegel'scher] Spekulation und [Heidegger'scher] Fundamentalontologie ›korrumpiert‹ werden würde). Oder wenn wir es mit einem ›Lapsus‹ oder einem ›Winkelzug‹ zu tun haben, dann nur weil er notwendig, Ausdruck der philosophischen Notsituation ist, in welcher sich der mit einer ›Vollendung‹ der Phänomenologie beauftragte junge Fink befindet: dass nämlich Husserl von ihm etwas verlangt, was zu bewerkstelligen »Husserls Philosophie« schlicht gar nicht die philosophischen Mittel hat, ja, dass Husserl Fink die Federführung überlässt, *weil* er von Fink Verstöße gegenüber der eigenen phänomenologischen Lehre erwartet. Husserl tut dies, wie van Kerckhoven eindrücklich schildert, vielleicht unwissentlich – doch gerade so in einer Weise, wie sie die Aufgabe des Sohns, des Wissenden, nur noch schwieriger macht, dem Sohn seine Aufgabe zum regelrechten »Dilemma« werden lässt:

> »War sich Husserl der Tatsache bewußt, daß die Last der Aufgabe, die er auf die Schultern Finks lud, beinahe untragbar war? Sie war die undankbarste, die man sich vorstellen konnte, denn einerseits war die erste Selbstkritik, die der phänomenologischen Erkenntnis, sicher dazu angetan, die Irritation des Meisters hervorzurufen, andererseits sollte – so der Assistent den Auftrag, der ihm erteilt wurde, in korrekter Weise und nach *seiner* Überzeugung durchführte: die Erste phänomenologische Philosophie durch eine meontische Philosophie des absoluten Geistes zur Metaphysik zu erheben – sie zu einer Art ›fatalen Verrats‹ an der cartesianisierenden Phänomenologie der *Meditationen*, an dem ihnen zugrundeliegenden ontologischen Entwurf führen. Gelang es Fink, diesem Dilemma, in dem Husserl ihn gleichsam gefangen hielt, zu entkom-

> men? Gab sich Husserl Rechenschaft darüber, daß die Aufgabe, die er seinem Assistenten zukommen ließ, nur durch die Methoden gelöst werden konnte, die Fink dank des Besuchs der Vorlesungen Heideggers und durch eigene Studien zur Geschichte der Metaphysik entwickeln sollte?«[67]

Wenn Husserl selbst die ›Vollendung‹ seines Denkens versäumen musste, dann, rückblickend, also auch, weil solche ›Vollendung‹ philosophisch zwingend den Saum seines Denkens meint. »Diese Phänomenologie der Phänomenologie konstituiert […] den ›*Rand*‹ der *Cartesianischen Meditationen*«,[68] schreibt van Kerckhoven. Sie »variiert die Idee der Phänomenologie auf einem Grund, der stricto sensu nicht mehr der ihre ist. Sie setzt die Idee der Phänomenologie ihren Grenzen aus, *idealisiert sie auf einem Grund, der nicht mehr der Phänomenologie zugehört.*«[69] Diese bei van Kerckhoven so genannte ›Aussetzung‹ der Phänomenologie wird von Luft an einer Stelle mit einer anderen, doch verwandten Bezeichnung bedacht, nämlich – Name, in dessen Lichte Finks Arbeit am Husserl'schen Schreiben und jene Arbeit Pfeiffers und Levinas', die der Fink'schen historisch direkt vorausgeht, so verschieden vielleicht gar nicht sind – als eine »originelle Übersetzung«[70] der Phänomenologie charakterisiert.

Luft verwendet diesen Begriff, den der »Übersetzung«, vorderhand nur bezüglich Finks »hegelsche[r] Terminologie« bzw. der von Fink angedachten »›Hegelianisierung‹ des husserlschen Systems«[71] – er scheint mir damit aber einen wesentlichen Zug der *VI. Meditation* und dem an ihr (Nicht-Husserl'schen) ›Fremdsprachlichen‹ überhaupt getroffen zu haben. Und als wesentlich ›translatorische‹ – nämlich auch als Auseinandersetzung mit der Frage nach der Wirkung einer »originelle[n] Übersetzung« auf ihre ›Zielsprache(n)‹ einerseits, der Frage nach jenem dritten Text, den »originelle Übersetzung« *und* ihr Original bilden,[72] andererseits – möchte ich denn die Überlegun-

---

67 van Kerckhoven, *Mundanisierung und Individuation bei Edmund Husserl und Eugen Fink*, S. 62–63.

68 Ebd., S. 23.

69 Ebd., S. 32.

70 Luft, ›*Phänomenologie der Phänomenologie*‹, S. 174.

71 Ebd.

72 Mit diesem Interesse folge ich den Arbeiten Hans-Jost Freys und seiner Zürcher Schüler:innen. Exemplarisch seien hier Freys *Studien über das Reden der Dichter* genannt.

gen lesen, mit welchen Luft das Verhältnis zwischen Fink und seinen drei Lehrern wie folgt zusammenfasst:

> »Dass [...] (Husserl-)fremde Töne hinzukommen, muss bei der Interpretation in Rechnung gestellt werden; aber [...] hier ist genau darauf zu achten, inwiefern Fink eigeständig heideggersche und hegelsche Motive in kritischer Weise aufnimmt, *so* kritisch, dass sie sogar an manchen Stellen als Heidegger- bzw. Hegel*kritik* aus der husserlschen Perspektive gelesen werden können. [...] Was für ein Gemisch ergibt sich aus diesen Einflüssen in dem durchaus mit dem Zeitgeist ›*up to date*‹ seienden Fink, der gleichzeitig einen unvergleichlichen Einblick in die Forschungsmanuskripte Husserls hatte? Ist Fink ›päpstlicher als der Papst‹ oder Häretiker, gar ›Feind‹? Die paradox anmutende Antwort lautet: Er ist beides zugleich. Fink kommt eindeutig aus dem husserlschen Fragehorizont als zunächst orthodoxer Husserlianer. Gleichzeitig aber beschäftigten ihn Probleme, die Husserl zwar antizipierte, aber nichts selbst bearbeitete, und die *gerade dadurch den ursprünglichen Horizont aufbrechen*. In diesem Sinne ist Fink in der Tat ›the *other* Husserl‹ [Luft bezieht sich hier auf eine – von mir weiter oben zitierte – Redeweise von Ronald Bruzina], gerade indem er mehr Husserl als Husserl selbst ist – und *dadurch* die größtmögliche Distanz zu ihm einnimmt.«[73]

73 Luft, ›*Phänomenologie der Phänomenologie*‹, S. 153. Ich teile diese Einschätzung – es ist aber nicht die einzige mögliche. Aus den Kommentator:innen, die die Schriften Husserls und diejenigen Finks klar getrennt wissen wollen, ist insbesondere Herman Leo van Breda – der 1939 das Husserl-Archiv in Leuven gegründet hatte – zu nennen. »Ich mache Sie darauf aufmerksam«, schreibt van Breda in einem Brief an Fernand Aubier vom 17. Dezember 1945, »daß die *VI. Meditation* nicht eine Arbeit Husserls ist, sondern eine von Fink geschriebene, profunde Kritik des Husserlschen Denkens darstellt. Husserl hat diese Seiten immer wieder gelesen und eine beträchtliche Anzahl von persönlichen Notizen hinzugefügt. Fink war es nicht recht, daß diese Schrift verbreitet wurde, da seine Kritik im Grunde genommen sehr hart war. In Frankreich, wo ein Freund Finks von diesem eine Kopie der *VI. Meditation* erhielt, wurde sie unglücklicherweise als ein authentischer Text Husserls betrachtet. Ich habe den Eindruck, daß die Interpretation des authentischen Husserlschen Denkens durch die Lektüre dieser Kritik ernsthaft verfälscht werden könnte.« (Zitiert nach van Kerckhoven, *Mundanisierung und Individuation bei Edmund Husserl und Eugen Fink*, S. 83–84.) Zu einer ausführlichen Darstellung der (archiv-)politischen Gründe für van Bredas Haltung vgl. Horsten, *Der Pater und der Philosoph*, Übers. Müller-Haas.

Dieses »beides zugleich«, dieses »mehr Husserl als Husserl selbst« und die »Distanz« die es, da eben »mehr«, zwingend bedingt, greift Luft einige Seiten später – und da nun gewissermaßen von der anderen, Fink'schen Seite des Komparativs aus sprechend – mit folgenden Worten wieder auf: »Eine Reflexion auf die Phänomenologie, ausgeführt als eine ›Phänomenologie der Phänomenologie‹« ist »*nicht selbst wieder phänomenologisch* – oder *nicht nur* phänomenologisch«.[74]

Nicht nur – kehren wir noch einmal zum Anfang von Husserls *Cartesianischen Meditationen* zurück, ehe wir das Wort für einige Zeit ganz ihrer »originellen Übersetzung« durch Fink überlassen – das Denken Descartes' wird also jene Dynamik betroffen haben, die Husserl ganz zu Beginn seiner von Pfeiffer, Levinas und Fink übertragenen Schrift nachzeichnet. »Fast«, lasen wir da, »könnte man [die Phänomenologie] einen Neu-Cartesianismus nennen, wie sehr sie, und gerade durch die radikale Entfaltung Cartesianischer Motive, genötigt ist, fast den ganzen bekannten Lehrgehalt der Cartesianischen Philosophie abzulehnen.«[75] Und fast könnte man Finks Phänomenologie einer Phänomenologie einen Ultra-Husserlianismus nennen, wie sehr sie, und gerade durch die radikale Entfaltung Husserl'scher Motive genötigt ist, fast den ganzen bekannten Lehrgehalt der Husserl'schen Philosophie, wenn nicht geradewegs abzulehnen, so doch in einer von Husserl selbst ganz unerwarteten Perspektive sehen zu lassen.

3. Die phänomenologische Mitteilung

»Es ist dem philosophischen Schrifttum eigen«, schreibt Benjamin zu Beginn seines *Trauerspielbuchs*, »mit jeder Wendung von neuem vor der Frage der Darstellung zu stehen.«[76] Das trifft – wenn mit *jeder* Wendung hier in einer schwierigen Wendung auch erst rückblickend, nämlich von jener letzten Wendung oder Faltung der phänomenologischen Textur her gedacht, von jenem »[V]ollenden« (Fink) des »Abschluss[es]« (Husserl), der die *Cartesianischen Meditationen* sind, das die *VI. Cartesianische Meditation* ist – auch auf das

---

74 Luft, *›Phänomenologie der Phänomenologie‹*, S. 158.

75 Husserl, *Cartesianische Meditationen*, Hua 1, S. 43.

76 Benjamin, *Ursprung des deutschen Trauerspiels*, GS 1:1, S. 207.

»Schrifttum« Husserls zu. »Wie Sie vielleicht wissen«, gibt Fink 1946 in einem an Stephan Strasser wie auch an Herman Leo van Breda geschickten Brief zu bedenken, »war Husserl mit einer Veröffentlichung des deutschen Textes [der *Méditations cartésiennes*] nicht einverstanden, weil er große Mängel der Darstellung bemerkte.«[77] Wissentlich oder nicht weist Finks rückblickende Bemerkung noch auf etwas anderes, nicht nur auf einen der allgemeinen Motivationsgründe zur Überarbeitung, sondern auch auf eine ihrer spezifischen philosophischen Konsequenzen hin. Von entscheidender Bedeutung wird in Finks (in der Zwischenzeit verfassten) *VI. Meditation* nämlich die Frage nach der »prädikativen Darstellung«[78] der Phänomenologie und der eine solche (darstellende) »Überführung [...] in Sätze« ermöglichenden »transzendentale[n] Sprache«[79] sein. Diese Frage ist keine unter anderen. So gehört sie nämlich zum Wenigen, was Husserl in den *Cartesianischen Meditationen* schon selbst als notwendige Aufgaben einer methodologischen »Selbstkritik« erkannt oder zumindest geahnt hatte (an der Stelle nämlich, wo er darauf hinweist, dass »wir« fraglos »der Evidenz der prädikativen Deskriptionen aller transzendentalwissenschaftlichen Erfahrungsweisen überhaupt vertraut« haben).[80] Überdies wird sie einer der (insgesamt drei) Punkte sein, anhand welcher Fink in seinem »Entwurf eines Vorworts« die väterlichen Bedenken gegenüber der *VI. Meditation* zusammenfasst. In besagtem »Entwurf eines Vorworts« verweist Fink, wie wir sahen, auf die »Einschränkung, die Husserls zustimmendes Urteil zu dieser Arbeit macht« und er spezifiziert: »Husserl findet« die von der *VI. Meditation* herausgestellten »Schwierigkeiten der transzendentalen Prädikation übertrieben [...].«[81]

Worin bestehen diese »Schwierigkeiten« und weshalb waren sie, um eine Formulierung van Kerckhovens aufzugreifen, in besonderem Maße »dazu angetan, die Irritation des Meisters hervorzurufen«? Diese Doppelfrage soll es sein, was unsere Lektüre der *VI. Meditation* in den folgenden Unterkapiteln leitet. Vorgreifend und etwas spitzfin-

---

77 Zitiert nach van Kerckhoven, *Mundanisierung und Individuation bei Edmund Husserl und Eugen Fink*, S. 41.

78 Fink, *VI. Cartesianische Meditation*, Hua Dok 2:1, S. 110.

79 Ebd., S. 93.

80 Husserl, *Cartesianische Meditationen*, Hua 1, S. 177.

81 Fink, *VI. Cartesianische Meditation*, Hua Dok 2:1, S. 183.

dig lässt sich darauf antworten: Finks sprachtheoretischer Abschluss jenes »Abschluss[es]« der Phänomenologie, den die *Cartesianischen Meditationen* hätten leisten sollen, läuft darauf hinaus, *die Phänomenologie abzuschließen.* »Abschluss« – anders ausgedrückt bzw. das Wort anders als Husserl selbst verstanden – wird mit der *VI. Meditation* zur Frage auch eines Schlosses, ›abschließen‹ zum -riegeln oder -sperren: der phänomenologischen Textur gegenüber jedwedem verstehenden Zugriff. Das ist im Wesentlichen der Grund, weshalb Husserl die »Schwierigkeiten der transzendentalen Prädikation« »übertrieben« »findet« – im Wissen, wie wir schon jetzt vermuten wollen, oder doch zumindest ahnend, dass besagte »Schwierigkeiten« so neu nicht sind; Wissen oder Ahnung, in anderen Worten, dass mit Finks neuer *Meditation*, die Hermeneutik phänomenologischer Texte zur Hermetik zerreibend, nicht eigentlich »übertrieben«, vielmehr, in »origineller Übersetzung« (Luft), ›auf die Spitze getrieben‹ werde, was sich bereits im eigenen Schreiben findet.

3.1. Sein und Zeichen

Dem Problem der Sprache bzw. Versprachlichung der Phänomenologie ist der zehnte Paragraph (»Das Phänomenologisieren als Prädikation«) der insgesamt zwölf Paragraphen der *VI. Meditation* gewidmet. Es ist dieser eine Paragraph aber – und ist also Husserls Einschätzung fragwürdig, wenn vielleicht in ihrer (»übertrieben[en]«) Wertung, so doch keinesfalls bezüglich ihres Anlasses – gleichsam die an der Oberfläche (des Inhaltsverzeichnisses) sichtbare Blüte, deren Wurzelgeflecht sich über das ganze Buch erstreckt, ja, ist, mehr noch und in einem krasseren Bild gesprochen, das sichtbare Stück Schwermetall, dessen Strahlung einen jeden Satz der *VI. Meditation* durchdrungen haben wird.

Die (»übertrieben[en]«, ›radioaktiven‹) »Schwierigkeiten der transzendentalen Prädikation«, auf welche Fink *en detail* im §10 zu sprechen kommt, lassen sich in einem ersten Anlauf bestimmen als eine *unauflösliche Spannung* zwischen dem, *was eigentlich und überhaupt eine Sprache ist,* und dem, *was eine phänomenologische sein müsste.* Wer spricht, spricht für Fink nicht irgendwo, sondern – natürlich – in der Welt. In ebendieser aber steht das zerrissene Subjekt der Phänomenologie – die »radikale Spaltung« der phänomenologischen Reduktion (»Spaltung« des Menschen in einen tätigen und einen »unbeteiligten Zuschauer« dieses, ›seines‹ Tuns) haben wir bereits kennengelernt, an einer anderen Stelle wird Fink gar von einer »methodische[n] ›Schizophrenie‹«[82] sprechen – nur mit einem Fuß, ja, steht es, *als* phänomenologisierendes, eigentlich mit gar keinem mehr. Dasselbe Problem in anderen Worten formuliert: »Prädikation ist eine Form [der] Lebensaktivität, ist eine eigene Weise des Konstituierens«[83] – und es würde also die Phänomenolog:in, da sie spricht, »entgegen [ihrem] Unbeteiligtseinwollen« am »konstitutiven Leben« sich »beteiligen«,[84] wäre, da sie spricht, überhaupt keine Phänomenolog:in mehr.

Auf der Grundlage des bisher Gesagten ließe sich einwenden, dass die von Fink entdeckten »Schwierigkeiten«, wiewohl erheblich, so doch nicht schlechterdings unlösbar seien, ja, sie eigentlich ganz einfach lösbar sind: dadurch, dass zwischen ›Phänomenologisieren‹ und ›Prädizieren‹, zwischen ›Zuschauer:in‹ und ›Dartseller:in‹ eine *zeitliche Differenz* geltend gemacht wird; dass man *zuerst* rein mit dem Beobachten (von konstituier*enden* Bewusstseinsprozessen) sich begnügt, *dann* seine Beobachtungen in (konstituier*te*) sprachliche Formen gießt. Ein solcher (zeitlicher) Einwand würde bzw. kann die *VI. Meditation* allerdings nicht akzeptieren. Denn die von ihr herausgearbeiteten »Schwierigkeiten« sind nicht – wie ich es eben darstellte – nur ›konstitutionslogischer‹ Natur. Oder, genauer: Die »Schwierigkeiten« sind durchaus ›konstitutionslogischer‹ Natur, ›Konstitutionslogisches‹ aber für Fink nicht nur eine Frage der (Un-)Tätigkeit – der (phänomenologischen) *vita contempletiva* gegenüber der (natürlichen) *vita activa* gewissermaßen –, sondern auch Frage einer *ontologischen* Differenz. Differenz, in deren Licht ›Konstituierendes‹ und ›Konstituiertes‹ schlechterdings nicht (auch nicht in verschiedenen Zeiten) als koexistent angenommen werden können: Jenes, das Konstituierende, existiert gemäß Fink nämlich überhaupt gar nicht, zumindest nicht in dem Sinne, den der Ausdruck ›Existenz‹ in der Philosophiegeschichte bisher (i.e. vor Husserl nach Fink) hatte.

Zu letzterer Einsicht kommt Fink im §8 der *VI. Meditation* und zwar via einen – wesentlich durch Heidegger beeinflussten – Gedanken-

---

82 Ders., »Operative Begriffe in Husserls Phänomenologie«, S. 329.

83 Ders., *VI. Cartesianische Meditation*, Hua Dok 2:1, S. 95.

84 Ebd.

gang, den er – in Anlehnung an die Sprache Husserls – als »Reduktion der Seinsidee« charakterisiert:

> »Das Problem des eigentlichen Sinnes der ›theoretischen Erfahrung‹ des phänomenologischen Zuschauers kann erst von der Stelle kommen, wenn der Seinssinn seines Themas einmal zu einer ausdrücklichen Klärung gekommen und die Frage nach der Gegenständlichkeit des transzendentalen Gegenstandes entschieden ist. So wenig das Thema des phänomenologischen Zuschauers, die Weltkonstitution, als seiend (in einem unkritischen Sinne) bezeichnet werden darf, ebensowenig können wir sie auch mit dem naiven Gegenbegriff des Seins, mit dem Begriff des ›Nichts‹ charakterisieren. Vielmehr bedarf es einer [...] Reduktion der Seinsidee. [...] Wir müssen uns klar machen, dass ›transzendentales Sein‹ als Gegenbegriff zu ›natürlichem‹ oder ›weltlichem Sein‹ nicht eine Art des Seins überhaupt ist, etwa die Art der höchsten Dignität und metaphysischen Valenz, sondern grundsätzlich nicht aus der formalisierten Idee des Seins heraus begriffen werden kann.«[85]

Kann das – durch die (phänomenologische) Reduktion ursprünglich erschlossene, nun durch eine ›zweite‹ (nur noch zum Teil Husserl'sche) Reduktion auf seinen ontologischen Status hin befragte – Reich »›transzendentale[n] Sein[s]‹« noch in anderer Weise »begriffen« werden, als einfach und rein *ex negativo* (und zudem in Anführungszeichen) von ihm zu sprechen? Oder, wenn sie tatsächlich unumgänglich sein sollte: Kann zumindest solche ›Negativität‹ noch genauer »begriffen« werden?

Fink schlägt drei zusätzliche Begriffe vor. Der erste – er begegnet eine Seite später im §8 – ist der der ›Analogie‹:

> »In der theoretisierenden Erfahrung der phänomenologischen Erkenntnis verhalten wir uns zwar nicht zu Seiendem (sofern Seiendes ursprünglich Seiendes in der Welt ist, dessen transzendentale Dignität konstitutives Resultat ist), sondern wir verhalten uns zur transzendentalen Weltkonstitution analog wie zu einem Seienden. Die ›analogia entis‹ zwischen mundanem und transzendentalem Sein ist keine ›analo-

85 Ebd., S. 80–81.

gia attributionis‹, sondern eine ›analogia propositionalis‹[86]: So wie theoretische Erfahrung gemeinhin auf Seiendes bezogen ist, so sind wir phänomenologisierend analog bezogen auf die ›an sich‹ nicht seiende, aber auch nicht nichtseiende Weltkonstitution. Ist alles Seiende – gemäss der transzendentalen Einsicht der Phänomenologie – nichts anderes als eine konstitutive Gewordenheit, so ist das Werden des Seienden in der Konstitution selbst nicht schon seiend.«[87]

Ein zweiter distinkter Versuch, den schwierigen ontischen Status der phänomenologischen Untersuchungsgegenstände auf einen Begriff zu bringen, begegnet im darauffolgenden, neunten Paragraphen (»Das Phänomenologisieren als Ideieren«). Da spricht Fink mit Blick auf das »transzendentale Sein« des Bewusstseins von einer »nur paradox beschreibbare[n] ›Seinsweise‹ des Vor-Seins«.[88]

Der dritte Begriff – ihn haben wir bereits kennengelernt –, den Fink vorschlägt, ist der des ›Meontischen‹. In der *VI. Meditation* selbst wird dieser Ausdruck nicht verwendet, mehrfach aber und geradezu emphatisch in den in ihrem direkten Umkreis entstandenen Texten Finks. Neben dem »Entwurf eines Vorworts« (wo die Rede vom ›Meontischen‹ mit keiner geringeren Aufgabe betraut wird, als [nachträglich] den [eigentlichen] Leitgedanken der *VI. Meditation* zu bestimmen) sei hier auf die folgende persönliche Arbeitsnotiz Finks hingewiesen, wo Fink, in direktem kritischen Ausgang von einer

---

86 Zu dieser Wortwahl Finks vgl. den differenzierten Kommentar von Martina Scherbel in ihrer Studie *Phänomenologie als absolute Wissenschaft*, S. 139–140: »Fink bezeichnet die phänomenologische Analogie als ›analogia propositionalis‹ und betont ausdrücklich, daß sie keine Attributionsanalogie sei. Die beiden Analogieglieder sind auch nicht dem allgemeinen Seinsbegriff als Arten untergeordnet. Ob die Analogie zwischen Aussagen über transzendentale und weltliche Sachverhalte als *analogia proportionalis* charakterisiert werden kann, darüber macht Fink keine Angaben. Die Proportionsanalogie setzt aber nicht notwendig ein bestimmtes Verhältnis zwischen den Gliedern der Analogie voraus, sondern die Gemeinsamkeit wird durch zwei in sich bestimmte Proportionen begründet, die voneinander verschieden sein können. Die Ähnlichkeit zwischen weltlicher und transzendentaler Erfahrung liegt darin, daß beide auf einen Erkenntnisgegenstand bezogen sind, die weltliche Erfahrung auf Seiendes; der Zuschauer auf die Konstitution. [...] Es ist aber auch denkbar, daß Fink sich bewußt davor hütet, diese Analogie der Aussage als Proportionsanalogie zu bestimmten, da selbst die Rede von Analogie weltlichem Theoretisieren entlehnt ist.«

87 Fink, *VI. Cartesianische Meditation*, Hua Dok 2:1, S. 82.

88 Ebd., S. 89.

Redeweise Husserls (nämlich »dass [...] die transzendentale Subjektivität den Seinssinn des absoluten Seins« habe)[89] zu bedenken gibt:

> »Was aber heißt denn nun das ›absolute Sein‹ des transzendentalen Subjekts? [...] Dieses nur paradox mit ›Sein‹ zu Bezeichnende ist ontologisch nur zu interpretieren als ein ›Meon‹. Meon aber hat hier den Sinn zwar des Fehlens, aber dieses Fehlen ist kein Privativum, sondern ein Positivum. [...] Das ›absolute Sein‹ ist ja keineswegs ein Seiendes, das neben o[der] außerhalb des Seienden für sich vorkäme. Sondern es ist überhaupt nur zugänglich vom Ontischen aus. Es ist in gewisser Weise das Ontische selbst; aber so radikal befragt, daß es das Ontische ist, gewissermaßen vor seinem *einai*. – Die Beziehung des ›Absoluten‹ zum Ontischen nennen wir den ›Ursprung‹. ›Ursprung‹ ist nicht innerweltlicher Anfang, sondern ist innerweltlich gesehen immer *nach* dem, dessen Ursprung er eben ist.«[90]

Welche Konsequenzen – ich kehre zum §10 der *VI. Meditation* zurück – hat Finks »Reduktion der Seinsidee«, haben die durch eine solche »Reduktion« zutage geförderten schwierigen (›analogischen‹, ›vor-seienden‹ oder eben ›meontisch-ursprünglichen‹) Implikationen für die Versprachlichung der Phänomenologie? Höchst problematische, wenn man, wie Fink dies tut, als das »Grundgemeinsame[] aller Sprachen« annimmt,

> »dass alle Begriffe Seinsbegriffe sind. Das natürliche menschliche Ich, der Träger der Sprache, spricht prinzipiell nur im Hinblick auf Seiendes, in der Auslegung seiner Erfahrungen vom Seienden und seines

---

89 Husserl, »Nachwort«, Hua 5:3, S. 153.

90 Zitiert nach van Kerckhoven, *Mundanisierung und Individuation bei Edmund Husserl und Eugen Fink*, S. 100–101. Diese persönliche – oder, suggestiver, nicht für die Augen des Vaters bestimmte – Notiz hat ihren direkten geistigen Vorläufer in einem Schreiben – es beginnt mit »Lieber väterlicher Freund!« –, welches Husserl 1927 von Heidegger erhalten hatte. »[W]elches ist die Seinsart des Seienden, in dem sich ›Welt‹ konstituiert?«, fragt Heidegger da und fährt fort: »Das ist das zentrale Problem von ›Sein und Zeit‹, d.h. eine Fundammentalontologie des Daseins. [...] Das Konstituierende ist nicht Nichts, also etwas und seiend – obzwar nicht im Sinne des Positiven. / Die Frage nach der Seinsart des Konstituierenden selbst ist nicht zu umgehen. [...] Was heißt absolutes ego im Unterschied vom rein Seelischen? / Welches ist die Seinsart dieses absoluten Ego – in welchem Sinne ist es dasselbe wie das je faktische Ich; in welchem Sinne nicht dasselbe?« (Hua 9, S. 600–602.)

> fragenden, bittenden, wünschenden, befehlenden Verhaltens zu Seiendem; ferner im Hinblick auf Vorhandensein und Nichtvorhandensein (Wirklichkeit und Unwirklichkeit) des Seienden.«[91]

In anderen, noch deutlicheren Worten: Die natürliche Sprache ist »keine transzendentale Sprache, d.i. eine solche, die transzendentales Sein genuin angemessen explizieren und prädikativ verwahren kann«.[92] Doch führt um sie, die natürliche Sprache, kein Weg herum, »wenn überhaupt« der phänomenologische Zuschauer »seinen Erkenntnissen prädikativen Ausdruck geben will«.[93] »Dass er«, so Fink einige Seiten später »auf dieses ›Mittel‹« der natürlichen Sprache »angewiesen *ist*, dass er keine eigene Sprache, keine eigenen Begriffe haben *kann* [meine Hervorhebungen]« hat seinen Grund exakt in dem, was solche Suche nach einem geeigneten semiotischen »›Mittel‹« allererst notwendig macht, nämlich »hat seinen Grund in der phänomenologischen Reduktion. Stellt sie« – diese *Bedingung der Unmöglichkeit* einer transzendentalen Sprache, wie sich in Anlehnung an Derrida sagen ließe – »doch gewissermassen den [...] ›Zuschauer‹ vor das Nichts: Die Welt ist eingeklammert und damit ist auch eingeklammert die ganze Vorgegebenheit der Welt, alle Weltmöglichkeiten«, alle Sprachen etwa.[94] So ist denn, »[w]enn das Phänomenologisieren unmittelbar nach der Reduktion einsetzt, [...] es in diesem Anfangsstadium nicht nur ohne Begriffe, sondern ist auch prinzipiell sprachlos.«[95]

Eingedenk solchen Zwangs zur ›natürlichen Sprache‹ bzw. solcher Unmöglichkeit einer ›transzendentalen Sprache‹, eingedenk, anders, der Tatsache, dass jene Redeweise für Fink eigentlich pleonastisch, diese oxymoronisch ist, drängen sich Fragen sehr empfindlicher – ja, in Husserl'scher Perspektive, geradezu fataler – Natur auf. Ist, womit die Sprachtheorie Finks die väterliche Philosophie konfrontiert, zu Ende gedacht nicht Folgendes: dass das transzendentalphilosophische Sprechen, als welches sich das Husserl'sche seit den *Ideen I* ausgibt und welches mit den *Cartesianischen Meditationen* »Abschluss

---

91 Fink, *VI. Cartesianische Meditation*, Hua Dok 2:1, S. 94.

92 Ebd., S. 95.

93 Ebd.

94 Ebd., S. 103.

95 Ebd., S. 104–105.

u[nd] letzte Klarheit«[96] hätte finden sollen, eigentlich *nie ganz es selbst,* ›Sprechen‹ durchaus, gerade als solches aber nicht ›transzendentalphilosophisches‹ gewesen ist? Wäre jenes ›Logische‹, das die Phänomenologie im Namen trägt, vor dem jüngsten Gericht ihrer ›selbstkritischen‹ ›Vollendung‹ nurmehr Name einer Unmöglichkeit, wäre ›Logisches‹ nicht mehr bzw. eben nichts – als Versprechen: zu übersetzen, wo es kein Original gibt? Aus gutem Grund nicht nur in psychoanalytischer Perspektive wäre denn das von Pfeiffer und Levinas übersetzte Manuskript der *Cartesianischen Meditationen*, sinnbildlich für eine ursprungslose Schrift, nie mehr aufgetaucht.

3.2. Die doppelte Analogie

Mit dem (ontologischen) Nachweis der prinzipiellen Untauglichkeit der Sprache für die Zwecke der transzendentalen Phänomenologie ist Finks Auseinandersetzung mit dem Thema der »prädikativen Darstellung« zwar noch nicht zu Ende, sein letztes Wort in der Angelegenheit im Wesentlichen aber schon gesprochen. Und die phänomenologische Integrität nicht eigentlich des *literarischen Werks* Husserls, vielmehr des *Philosophen dahinter* visiert denn auch der auf den folgenden Seiten unternommene ›(Ehr-)Rettungsversuch‹. Er besteht, gleichsam von Descartes zu Platon hinabsteigend, darin, das phänomenologische Sprechen (und also, rückwirkend, den konkreten literarischen ›Output‹ Husserls ab den *Ideen I*) überhaupt zur *Esoterik* zu erklären, und er hat – zwingend, wie wir sehen werden: denn worauf er aus ist, lässt sich schlechterdings nicht ›zeigen‹ – behauptenden Charakter.

Will der »unbeteiligte Zuschauer« seinem Theoretisieren prädikativen Ausdruck verleihen, bleibt ihm, wie obig diskutiert, keine andere Möglichkeit, als sich der natürlichen Sprache zu bedienen und also doch, »entgegen seinem Unbeteiligtseinwollen« an der Welt teilzunehmen. Aber, wie von Fink sogleich (und von mir aus Gründen der Übersicht erst jetzt) beigegeben wird: Solche »Beteiligung« der Phänomenolog:in am »konstitutiven Leben« bzw. an dem »einzig auf Seiendes bezogenen Ausdruckscharakter« der Sprache ist tatsäch-

96 »Husserl an Ingarden, 19. III. 1930«, Hua Dok 3:3, S. 262.

lich »eine bloss scheinbare, sofern der phänomenologisierende Zuschauer den natürlichen auf Seiendes bezogenen Sinn der Sprache verwandelt in der Übernahme«.[97] (Analog zu der Gedankenfigur, jener »Reduktion der Seinsidee«, die die Behauptung solchen ›Verwandelns‹ notwendig macht, wird die *VI. Meditation* in seinem Zusammenhang später auch von einer »Reduktion der Sprache« sprechen.)[98] Worin besteht diese ›Verwandlung‹? Das lässt sich nicht ohne Weiteres sagen – und das, diese Unsäglichkeit, liegt in der Natur der Sache selbst. Die ›Verwandlung‹ – die im eben Zitierten schlicht (voraus-)gesetzt wird und von der im folgenden Satz, nicht weniger bezeichnend, negativ und im Konjunktiv gesprochen wird[99] – ist »scheinbar« ja eben etwas anderes, ändert also nichts an der Tatsache, dass die Phänomenolog:in, so Fink (noch einmal), »den neuen transzendentalen Sinn doch nur mit mundanen Begriffen und Termini (die ja alle Seinsbegriffe und nicht Vorseinsbegriffe sind) ausdrücken kann«,[100] i.e. »in einer bestimmten Weise aus der transzendentalen Einstellung heraus[gehen]«[101] muss. Ebendas aber ist das Ausgangsproblem – und es ist also, zumindest was die *Kommunizierbarkeit* der Phänomenologie anbelangt, noch kein Schritt in Richtung dessen Auflösung getan. Die unmittelbar folgende Beteuerung Finks, dass das »Phänomenologisieren« in diesem Falle zwar »heraus[geht]«, aber »so, dass es in hinausgehenden Worten sein Darinsein und Darinbleiben anzeigt und ›äussert‹, in ontischen Begriffen und Worten vom eigentlich nicht Seienden (Vorseienden) spricht«,[102] ist zunächst einmal nur das, eine Beteuerung, und kein Beweis, ändert an der festgefahrenen Lage nichts. Und Gleiches gilt mit Blick auf folgende Stelle einige Zeilen später, die den (offenkundig zentralen, bis zu diesem Punkt in Finks Buch freilich noch ganz dunklen) Begriff der ›Verwandlung‹ wie folgt ausführt:

---

97 Fink, *VI. Cartesianische Meditation*, Hua Dok 2:1, S. 95.

98 Ebd., S. 103.

99 Vgl. ebd., S. 95: »Fände eine solche Verwandlung nicht statt, so würde der Phänomenologe mit jedem Wort, das er ausspräche, aus der transzendentalen Einstellung herausfallen.«

100 Ebd., S. 95–96.

101 Ebd., S. 96.

102 Ebd., S. 94–95.

> »Die natürliche Sprache erleidet durch die Inanspruchnahme durch den phänomenologischen Zuschauer für die Ausdrücklichmachung seiner transzendentalen Erkenntnisse keine ›Verwandlung‹ ihrer äusserlichen vokabulären Form, sondern in der Weise ihres Bedeutens. In die Sprachfunktion des phänomenologisierenden Ich eingestellt, kann kein einziges Wort den natürlichen Sinn beibehalten, vielmehr dient jetzt die mit der bestimmten Vokabel indizierte natürliche Bedeutung selbst nur als Anzeige für einen transzendentalen Wortsinn.«[103]

Nicht als Kritik an den argumentativen Fertigkeiten Finks, sondern, ganz im Gegenteil, um die klare Richtung und Konsistenz des von ihm vertretenen Standpunkts bezüglich der Darstellungsfrage zu unterstreichen, möchte man diese (Nicht-)Erklärung *rätselhaft* heißen. Eben darauf nämlich läuft sie hinaus (und ebendas erklärt mit [Rück-]Blick auf Finks frühere Behauptung, dass das »Phänomenologisieren« »in hinausgehenden Worten sein Darinsein […] ›äußert‹«, die Relativierung solcher ›Äußerung‹ via Anführungszeichen): Der Ort der transzendentalen Phänomenologie ist eine *Krypta*; die in die phänomenologisierende »Übernahme« des natürlichen Sprechens eingefaltete »Verwandlung« desselben spielt sich im *Geheimen* ab. *Wesentlich im Kryptischen* bzw. *Geheimen*: Denn »die mit der bestimmten Vokabel indizierte natürliche Bedeutung« fungiert als »Anzeige für einen transzendentalen Wortsinn« nicht in der Weise, dass »im voraus ein indikatives System festgelegt und vereinbart«[104] wäre (das wäre der Fall, würde es sich bei der phänomenologischen um eine ›Geheim-‹ oder ›Privatsprache‹ im tradierten Sinne handeln). Vielmehr haben wir es, wo »eine transzendentale Bedeutung (eine Bedeutung bezogen auf Vorseiendes) durch eine auf Seiendes bezogene Bedeutung ausgedrückt« wird, mit einer Relation zu tun, die Fink – analog zu jenem »analog[en] [B]ezogen[-Sein] auf die ›an sich‹ nicht seiende, aber auch nicht nichtseiende Weltkonstitution« im §8 seines Buchs – als Verhältnis einer »lebendig analogisierenden Affinität«[105] zwischen dem einen und dem anderen charakterisiert.

---

103 Ebd., S. 96–97.
104 Ebd., S. 97.
105 Ebd.

»Verwandlung aller Art«, schreibt Benjamin über die barocke Dramatik, »das war ihr Element; und deren Schema war Allegorie.«[106] Das »Schema« der phänomenologischen »Verwandlung« ist die Analogie – wobei diese Schematisierung, wie Fink wenig später präzisiert, der verhandelten (Nicht-)Sache ihrerseits unangemessen ist, ja, der Begriff der Analogie eigentlich nur deshalb verwendet wird, um sogleich in Frage gestellt zu werden:

> »Wird nun die natürliche Sprache [...] vom phänomenologischen Zuschauer in Anspruch genommen für die Explikation seiner – nicht auf ›Seiendes‹ (auf Endkonstituiertes), sondern auf das in Stadien des ›Vorseins‹ sich selbst verwirklichende und Welt-verwirklichende konstituierende Leben gehenden – ›theoretischen Erfahrung‹, so können die natürlichen Wort- und Satzbedeutungen nicht zu den intendierten transzendentalen Sinnbeständen in einem Verhältnis analogischer Prädikation stehen: weil eben die ontischen Bedeutungen gar nicht die ›nicht-ontischen‹ transzendentalen Bedeutungen analogisieren können, da sie überhaupt nicht miteinander verglichen werden können. Vielmehr müssen wir jetzt eingestehen, dass die Rede von einer ›analogischen Funktion‹ der natürlichen Bedeutungen für die prädikative Explikation der transzendentalen Sachverhalte nur ein Verlegenheitsausdruck gewesen ist. [...] Die ›transzendentale Analogie des Bedeutens‹, die die gesamte phänomenologische prädikative Explikation beherrscht, ist also keine innerhalb der natürlichen Rede mögliche Analogie, sondern eine durch die phänomenologische Reduktion ermöglichte Analogie zur Analogie innerhalb der natürlichen Rede.«[107]

»Leer aus geht die Allegorie«, heisst es bei Benjamin. Was sie zu enthalten vorgibt, »existiert nur in ihr, ist einzig und allein Allegorie, bedeutet etwas anderes als es ist. Und zwar bedeutet es genau das Nichtsein dessen, was es vorstellt.«[108] Ähnlich im Falle der Fink'schen »Analogie« (»zur Analogie«): *Ganz anders als das natürliche Sprechen*, so anders, dass – vergleichbar einem stenographischen System, dessen Schlüssel niemand mehr kennt – für Andersheit selbst die Begriffe fehlen, können phänomenologische Äußerungen

106 Benjamin, *Ursprung des deutschen Trauerspiels*, GS 1:1, S. 403.
107 Fink, *VI. Cartesianische Meditation*, Hua Dok 2:1, S. 98–100.
108 Benjamin, *Ursprung des deutschen Trauerspiels*, GS 1:1, S. 406.

> »demnach nur verstanden werden, wenn die Situation der Sinngebung des transzendentalen Satzes immer wiederholt wird, d.h. wenn die prädikativen Explikate immer wieder an der phänomenologisierenden Anschauung verifiziert werden. Es gibt hier demnach kein phänomenologisches Verstehen durch das blosse Lesen phänomenologischer Forschungsberichte, sondern solche können überhaupt erst ›gelesen‹ werden im Nachvollzug der Forschungen selbst. Wer das unterlässt, liest gar nicht phänomenologische Sätze, sondern liest absonderliche Sätze der natürlichen Sprache, nimmt die blosse Erscheinung für die Sache selbst und betrügt sich.«[109]

Phänomenologische Texte »können überhaupt erst ›gelesen‹ werden im Nachvollzug der Forschungen selbst«. Oder, was dasselbe – nämlich hier der wahre Sinn vom (in Anführungszeichen gesetzten: uneigentlich, analogisch verwendeten) ›Lesen‹ – ist: *Sie können*, als »solche«, *überhaupt gar nicht* »gelesen« *werden*. Ihre ›Lesbarkeit‹ ist einer solchen Gegenteil, ist ihre Les*bar*keit, stellt sich ein einzig in dem Moment, da der Glaube an sie aufgegeben wird.[110] Ebendas ist denn auch, noch einmal, der tiefere (fehlende) Sinn der obig zitierten Behauptung Finks – ich sprach vorgreifend von einem ›(Ehr-)Rettungsversuch‹ nicht des Werks, sondern des Philosophen dahinter –, dass es sich bei der »Beteiligung« der Phänomenolog:in an der Welt und ihrer Sprache um »eine bloss scheinbare« (und in Wahrheit eben um eine »Verwandlung« derselben) handle: ›Scheinbarkeit‹ ist, was sie ist, weil sie keinerlei Spuren hinterlässt, liegt, wenn überhaupt – was, polemisch ausgedrückt, die Leser:in (vom Werk ausgehend) nicht entscheiden, Finks Text gerade deshalb, ohne Widerrede befürchten zu müssen, (vom Philosophen dahinter) behaupten kann –, vor einzig im *Wissen* um sie. *Nichts am* phänomenologischen

109 Fink, *VI. Cartesianische Meditation*, Hua Dok 2:1, S. 101.

110 In diesem Punkt ist die Phänomenologie in der Geschichte der sogenannten ›philosophischen‹ Texte nicht ohne Beispiel. So könnten es in den Augen Finks, stelle ich mir vor, genauso gut Sätze Husserls über die transzendentale Phänomenologie sein, wenn Ludwig Wittgenstein in seinem *Tractatus logico-philosophicus* zu verstehen gibt: »Meine Sätze erläutern dadurch, dass sie der, welcher mich versteht, am Ende als unsinnig erkennt, wenn er durch sie – auf ihnen – über sie hinausgestiegen ist. (Er muss sozusagen die Leiter wegwerfen, nachdem er auf ihr hinaufgestiegen ist.) / Er muss diese Sätze überwinden, dann sieht er die Welt richtig. / Wovon man nicht sprechen kann, darüber muss man schweigen.« (*Werkausgabe* 1, S. 85.)

Sprechen lässt, in anderen Worten, Derartiges wissen, wo derartiges Wissen nicht bereits vorhanden ist. In Relation zur Sprache ist es – analogisch zum »›absoluten Sein‹ des transzendentalen Subjekts«, an welchem es sich entzündet – *absolutes*, an und für sich, in und mit keinem Wort.

So verstanden, als absolutes bzw. absolut esoterisches (un-)verstanden,[111] hat hier Wissen, außer seiner selbst, denn keinen Zweck. *Es führt, wo man es hat, zu nichts*, namentlich: dazu, wie die Intrigant:in am barocken Hof, im phänomenologischen Sprechen zu einer Revolution anzustacheln, die nicht nur kein gutes, sondern überhaupt kein Ende nehmen kann: »[D]ie intendierte transzendentale Bedeutung« – das ist es, was die Transzendentalphänomenolog:in jetzt weiß und was sie, noch einmal, ›jetzt‹, nach der *VI. Meditation* ›von Anfang an‹, seit den *Ideen I*, unterstellt, gewusst hat –

> »protestiert [...] gegen ihre Ausdrucksfassung; der auszudrückende Sinn kommt in der Ausdrucksform nicht zur Ruhe, er ist in ständiger Rebellion gegen den ihm durch die Fassung in natürlichen Worten und

---

111 Fink selbst spricht von der »Möglichkeit zahlreicher Missverständnisse, denen nicht nur der Leser, sondern auch der phänomenologisch Forschende ausgesetzt bleibt« (*VI. Cartesianische Meditation*, Hua Dok 2:1, S. 100) – und er gibt etwas später im §10 ein konkretes Beispiel: »So ist z. B. die Rede von der ›konstituierenden Subjektivität‹ irreführend, solange man – geleitet von den mundanen Vorstellungen von substantivem und akzidentellem Sein – das Beiwort ›konstituierend‹ als ein Akzidenz der substantivisch verstandenen transzendentalen Subjektivität auffasst. Erst spätere Einsicht zeigt, dass dieser Substantialismus hinsichtlich der transzendentalen Subjektivität ein Vorurteil ist, dass sie nicht erst einmal ist und dann noch konstituiert, sondern dass im konstitutiven Weltwerdungsprozess sie sich selbst allererst konstituiert. Zwar ist auch diese Auffassung belastet mit möglichen Missverständnissen und in einem gewissen Sinne falsch. Die Absage an eine substantialistische Auffassung des Transzendentalen darf nicht in die Gegenmeinung umschlagen, dass die transzendentale Subjektivität nichts anderes sei als ein seiender Prozess. (Also statt der statischen eine dynamische Auffassung!) Weder ist die transzendentale Weltkonstitution angemessen am Leitfaden eines statisch-substantiellen, noch eines dynamisch-prozessualen Seinsverhältnisses begreifbar. Lediglich ist die ›prozessuale‹ Auffassung für die analogische Darstellung geeigneter, sie hat eine gewisse Affinität zu der eigenartigen transzendentalen ›Existenzweise‹ der Weltkonstitution, die zwar nicht mittels der ontisch-mundanen Kategorie des seienden Werdens (Prozesses) begriffen, wohl aber damit – eben analogisierend – expliziert werden kann.« (Ebd., S. 106–107.) Die phänomenologische Verwendung des Begriffs ›Konstitution‹ wird Fink später noch einmal intensiv beschäftigen: vgl. seinen Text »Operative Begriffe in Husserls Phänomenologie«, S. 334–336.

> Sätzen angetanen Zwang. Somit haben alle transzendentalen Explikationen eine eigentümliche Inadäquatheit, alle Begriffe und Sätze tragen irgendwie zu kurz, versagen in einem bestimmten Sinne vor der Forderung, die, wie es scheint, an jede (vor allem aber wissenschaftliche) Prädikation zu stellen ist.«[112]

Für die Fink'sche Rede vom »Zwang« bzw. für das, was hier »Zwang« ›antut‹, bietet Sebastian Luft folgende aufschlussreiche Übersetzung an:

> »Die transzendentalen vor-seienden Phänomene sind deskriptive *Limesgestalten*, denen man sich nur terminologisch annähern, die man aber nie adäquat erreichen kann. Terminologische Schwankungen bei Husserl selbst bezeugen diese Bemühung, den thematischen Bereich sprachlich adäquat zu fassen. Entsprechend ist die Begriffsbildung als Bestandteil des forschenden Vollzugs auch kein ›*Fest*-Stellen‹ einer einmal bestimmten Bedeutung, sondern ist als Annäherung an einen Limes stets im Fluss [...].«[113]

Als Analogien – um auf das vorläufige Fazit am Ende des ersten Teils unserer Überlegungen zurückzukommen – haben phänomenologische Begriffe wie »Abschattung« den Status von »esquisses« schon bei Husserl. Und, wie wir nun ergänzen können: Was der Übersetzer Ricœur über Letztere sagt (nämlich: »›esquisse‹ [...] rend grossièrement l'idée d'une révélation fragmentaire«)[114] sagt die Phänomenolog:in nach Fink über Erstere. Nicht über den Ausdruck »Abschattung« im Konkreten, aber konkret über den transzendentalen Ausdruck im Allgemeinen, über »alle Begriffe und Sätze« der Phänomenologie: *Mit ihnen*, die sie ›Limites‹ oder eben – zumindest in jenem von Husserl unterstrichenen »Kantischen Sinn«[115] des Begriffs – *Ideen* zum Gegenstand haben, *ist die phänomeno(patho)logische Arbeit nicht und nie getan.* Nichts Analogisches hat es also, wenn Fink – dessen *VI. Medi-*

112 Ders., *VI. Cartesianische Meditation*, Hua Dok 2:1, S. 96–97.

113 Luft, ›*Phänomenologie der Phänomenologie*‹, S. 214.

114 Husserl, *Idées I*, Übers. Ricœur, S. 132, Anm. 1 | Übers. PPH: »›Skizze‹ [...] gibt grob die Idee einer fragmentarischen und fortschreitenden Offenbarung des Dings wieder«.

115 Ders., *Ideen I*, Hua 3:1 [1976], S. 331.

tation ihrerseits nur zu einem »vorläufigen Ende«[116] kommen, die »transzendentale[] Methodenlehre« »nur in ihrer allgemeinsten Idee skizzier[en]«[117] kann – das Werk Husserls rückblickend als »geradezu infinitesimal subtil«[118] beschreibt: »Im Geiste« der Analogie – ich sage noch einmal (mit Benjamin), was wir von seiner Übersetzung schon wissen – ist dieses Werk »als Trümmer, als Bruchstück konzipiert von Anfang an.«[119]

3.3. Exkurs: Barthes über de Sade

Mit der ›esoterischen‹ oder, mit Benjamin gesprochen, ›ruinösen‹ Wende von Finks Auseinandersetzung mit dem Problem der »prädikativen Darstellung« drängt sich nun freilich die ganz grundsätzliche Frage auf, ob solche Darstellung im Falle der transzendentalen Phänomenologie *tatsächlich zwingend sei* bzw. ob – mit Blick auf den Literaten Husserl und in einem (Dürer'schen) Bild gesprochen – der Ritter zur Reise überhaupt aufbrechen *müsse*. Könnten die »theoretischen Erfahrungen« des transzendentalen Zuschauers, die in ihrem »ersten Stadium [...] notwendig ›sprachlos‹«[120] – und, wo sie das Abenteuer des sprachlichen Ausdrucks auf sich nehmen, einzig unerreichbarer Grenzwert (wenn überhaupt noch etwas) – sind, denn

> »nicht immerfort sprachlos bleiben? Bestehen Notwendigkeiten für die Äusserung der gewonnen Erkenntnisse? [...] Ist nicht ein konsequentes, immer in der transzendentalen Einstellung verharrendes Erkenntnisleben denkbar, das nie zur sprachlichen Selbstexplikation überginge?«[121]

Diese (von Fink gegen Ende des §10 formulierten) Fragen sind alles andere als trivial – sich *für* eine notwendige Versprachlichung des phänomenologischen Erkennens auszusprechen könnte den Sohn leicht in Opposition zu seiner eigenen bisherigen Argumentation bringen, sich

116 Fink, *VI. Cartesianische Meditation*, Hua Dok 2:1, S. 110.
117 Ebd., S. 117.
118 Ders., »Die Spätphilosophie Husserls in der Freiburger Zeit«, S. 226.
119 Benjamin, *Ursprung des deutschen Trauerspiels*, GS 2:1, S. 409.
120 Fink, *VI. Cartesianische Meditation*, Hua Dok 2:1, S. 108.
121 Ebd.

gegen eine solche auszusprechen liefe Gefahr, das literarische Lebenswerks des Vaters für bloßen Müßiggang zu erklären – und Fink wird zu ihrer Beantwortung denn auch enorme philosophische Energien aufbieten. Ehe ich mich aber dem Fink'schen Lösungsversuch zuwende, möchte ich die Gelegenheit, da eine philosophische Entscheidung noch aussteht, nutzen, um auf eine Form von Antwort zu sprechen zu kommen, die an etwaigen (philosophischen) »Notwendigkeiten« der sprachlichen »Äußerung« nicht nur nicht interessiert ist, sondern *gerade nicht* an ihnen, nur an jener einen Notwendigkeit interessiert ist, die die »Äußerung« selbst, an und für sich selbst ist. Anders und als Frage formuliert: Erlaubt die »prädikative Darstellung« der Phänomenologie, wie sie mit Fink Eingang in das Denken Husserls findet als dessen ursprüngliches Problem, nicht auch eine Lesart, dergemäß es solcher »Darstellung« – die, wie wir lasen, »irgendwie zu kurz« greifen, »in einem bestimmten Sinne« »versagen« muss »vor der Forderung«, die die Phänomenologie an sie stellt – *um nichts anderes*, um »Darstellung« geht, die, für den Augenblick einer nicht-philosophischen Lektüre, nichts meint außer sich selbst? Nichts anderes – das möchte ich im Folgenden in gröbsten Strichen umreißen – ist das an der Sprache, was man mit Roland Barthes ihren ›Sadismus‹ nennen könnte.

Nicht aus Lust am Provozieren steht dem vorliegenden (zweiten) Teil unserer Lektüre denn als Motto ein Zitat aus Barthes' 1971 publizierter Studie *Sade, Fourier, Loyola* voran. »Nicht aus Lust am Provozieren«, schreibt Barthes bzw. schreiben seine Übersetzer:innen Jürgen Hoch und Maren Sell da, »sind [Marquis de] Sade, [Charles] Fourier und [Ignatius von] Loyola in ein und demselben Buch zusammengestellt worden [...].«[122] Oder (eben doch) aus ›Provokation‹ (aber) nur insofern, als sie die Kehrseite einer Hoffnung, anderer Name für das Versprechen ist, dass durch die Konstellation von Sade, Fourier und Loyola (und Husserl), denkbar werde, dass sie alle (vier) nicht nur Sprechende, sondern auch

> »Sprachbegründer waren. Zeichen erfinden und nicht, wie wir es alle tun, nur konsumieren heißt paradoxerweise in den Bereich jenes Nachhinein des Sinns eintreten, der das *signifiant* darstellt, kurz, eine Schreibweise praktizieren. Daher beschäftigt sich dieses Buch auch nicht mit

122 Barthes, *Sade, Fourier, Loyola*, Übers. Hoch/Sell, Klappentext.

> dem Inhalt der Schriften dieser drei Autoren [...], sondern es behandelt Sade, Fourier und Loyola als Formulierer, Erfinder von Schreibweisen, Textoperateure. Ich will damit einen alten Plan wiederaufgreifen, dessen theoretische Absicht an diesen konkreten Einzeluntersuchungen ablesbar sein wird: Wie weit kommt man mit einem Text, wenn man nur von seiner Schreibweise spricht? Wie kann man das historische, psychologische, ästhetische *signifié* des Textes so ausklammern, dass man seine materiale Entfaltung aufdecken kann?«[123]

Oder, wie Barthes später und pointierter mit Bezug auf de Sade schreiben wird: »Le sadisme ne serait que le *contenu* grossier (vulgaire) du texte sadien.«[124]Analoges – mag Inhalt in dem Fall auch alles andere als grob oder vulgär sein – kann mit Blick auf den Husserlianismus geltend gemacht werden (diese »gigantische Vivisektion des Bewußtseins«,[125] wie Fink die Phänomenologie an einer Stelle nennt; diese »unermüdliche[] Zähigkeit«, so beschreibt es Husserls [frühere] Assistentin Gerda Walther, »alles und jedes in den Maschen seines ›reinen Bewusstseins‹ einzufangen, [...], bis die ganze Welt schließlich im ›reinen Bewußtsein‹ festgenagelt und geordnet ist, wie die armen auf Nadeln gespießten Schmetterlinge im Glaskasten eines Sammlers«).[126] Und gleich dem Sade'schen kann uns der »in eine unendlich erscheinende Schreibbewegung eingesponnen[e]«[127] Husserl'sche Text »paraître monotone« nur dann, »si nous déportons arbitrairement notre lecture, du discours [...] à la ›réalité‹ qu'il est censé représenter ou imaginer: Sade« bzw. Husserl »n'est ennuyeux que si nous fixons notre regard sur les crimes rapportés« bzw. die beschriebenen ›Sachen selbst‹ »et non sur les performances du discours.«[128]

---

123 Ebd.

124 Ders., *Sade, Fourier, Loyola*, *Œuvres complètes* 3, S. 849 | *Sade, Fourier, Loyola*, Übers. Hoch/Sell, S. 193: »Der Sadismus ist nur der grobe (vulgäre) *Inhalt* des Sadeschen Textes.«

125 Fink, »Die Spätphilosophie Husserls in der Freiburger Zeit«, S. 219.

126 Walther, »Ludwig Klages und sein Kampf gegen den ›Geist‹«, S. 51–52.

127 Vongehr, »Sprache und Erfahrungsstil im Denken Edmund Husserls«, S. 13.

128 Barthes, *Sade, Fourier, Loyola*, *Œuvres complètes* 3, S. 730–731 | *Sade, Fourier, Loyola*, Übers. Hoch/Sell, S. 43: »monoton erscheinen, wenn wir bei unserer Lektüre willkürlich von dem Sadeschen Diskurs auf die ›Wirklichkeit‹ schließen, die durch ihn dargestellt oder vorgestellt werden soll: Sade ist nur langweilig, wenn wir unseren Blick auf die wiedergegebenen Verbrechen, nicht aber auf die Performanzen des Diskurses richten.«

Worin bestehen diese ›Performanzen‹, besteht die (im ersten Blockzitat so genannte) ›Sprachbegründung‹, auf welche sie hinarbeiten, im Konkreten? Barthes antwortet mit folgender Aufzählung:

> »La première [opération] est de s'isoler. La langue nouvelle doit surgir d'un vide matériel; un espace antérieur doit la séparer des autres langues communes, oiseuses, périmées, dont le ›bruit‹ pourrait la gêner: nulle interférence de signes [...] La seconde opération est d'articuler. Pas de langues sans signes distincts. [...] Pas de langue non plus sans que ces signes découpés ne soient repris dans une combinatoire; nos trois auteurs décomptent, combinent, agencent, produisent sans cesse des règles d'assemblage; ils substituent la syntaxe, la *composition* [...] à la création; tous trois fétichistes, attachées au corps morcelé, la reconstitution d'une totalité ne peut être pour eux qu'une sommation d'intelligibles [...] La troisième opération est d'ordonner [...]; le discours nouveau est pourvu d'un Ordonnateur, d'un Maître de cérémonie, d'un Rhétoriqueur [...]; il y a toujours quelqu'un pour régler (mais non: réglementer) l'exercice, la séance, l'orgie, mais ce quelqu'un n'est pas un sujet; régisseur de l'épisode, il n'en est qu'un moment, il n'est rien de plus qu'un morphème de rection, un opérateur de phrase.«[129]

Wenn nicht die einen und selben »opération[s]«, so doch Abschattungen von ihnen treffen wir bei Husserl an: (seinerseits) Schriftsteller, der seine Leser:innen darauf hinweist, dass »sich all mein Streben momentan um die Frage nach der natürlichen Ordnung der Untersuchungen [dreht] und um die Art, wie die Fundamentaluntersuchun-

---

129 Ebd., S. 701–703 | S. 8–9: »Erster Schritt: sich abschließen. Die neue Sprache soll aus einer materiellen Leere entstehen; ein Vorraum soll sie von anderen geläufigen, entleerten, überholten Sprachen trennen, deren ›Geräusch‹ sie stören könnte: keine Überlagerung der Zeichen [...] Zweiter Schritt: gliedern. Ohne unterschiedene Zeichen keine Sprache. [...] Auch keine Sprache, wenn diese abgetrennten Zeichen sich nicht von neuem in eine Kombinatorik einfügen lassen. Unsere drei Autoren rechnen, kombinieren, ordnen, produzieren unablässig Zusammensetzregeln; an die Stelle der Schöpfung setzen sie die Syntax, die *Komposition* [...]; alle drei sind Fetischisten mit einer Vorliebe für den zerstückelten Körper, so daß die Wiederherstellung einer Totalität für sie nur zum Zweck der Erkennbarkeit geschehen kann [...] Dritter Schritt: ordnen. [...] Immer ist jemand da, um das Exerzitium, die Sitzung, die Orgie zu regeln (nicht zu reglementieren), aber dieser jemand ist kein Subjekt; Regisseur einer Episode ist er nur für einen Moment, er ist nichts weiter als ein Rektionsmorphem, ein Satzoperator.«

gen selbst wieder zu beginnen und zu ordnen sind«;[130] Schriftsteller, der unablässig mit »ärgerlichen Äquivokationen«[131] zu kämpfen hat, nämlich um die »Gefährlichkeit«[132] der Sprache weiss, wo man in ihr »nicht reinlich zu scheiden gelernt hat«;[133] Schriftsteller endlich – die erste (und in wesentlichen Hinsichten die primäre) der von Barthes aufgezählten ›Operationen‹ –, der seine Person »[g]egen alle Äußerlichkeiten [...] mit neunfachen Erzen wappnen«,[134] sein Schreiben mit zweifachem Riegel (mit Stenographie, erstens, die, da veraltet und mit eigenem Abkürzungscode durchsetzt, zweitens, selbst Kundige nicht verstehen) vor neugierigen Blicken schützen muss. Vervielfachung der Abriegelung (wie sie bei Husserl, nach Fink, ihre sprachphilosophische Entsprechung in der Erklärung der Phänomenologie zur »Analogie«, der Erklärung solcher »Analogie« zur »Analogie zur Analogie« hat), wie sie bei Sade, nach Barthes, ihre Entsprechung im Schwarzwald hat:

> »Si donc le voyage est divers, le lieu sadien est unique: on ne voyage tant que pour s'enfermer. Le modèle du lieu sadien est Silling, le château que Durcet [einer der Libertins] possède au plus profond de la Forêt Noire et dans lequel les quatre libertins des *120 Journées* s'enferment pendant quatre mois avec leur sérail. Ce château est hermétiquement isolé du monde par une suite d'obstacles qui rappellent assez ceux que l'on trouve dans certains contes de fées: un hameau de charbonniers-contrebandiers (qui ne laisseront passer personne), une montagne escarpée, un précipice vertigineux qu'on ne peut franchir que sur un pont (que les libertins font détruire, une fois enfermés), un mur de dix mètres de haut, une douve profonde, une porte, que l'on fait murer, sitôt entrés, une quantité effroyable de neige enfin.«[135]

---

130 Husserl, »Persönliche Aufzeichnungen«, S. 301.

131 Ders., *Ideen I*, Hua 3:1 [1976], S. 8.

132 Ebd., S. 49.

133 Ebd., S. 28.

134 Ders., »Persönliche Aufzeichnungen«, S. 300.

135 Barthes, *Sade, Fourier, Loyola*, *Œuvres complètes* 3, S. 713 | *Sade, Fourier, Loyola*, Übers. Hoch/Sell, S. 21: »Wenn nun auch die Sadesche Reise stets verschieden ist, so ist der Sadesche Ort einzigartig: so viele Reisen macht man nur, um sich abzukapseln. Das Modell für den Sadeschen Ort ist Silling, das Schloß von Durcet, im tiefsten Schwarzwald, in dem sich die vier Libertins der *120 Tage* vier Monate lang mit ihrem Serail einschließen. Dieses Schloß ist durch eine Reihe von Hindernissen, wie man

Isolation, Artikulation und Ordnung – um zu Barthes' obig zitierter Aufzählung der »opération[s]« zurückzukehren – sind aber noch nicht alles, sind zwar notwendige, aber noch nicht hinreichende Bedingungen für jenes ›Begründen einer Sprache‹, jenen Akt der ›Logothese‹, welchen Barthes bei Sade, Fourier und Loyola (und uns in diesem Exkurs bei Husserl) interessiert. Denn:

»Si la *logothesis* s'arrêtait à la mise en place d'un rituel, c'est-à-dire en somme d'une rhétorique, le fondateur de langue ne serait rien de plus que l'auteur d'un système (ce qu'on appelle couramment un philosophe ou un savant ou un penseur). Sade, Fourier, Loyola sont autre chose: des formulateurs (ce qu'on appelle couramment des écrivains). Il faut en effet, pour fonder *jusqu'au bout* une langue nouvelle, une quatrième opération, qui est de *théâtraliser*. Qu'est-ce que théâtraliser? Ce n'est pas décorer la représentation, c'est illimiter le langage. Bien qu'engagés tous trois, par leur position historique, dans une idéologie de la représentation et du signe, ce que nos logothètes produisent est tout de même déjà du texte; c'est-à-dire qu'à la platitude du style (telle qu'on peut la trouver chez de ›grands‹ écrivains), ils savent substituer le volume de l'écriture. [...] [L]'écriture, pour reprendre une terminologie lacanienne, ne connaît que des ›insistances‹. Et c'est ce que font nos trois classificateurs: de quelque façon qu'on juge leur style, bon, mauvais ou neutre, peu importe: ils insistent [...]: Sade n'est plus un érotique, Fourier n'est plus un utopiste, et Loyola n'est plus un saint: en chacun d'eux il ne reste plus qu'un scénographe: celui que se disperse à travers les portants qu'il plante et échelonne à l'infini. / Si donc Sade, Fourier et Loyola sont des fondateurs de langue et s'il ne sont que cela, c'est justement pour ne rien dire, pour observer une vacance (s'ils voulaient dire *quelque chose*, la langue linguistique, la langue de la communication et de la philosophie suffirait: on pourrait les *résumer*, ce qui n'est le cas pour aucun d'eux).«[136]

---

sie in manchen Märchen findet, hermetisch von der Außenwelt abgeschlossen: ein Dorf von Köhler-Banditen (die niemanden durchlassen), ein steil abfallender Berg, ein schwindelerregender Abgrund, den man nur auf einer Brücke überqueren kann (und die die Libertins, nachdem sie sich eingeschlossen haben, hinter sich zerstören lassen), eine zehn Meter hohe Mauer, ein tiefer Wassergraben, ein Tor, das man nach dem Einzug zumauern läßt, und schließlich entsetzliche Schneemassen.«

136 Ebd., S. 703–704 | S. 10–11: »Wenn die *Logothesis* sich mit der Etablierung eines Rituals begnügte, d.h. etwa einer Rhetorik, wäre der Sprachbegründer nichts weiter als der Autor eines Systems (was man gewöhnlich einen Philosophen oder einen

So wenig – wenigstens eben einem Lesen, welches ebendiese These in ihren Werken, gleichsam sadistisch, wiederfinden will – Sade ein Erotiker, Fourier ein Utopist oder Loyola ein Heiliger ist, haben wir es bei Husserl mit einem ›Philosophen‹ zu tun. Auch in diesem Fall hebt oder löst sich, wie eine unsichtbare Hautschicht vom restlichen Gewebe, eine nichtssagende, nicht länger *etwas* sagende Ebene vom Schreiben ab, auf welcher es diesem Schreiben um nichts geht, als zu ›theatralisieren‹, die Sprache zu ›entgrenzen‹. (Oder anders, mit einer Wendung Barthes' etwas später in *Sade, Fourier, Loyola* gesprochen: Auch die Husserl-Lektüre liest – oder hat zumindest die Wahl, zu lesen – in einem »livre textuel, tissé de pure écriture«.)[137] Und wie bei Sade, Fourier und Loyola, die von Barthes 1971 »in ein und demselben Buch zusammengestellt« werden, hat besagte ›Abhebung‹ oder ›-lösung‹ im Fall Husserls ein Datum – wenn in diesem Fall aber auch ein *prima vista* paradoxes. Denn das ›Entgrenzen‹ bzw. »illimiter« der Sprache im Husserl'schen Schreiben ist gegeben, bietet sich der Lektüre dar – freilich, wie bei Sade, Fourier und Loyola, nur um eine bestimmte Vorstellung von ›Lektüre‹ an sich zerbrechen zu lassen – gerade in dem Moment, da dieses Schreiben als »infinitesimal subtil« erkannt wird, erkannt wird, dass es sich – wie Luft die Fink'sche Erkenntnis ausdrückt – bei den »transzendentalen vor-

---

Gelehrten oder einen Denker nennt). Sade, Fourier und Loyola sind aber etwas anderes: Formulierer (was man gewöhnlich Schriftsteller nennt). Und in der Tat, um eine Sprache durch und durch zu begründen, ist ein vierter Schritt notwendig: das *Theatralisieren*. Was heißt das? Nicht die Darstellung ausschmücken, sondern die Sprache grenzenlos machen. Auch wenn unsere Logotheten alle drei auf Grund ihrer historischen Stellung noch in einer Ideologie der Darstellung und des Zeichens befangen sind, produzieren sie dennoch bereits Text, d.h. es gelingt ihnen, an die Stelle der Plattheit des Stils (wie man ihn bei den ›großen‹ Schriftstellern finden kann) das Volumen des Schreibens zu setzen. [...] [D]as Schreiben kennt – um einen Ausdruck Lacans zu benutzen – nur ein ›Insistieren‹. Und das tun unsere drei Klassifikatoren: wie man ihren Stil auch beurteilt, gut, schlecht oder neutral, ist gleichgültig. Sie insistieren, und bei diesem Betonen und Drängen machen sie nirgends halt [...]: Sade ist kein Erotiker, Fourier kein Utopist und Loyola kein Heiliger mehr: von jedem bleibt nur noch ein Szenograph übrig, einer, der sich in den Streben, die er aufbaut und bis ins Unendliche fortführt, verliert. / Wenn also Sade, Fourier und Loyola Sprachbegründer sind und nichts anderes, dann nicht um etwas zu sagen, sondern um auf eine Leere hinzuweisen (wenn sie *etwas* sagen wollten, hätten die linguistische Sprache, die Kommunikationssprache oder die philosophische Sprache ausgereicht: man könnte sie *resümieren*, was jedoch bei keinem von ihnen gelingt).«

137 Ebd., S. 729 | S. 42: »aus reinstem Schreiben gewebte[n] Textbuch«.

seienden Phänomene[n]« um »deskriptive Limesgestalten« handelt, »denen man sich nur terminologisch annähern, die man aber nie adäquat erreichen kann«. (In diesem Punkt, eingedenk dieser Differenz der Datierbarkeit bzw. der eigentümlichen Motiviertheit des Datums im Falle der Phänomenologie, sind Sade, Fourier, Loyola und Husserl, sind der Erotiker, der Utopist, der Heilige und der Philosoph denn also nur bedingt vergleichbar. Oder, präziser: Sie sind vergleichbar nur unter der Bedingung, dass sich ein – Nicht-Barthes'scher – ›Philosoph‹ denken lässt jenseits dessen, »qu'on appelle couramment un philosophe«, ein ›Philosoph‹ der nicht »auteur d'un système« ist. Der Phänomenologe, Transzendentalphänomenologe Husserl – der bittet, »[m]eine Philosophie [...] nicht ein ›System‹ zu nennen«, insofern es »gerade ihr Absehen [ist], alle ›Systeme‹ für immer unmöglich zu machen«[138] – ist ebendas. Oder noch anders, mit Freud und jenseits von diesem ausgedrückt: Im »paranoische[n] Wahn« mögen wir das »Zerrbild eines philosophischen Systems« finden,[139] eine andere Philosophie aber in den »Systembildungen der Zwangsneurotiker«.[140] Denn die »Psychose verleugnet [die Realität] und sucht sie zu ersetzen«, die Phänomenologie dagegen »will nur nichts von ihr wissen«.)[141] Als nicht an der Realität interessiert, sondern an ihrem Ursprung, dem »›absolute[n] Sein‹ des transzendentalen Subjekts«, wie es »nur paradox mit ›Sein‹ zu [b]ezeichnen[]« bzw. »ontologisch nur zu interpretieren [ist] als ein ›Meon‹«, »kommt«, wie wir bei Fink lasen, in der Phänomenologie »der auszudrückende Sinn [...] in der Ausdrucksform nicht zur Ruhe«. Er ist »in ständiger Rebellion gegen den ihm durch die Fassung in natürlichen Worten und Sätzen angetanen Zwang« – doch ist er der Phänomenologie, da sie schreibt, eben auch nicht anderswo, ist er, was er ihr ist, einzig *in* »Rebellion«. Es kann Letztere, können die »opérations«, die

---

138 »Husserl an Welch, 17./21. VI. 1933«, Hua Dok 3:6, S. 456.

139 Ich spreche hier neuerlich in Anlehnung an Freud, *Totem und Tabu*, SA 9, S. 363: »Die Neurosen zeigen einerseits auffällige und tiefreichende Übereinstimmungen mit den großen sozialen Produktionen der Kunst, der Religion und der Philosophie, andererseits erscheinen sie wie Verzerrungen derselben. Man könnte den Ausspruch wagen, eine Hysterie sei ein Zerrbild einer Kunstschöpfung, eine Zwangsneurose ein Zerrbild einer Religion, ein paranoischer Wahn ein Zerrbild eines philosophischen Systems.«

140 Ders., *Hemmung, Symptom und Angst*, SA 6, S. 263.

141 Ders., »Der Realitätsverlust bei Neurose und Psychose«, SA 3, S. 357.

sie bedingen, denn auch (hier) kein Ende nehmen, können ihr Ziel erreichen einzig »infinitesimal«, i.e. im Modus des ›Nie‹. Wenn Fink darauf hinweist, dass phänomenologische Texte »nur verstanden werden [können], wenn die Situation der Sinngebung des transzendentalen Satzes immer wiederholt wird, d.h. wenn die prädikativen Explikate immer wieder an der phänomenologisierenden Anschauung verifiziert werden«, und dass es »demnach kein phänomenologisches Verstehen durch das blosse Lesen phänomenologischer Forschungsberichte [gibt], sondern solche [...] überhaupt erst ›gelesen‹ werden [können] im Nachvollzug der Forschungen selbst«, so ist er mit diesem Hinweis also voll und ganz im Recht – noch auf ganz andere, Barthes'sche Weise: Die »Situation der Sinngebung des transzendentalen Satzes« *ist der Satz selbst*, ist eine bestimmte, sadistische Weise seiner Handhabung. Und es ist ›Wiederholung‹ gewissermaßen nichts als das. *Leer aus geht die Anschauung.* Genauer, nicht mit Benjamin gesprochen: »[V]acance« kennt »anschauliche[] Fülle«,[142] aber einzig einer »vérité de langage«,[143] kennt »Fülle«, aber nur von der Art des Volumens, des »volume de l'écriture« selbst.

»Ich habe in der letzten Zeit immer neue Stöße von Manuskripten geordnet«,[144] berichtet Husserls Assistentin Edith Stein, »aber er ist nicht dazu zu bewegen, einmal« – doch von Derartigem, Einmaligem, will Husserl ohnehin nichts wissen – »die Ausarbeitung anzusehen, die ich ihm aus seinen alten Materialien mache, damit er den Überblick über das Ganze wieder bekommt, den er verloren hat. Solange das nicht zu erreichen ist, kann an eine abschließende Gestaltung natürlich nicht gedacht werden.«[145] Husserl weiß das: »[I]ch muss«, so Stein über die sadistischen Pläne des Phänomenologen, »zunächst so lange bei ihm bleiben, bis ich heirate; dann darf ich nur einen Mann nehmen, der ebenfalls sein Assistent wird und die Kinder desgleichen. Höchst infaust!«[146] Und wenn sich auch die Arbeit der kommenden, unendlicher Generationen darin erschöpfen wird, wie

---

142 Husserl, *Ideen I*, Hua 3:1 [1976], S. 306.

143 Barthes, *Sade, Fourier, Loyola*, *Œuvres complètes* 3, S. 705 | *Sade, Fourier, Loyola*, Übers. Hoch/Sell, S. 12: »Sprachwahrheit«.

144 »15. Brief: an Roman Ingarden« [06.07.1917], *Edith Steins Werke* 8, S. 27. Auf diesen und die im folgenden zitierten Briefe Steins bin ich aufmerksam geworden durch Imhof, *Edith Steins philosophische Entwicklung*.

145 »4. Brief: an Brief an Fritz Kaufmann« [12.01.1917], *Edith Steins Werke* 8, S. 15.

146 »5. Brief: an Roman Ingarden« [18.01.1917], *Edith Steins Werke* 8, S. 15.

schreckliche Schneemassen um ein dunkles Schloss »neue Stösse von Papier anzuhäufen, die er nicht anguckt«,[147] dann, weil sie ›anzugucken‹ er in gewisser Hinsicht überhaupt gar kein Interesse haben kann: weil es *in* ihnen nichts zu lesen, sich in ihrer ›Anhäufung‹ selbst das Transzendentale, das nicht selbst ist, in der Sprache gibt als, noch einmal und aufs immer Neue, deren Les*bar*keit.

3.4. »kein Grund und kein Zwang«

Kehren wir zu Finks *VI. Meditation* zurück. Wir waren bei der Frage stehen geblieben, ob das (in einem »ersten Stadium [...] notwendig ›sprachlos[e]‹«) Theoretisieren der Phänomenolog:in »nicht immerfort sprachlos bleiben« könne, ob überhaupt »Notwendigkeiten für die Äusserung der gewonnen Erkenntnisse« bestehen oder aber ein »konsequentes, immer in der transzendentalen Einstellung verharrendes Erkenntnisleben denkbar« sei, »das nie zur sprachlichen Selbstexplikation überginge«.[148] Die Antwort, welche Fink darauf gibt, ist nicht einfach, muss – insofern sie, wie jedes »Übersetzen« nach Franz Rosenzweig, »zwei Herren [zu] dienen«[149] hat, nämlich sowohl der eigenen bisherigen Argumentation (mit ihrem »notwendig ›sprachlos[en]‹« »unbeteiligten Zuschaue[n]«) als auch dem Faktum der phänomenologischen Tradition (der bestehenden, väterlichen, zu der nun aber, eine *VI. Meditation* schreibend, auch der Sohn selbst gehört) Respekt zu zollen hat[150] – eine nicht-einfache sein:

---

147 »11. Brief: an Roman Ingarden« [20.03.1917], *Edith Steins Werke* 8, S. 22.

148 Fink, *VI. Cartesianische Meditation*, Hua Dok 2:1, S. 108.

149 Rosenzweig, »Die Schrift und Luther«, *Gesammelte Schriften* 3, S. 749.

150 An der Textoberfläche eine durch und durch, im strengsten Sinne ›philosophische Schrift‹, ist Finks Buch doch auch eines, das mit jedem seiner Worte, still eben, aber deutlich spürbar, auf seine konkrete historisch-lebensweltliche Situation verweist. Insbesondere trifft das auf Finks Überlegungen zur »Notwendigkeit« phänomenologischen Sprechens zu, die sehr genau wissen, dass, was mit ihnen auf dem Spiel steht, nicht nur das eigene phänomenologische Schreiben, sondern auch – ja, vor allem anderen: denn darin hat ›Eigenes‹ hier seinen direkten (titelgebenden) Anlass – das eines Anderen, Husserls, ist: Lebenswerk des philosophischen Vaters, der, (mit jenem Nachweis der schlechthinnigen »Inadäquatheit« phänomenologischen Sprechens) grundsätzlich angezweifelt, nun besänftigt werden muss; Lebenswerk aber auch und grundsätzlicher noch (als Etwaiges Ödipales) eines Mitmenschen, dessen fortschreitendender Marginalisierung und Vereinsamung unter dem Nationalsozialis-

»Gewiss – in der phänomenologisch theoretisierenden Erfahrung als solcher liegt kein Grund und kein Zwang für prädikative Äusserung. Und doch ist diese in einem bestimmten Sinne transzendental notwendig. [...] Der phänomenologische Erkenntnisweg geht [...] nicht nur von der natürlichen Einstellung aus in der reduktiven Überwindung derselben, sondern führt wieder [...] in die natürliche Einstellung zurück. [...] [D]er Vollzug der phänomenologischen Reduktion [führt], wie es zunächst scheinen mag, aus allen menschlich mundanen Gemeinschaften und darin wurzelnden Zielstellungen heraus und stellt ihn [gemeint: den Phänomenologen] in die ungeheure Einsamkeit der transzendentalen Existenz als Ego. Im Verfolg aber der durch die Reduktion ermöglichten transzendentalen Erkenntnisse gewinnt er die Einsicht, dass nicht nur die Anderen als transzendental mitexistierende Andere in ungebrochener Lebensgemeinschaft mit ihm verbleiben, sondern dass auch die natürliche Einstellung selbst eine transzendentale Existenz hat, eben als eine bestimmte beschränkte Lebenssituation der ihrer selbst nicht bewussten transzendentalen Subjektivität. ›An sich‹ ist die natürliche Einstellung transzendental, aber nicht ›für sich‹, sie ist gewissermassen die Situation des ›Aussersich-seins‹ der transzendentalen Subjektivität. Der Prozess des ›Fürsichwerdens‹ des transzendentalen Lebens muss nicht nur notwendig ausgehen von der natürlichen Einstellung, sondern muss auch in sie zurückkehren, wenn eben der Philosophierende für die Anderen, mit denen er in einer letzten transzendentalen Lebensgemeinsamkeit steht, die aber noch in der beschränkten Situation der natürlichen Einstellung befangen sind, mitphilosophiert. Die Notwendigkeit der Äusserung des Phänomenologisierens, die Notwendigkeit der phänomenologischen Explikation ist also zunächst begründet in der kommunikativen Tendenz alles Philosophierens, deren tiefste Quelle in der ›metaphysischen‹ Einheit alles transzendentalen Lebens entspringt. Doch das zu zeigen sind wir hier ausserstande. Aber das können wir sehen, dass die ›Verwissenschaftlichung‹ des Phänomenologisierens, die mit seiner prädikativen Darstellung beginnt, eine Tendenz ist, die aus transzendentalpädagogischen Impulsen zu erwachsen scheint: eine Tendenz auf ein universales Fürsichwerden des allgemeinsamen transzendentalen Lebens.«[151]

---

mus der Sinn in der Welt und für die Anderen dessen, was er zu sagen hat, entgegengehalten werden will.

151 Fink, *VI. Cartesianische Meditation*, Hua Dok 2:1, S. 108–110.

Beweisen Finks wortreiche Ausführungen die Behauptung, an welcher sie sich ursprünglich entzünden: dass nämlich, noch einmal, die »prädikative Äusserung« des phänomenologischen ›Zuschauens‹ – wiewohl in ihm »als solche[m] […] kein Grund und kein Zwang« zur Versprachlichung ist (und auch gar nicht sein kann, insofern die Rede vom ›Als-Solchem‹ jene frühere von einem »ersten Stadium« beerbt, das »notwendig ›sprachlos‹« ist) – »doch […] in einem bestimmten Sinne transzendental notwendig« sei? Dass sie das nicht tun – zumindest nicht in einer Weise tun, die sich, nun mit Husserls *Meditationen* gesprochen, selbst »von Anfang an und in jedem Schritte verantworten kann«[152] – ist offenkundig, wird von Finks Text, lässt man sich von seinem Hang zum innersprachlichen Übersetzen nicht in die Irre führen, offen zugestanden: Die »Notwendigkeit der Äusserung des Phänomenologisierens« ist »begründet« in einer »kommunikativen Tendenz alles Philosophierens«, die ihrerseits eine bestimmte »tiefste Quelle« hat; Letzteres aber tatsächlich »zu zeigen sind wir hier ausserstande« und kommen also – den Schacht zu tieferen und »tiefste[n]« Bedingungsschichten unerledigten (Berg-)Werks wieder hinaufkletternd – einzugestehen nicht umhin, dass »wir« auch bezüglich der »Äusserung«, zumindest eben was ihre »Notwendigkeit« *stricto sensu* anbelangt, Wesentliches noch ›ungezeigt‹ gelassen haben.

Ihre »hier« noch ausstehende »tiefste« Fundierung ist aber nicht das Einzige, was an Finks Überlegungen zur »Notwendigkeit der Äusserung des Phänomenologisierens« problematisch ist. Nehmen wir wohlwollend einmal an, dass die »Äusserung« der Phänomenologie zwingend »notwendig« bzw. in der Phänomenologie eine »kommunikative Tendenz« tatsächlich gegeben sei – so sehen wir uns von Neuem mit jener früher im §10 entfalteten Schwierigkeit konfrontiert, dass es prinzipiell »kein phänomenologisches Verstehen«[153] phänomenologischer Texte geben kann; dass, wie wir die alte Einsicht nun mit neuen Begriffen zugespitzt formulieren können, die Rede von einer ›phänomenologischen Äußerung‹ oder ›phänomenologischen Kommunikation‹ in wesentlichen Hinsichten ein Widerspruch *in*

152 Husserl, *Cartesianische Meditationen*, Hua 1, S. 44.

153 Fink, *VI. Cartesianische Meditation*, Hua Dok 2:1, S. 101.

adiecto darstellt.[154] Dieses andere, sprachtheoretische Problem seiner Auseinandersetzung mit der »Notwendigkeit der Äusserung« – Problem, dass in diesen Belangen eben, chemisch gesprochen, keine ›Lösung‹, sondern nur eine ›Dispersion‹, ein Gemisch schlechterdings heterogener Stoffe denkbar ist – bleibt Fink keineswegs verborgen. Im §10 geht er noch nicht darauf ein, in großer Ausführlichkeit aber – wobei sich Fink für das ›Kommunizieren‹ der Phänomenologie primär und spezifischer unter jenem Gesichtspunkt interessiert, den er (im letzten Satz des §10) ihre »Verwissenschaftlichung« nennt – im darauffolgenden Paragraphen. Da spricht Fink mit Nachdruck von einem »Problem der Mitteilung und Verkündung transzendentaler Erkenntnis in der Welt«, welches in seiner wahren Tragweite verstehen zu können voraussetze, dass man

> »streng unterscheiden gelernt hat die Wissenschaftsnatur, die das Phänomenologisieren eben durch die Verweltlichung zu der in der Welt erschei-

154 Insofern es primär das Problem der sprachlichen *Mitteilung* der Phänomenologie ist, was das vorliegende Buch an Finks *VI. Meditation* interessiert haben wird, und insofern auf die prinzipielle (Un-)Möglichkeit solcher Mitteilung die Behauptung ihrer ›transzendentalen Notwendigkeit‹ keinen Einfluss hat, soll Letztere hier nicht eigenes diskutiert (oder, wie obig gesagt, einfach einmal angenommen) werden. Nur so viel: Genauso wenig wie die (Nicht-)Notwendigkeit der phänomenologischen Mitteilung etwas an ihrer (Un-)Möglichkeit ändert, hat Letztere für Fink irgendeine Bedeutung im Zusammenhang Ersterer. Denn die ›Notwendigkeit‹, von welcher Fink spricht, ist logischer Natur, ist – daher die Rede von einer »›metaphysischen‹ Einheit alles transzendentalen Lebens« im obigen Zitat – Teil einer Dialektik (bzw. einer von Fink versuchten ›Dialektisierung‹) des transzendentalen Subjekts (welches bei Fink denn auch ›Geist‹ genannt wird) der Husserl'schen Phänomenologie. Vgl. dazu Luft, *›Phänomenologie der Phänomenologie‹*, S. 261–262: »[D]ie Frage nach dem Sinn des [...] Verweltlichens« durch Versprachlichung kann und muss für Fink »nur *vom phänomenologisch Eingestellten her* beantwortet werden [...] Finks Interesse liegt [...] überhaupt nicht bei den Konsequenzen der Verweltlichung für die ›ursprüngliche‹ natürliche Einstellung, sondern beim Zuschauer und *dessen* Wissensobjektivation, die vollzogen werden *muss*, damit das transzendentale Wissen *als Wissenschaft* zu sich kommt. Dabei bringt die [...] Verweltlichung eine *Dynamik* in das zunächst statische Verhältnis von natürlicher und transzendentaler Einstellung als dialektischer Relate eines umfassenden Absoluten. Ist die natürliche Einstellung *vor* der Reduktion ein ›transzendentaler Schlaf‹, aber damit doch ein An-sich-Sein, und die transzendentale Einstellung ebenso, jedoch ein transzendental ›erwachtes‹ An-sich-Sein, kann das Für-sich-Sein nur durch ein Für-sich-*Werden* erreicht werden, das dieses dialektische Verhältnis überbrückt. Aus schlafendem wird erwachtes Bewusstsein und schließlich zu sich selbst gekommenes ›Selbstbewusstsein‹ [...].«

> nenden ›Philosophie‹ annimmt, und diejenige, welche dem transzendentalen Wissen rein als solchem unabhängig von aller innerweltlichen ›Lokalisation‹ zukommt. […] Wir vermögen zu scheiden zwischen den scheinbaren Wahrheiten hinsichtlich des Phänomenologisierens, die nur die mundane Erscheinung derselben betreffen, und den eigentlichen transzendentalen Wahrheiten.«[155]

Diese neue Unterscheidung (Unterscheidung, die so neu natürlich nicht ist, den Leser:innen nämlich bereits bekannt ist in Form jener »bloss scheinbare[n]« »Teilnahme« der Phänomenolog:in am »natürlichen auf Seiendes bezogenen Sinn der Sprache« [den sie in Wahrheit aber »verwandelt in der Übernahme«])[156] »muss« nun, wie Fink später im §11 unterstreicht, »vor allem durchgeführt werden bei der Frage nach dem ›intersubjektiven‹ Charakter des Phänomenologisierens« – und muss uns also einsehen lassen, dass, wenn von ›Intersubjektivität‹ hier überhaupt die Rede sein kann, solche »Intersubjektivität […] gar nicht am Leitfaden der zu jeder weltbezogenen naiven Wissenschaft gehörigen Intersubjektivitätsstruktur begriffen werden [darf]«.[157] Fink spricht – doppeldeutig wohl nicht zufällig – von einer »Diskrimination des ›intersubjektiven‹ Charakters des Phänomenologisierens« und führt aus:

> »Die phänomenologische Reduktion führt den Phänomenologisierenden, indem sie den Weltglauben radikal einklammert, aus der Situation der intersubjektiv-gemeinsamen Bezogenheit auf das für jedermann zugängliche Seiende in der Welt heraus und stellt ihn in die Einsamkeit seiner transzendental-egologischen Existenz. Als phänomenologisierender Zuschauer macht er sein eigenes konstituierendes Leben konsequent thematisch, erwirbt eine Fülle zusammenhängender Erkenntnisse, die in ihrer systematischen Verknüpfung so etwas wie eine einsame, solipsistische Wissenschaft ausmachen. Die Gegenstände seines Erkenntnislebens sind zunächst in gar keinem Sinne ›intersubjektiv‹ […]. So wenig nun der Gegenstand der egologisch-phänomenologisierenden Erkenntnis intersubjektiv ist, so wenig sind auch die resultierenden Wahrheiten Wahrheiten für Jedermann. Der Phänomenologisierende befindet

155 Fink, *VI. Cartesianische Meditation*, Hua Dok 2:1, S. 110–111.
156 Ebd., S. 95.
157 Ebd., S. 134.

> sich weder in einer aktuellen noch potentiellen Erkenntnisgemeinschaft mit Anderen. […] Es kommt nicht über den solipsistischen Charakter seiner Erkenntnisse hinaus«[158]

– und also auch dann nicht, wenn er in jener »[G]emeinschaft mit Anderen«, die das Sprechen ist, steht, i.e. genauer eben: zu stehen *scheint*. Denn der vom transzendentalen »Zuschauer« in Anspruch genommene »natürliche Satz«, so Fink etwas später aufs Neue, »zeigt zunächst einmal die mundane ›Objektivität‹ (intersubjektive Zugänglichkeit) seiner natürlichen Bedeutungen«[159] – und »zeigt« nicht nur »zunächst einmal«, sondern ›zeigt‹ *stricto sensu* tatsächlich überhaupt nie etwas anderes. Die Phänomenolog:in, da sie *als Phänomenolog:in* spricht, »erfüllt« die »mundan intersubjektiven Bedeutungen mit einem analogisierten Bedeutungssinn, der nicht mehr diese ›intersubjektive Objektivität‹« – und also mit ›Sinn‹ im alltäglichen, sprachlichen Sinne eigentlich nichts mehr gemein – »hat und haben kann«.[160] (Letzteres, das ›Nicht-haben-*Können*‹, rührt, noch einmal, daher, dass das phänomenologische Erkennen *ist, was es ist*, als »einsame[s], solipsistische[s]« Erkennen; dass, so formuliert es Luft, das von der Phänomenolog:in Auszudrückende »nie ein intersubjektives Wissen für Jedermann [ist], sondern nur für einen jeweils ›Einzigen‹, der die Radikalität des Sich-Vereinzelns durch Reduktion vollzogen hat«, und es also »für die *phänomenologische* Wissenschaft *a priori* widersinnig [ist], eine intersubjektive Gestalt wie Wissenschaft sonst ›in der Welt‹« für sich zu behaupten.)[161] Oder noch anders, gewissermaßen in der anderen Richtung ausgedrückt: Die »Erscheinungswahrheit«, das ›natürliche‹ Sprachgewand des Phänomenologisierens »dringt gar nicht bis zu den transzendental-analogisierenden Bedeutungsfunktionen […] vor, sondern bleibt in der Erscheinung desselben: in den mundanen Bedeutungen (die

158 Ebd., S. 134–135.

159 Ebd., S. 139.

160 Ebd.

161 Luft, ›*Phänomenologie der Phänomenologie*‹, S. 263. Lufts Rede vom »*a priori* [W]idersinnig[en]« ist keine Überzeichnung bzw. kann sich direkt auf die von Fink selbst gestellte – und, wenn nicht explizit, so doch *in actu* klar verneinte – Frage berufen, »ob das Phänomenologisieren eine ›intersubjektive Wissenschaft‹ in diesem Sinne ist oder überhaupt sein kann« (*VI. Cartesianische Meditation*, Hua Dok 2:1, S. 133–134).

als solche gar keinen ›phänomenologischen‹ Sinn mehr enthalten) stecken«.[162]

Als wäre dieses ›Stecken-Bleiben‹ – diese »ständige[] Rebellion« des gemeinten phänomenologischen Sinnes »gegen den ihm durch die Fassung in natürlichen Worten und Sätzen angetanen Zwang«, wie es von Fink im §10 genannt wurde[163] – nicht schon *für sich* genommen, nicht schon für die Phänomenolog:in *selbst* schlimm genug, begegnet sie nun, auf ihre (im ›munanden‹ Sinne) ›intersubjektiven‹ Implikationen hin befragt, gleichsam in potenzierter Form. Denn nicht nur – ich folge hier der Einschätzung Lufts, der auf diesen Punkt großes Gewicht legt – ist der »transzendentale Schein« »unaufhebbar«, durch nichts »zunichte« zu machen, sondern ihn überhaupt »als solche[n]«, *als Schein*, »durchschaubar« zu machen (bzw. überhaupt erst das *Problem* zu *sehen*) ist möglich »nur für den Phänomenologen«.[164] Von der Warte der Nicht-Phänomenolog:innen, des Menschen in der »natürlichen Einstellung« aus gehört dem phänomenologischen ›Ausdruck‹ wesentlich zu,

> »dass er gar nicht als Schein erkannt werden *kann*: Da redet ein Mensch zu Anderen, aber sie verstehen ihn nicht, genauer: sie verstehen ihn nicht als *zur gleichen Zeit* Phänomenologisierenden. Auch wenn der Phänomenologe dieses Defizit ausdrücklich thematisieren würde, so muss selbst es prinzipiell unverstanden bleiben. [...] Der Phänomenologisierende ist dazu verdammt, ein Sprechender zu sein, der ewig missverstanden wird; er wird in einer Weise verstanden, die ›eingeengt‹ gegenüber seinem freien Blick ist, aber er kann den Anderen diese ›Einengung‹ nicht verständlich machen, weil sie diesen Versuch des Verständlichmachens *wiederum* eingeengt verstehen würden etc. / Der finksche Phänomenologe ist also der berüchtigte Prophet im eigenen Land, der nie verstanden wird und sich nicht, trotz aller Bemühung, auch nicht verständlich machen kann. [...] Er gliche dem in die Welt und zu den Seinen zurückgekehrten *Messias*, von denen es heißt: *sie erkannten ihn nicht* [...].«[165]

---

162 Ebd., S. 140.

163 Ebd., S. 96–97.

164 Luft, ›*Phänomenologie der Phänomenologie*‹, S. 254.

165 Ebd., S. 257–259.

Oder er gliche, wenn man ein nicht-biblisches Bild vorzieht, jenen neurotischen Bewohner:innen des Davoser Sanatoriums ›Berghof‹ in Thomas Manns *Der Zauberberg* – einer von ihnen, der Held des Romans, Hans Castorp, war »zurückhaltenden Wesens, fühlte sich überdies als Gast und ›unbeteiligter‹ Zuschauer hier oben«[166] –, von deren Schicksal, höchst schwerem Schicksal, doch eben nicht aufgrund körperlicher Gebrechen, die folgende Binnenerzählung berichtet:

> »Ich könnte Ihnen von einem Sohn und Ehemann erzählen, der elf Monate hier war und den ich kannte. [...] Man entließ ihn probeweise als gebessert, er kehrte nach Hause zurück in die Arme seiner Lieben; es waren keine Onkel, es waren Mutter und Gattin. Den ganzen Tag lag er mit dem Thermometer im Munde und wußte von nichts anderem. ›Das versteht ihr nicht‹, sagte er. ›Dazu muß man oben gelebt haben, um zu wissen, wie es sein muß. Hier unten fehlen die Grundbegriffe.‹ Es endete damit, daß seine Mutter entschied: ›Geh nur wieder hinauf. Mit dir ist nichts mehr anzufangen.‹ Und er ging wieder hinauf. Er kehrte in die ›Heimat‹ zurück, – Sie wissen doch, man nennt dies ›Heimat‹ wenn man einmal hier gelebt hat.«[167]

Damit, mit solchen Bildern, soll nicht gesagt sein, dass die Versprachlichung der Phänomenologie, die Rückkehr des »unbeteiligten Zuschauer[s]« in die Welt (doch eben ›Rückkehr‹ aus seiner eigentlichen, transzendentalen »›Heimat‹«) ganz ohne Zweck sei – wohl aber, dass ihr Zweck *in Wahrheit deutlich enger* zu fassen ist, als dies seine erste Bestimmung durch Fink (am Ende des §10, wo von »Äusserung« aufgrund einer »kommunikativen Tendenz« bzw. von »›Verwissenschaftlichung‹ [...] aus transzendentalpädagogischen Impulsen« die Rede war) zunächst hat vermuten lassen. Im Medium der natürlichen Sprache tritt die Phänomenologie als Wissenschaft in die Welt ein – aber, so Luft (und dies unter Zuhilfenahme von Anführungszeichen nicht von ungefähr) als eine »›Wissenschaft‹, die sich nicht weitervermitteln lässt und einer elitären Gruppe vorbe-

166 Mann, *Der Zauberberg*, S. 150.

167 Ebd., S. 276.

halten bleibt«.[168] Das transzendentale Erkennen, in natürliche Sätze gegossen, hat seinen Platz

> »in der Welt als etwas zwar Materielles, steht aber in ihr unverstanden gleich den Obelisken von Stonehenge, von denen niemand weiß, wofür sie stehen und was sie bedeuten: Es sind sichtbare Zeichen eines Sinnes, der nicht dechiffriert werden kann. Ebenso stehen die materiellen Zeichen der phänomenologischen Wissenschaft in der Welt wie Monolithen, die von Anderen zwar gesehen, aber nicht verstanden werden und so als undurchschaubarer Schein unter ›uns allen‹ stehen, wohl aber als durchschaubare Zeichen für die ›Eingeweihten‹ [...].«[169]

Was verschafft Zutritt zum ›eingeweihten‹ Kreis? Texte – das liegt in der Natur der Sache, der Nicht-Natürlichkeit der ›Sachen selbst‹ der Phänomenologie – sind es nicht. »Es gibt hier«, lasen wir im §10, »kein phänomenologisches Verstehen durch das blosse Lesen phänomenologischer Forschungsberichte«;[170] Letztere sind »überhaupt erst verstehbar«, spezifiziert Fink im §11, »wenn der Auffassende durch den *Selbstvollzug* der phänomenologischen Reduktion die Sphäre der vorgegebenen intersubjektiven Objektivität überhaupt: die Sphäre des weltlich Seienden, transzendiert [meine Kursivierung]«.[171] (Wie ist das zu verstehen? Seinerseits, natürlich, nicht ohne Weiteres, sind doch »Sätze, in denen der Phänomenologisierende über die phänomenologische Reduktion aussagt, überhaupt nicht verstehbar, wenn man nicht selbst die phänomenologische Reduktion vollzieht«.)[172] Dieselbe Problematik mit Luft und bezüglich Finks Rede von »transzendentalpädagogischen Impulsen« ausgedrückt: Es gibt da zwar ›Lernmaterial‹, aber wie überhaupt damit umzugehen sei, kann schlechterdings »nicht durch Andere ›beigebracht‹«[173] werden; es existiert zwar ein ›Klassenzimmer‹, wo genau aber es sich befinde, ist, nicht ohne Ironie, bekannt

168 Luft, ›*Phänomenologie der Phänomenologie*‹, S. 265.

169 Ebd., S. 263.

170 Fink, *VI. Cartesianische Meditation*, Hua Dok 2:1, S. 101.

171 Ebd., S. 139.

172 Ebd., S. 124.

173 Luft, ›*Phänomenologie der Phänomenologie*‹, S. 259.

> »nur de[m]jenigen, der, indem er die natürliche Einstellung verlassen hat, in sich den transzendentalen Zuschauer etabliert und damit die Eingangspforte zur *philosophia perennis* passiert hat. Hat er das, kann sodann mit dem Lernen begonnen werden. Aber *einführen* in die Philosophie kann niemand und nichts außer man selbst. [...] Damit ist die Forderung einer Vermittlung transzendentalen ›Wissens‹ nicht nur in letzter Instanz unmöglich, sondern der Versuch selbst ist in sich widersinnig. Es mag zwar *wohlgemeinte* transzendentalpädagogische *Impulse* geben, aber sie sind von vornherein zum Scheitern verurteilt.«[174]

4. Nichts als Literatur

Länger waren wir nun ganz Fink, ganz einer »originelle[n] Übersetzung«[175] des Husserl'schen Denkens zugewandt. Es ist jetzt an der Zeit, letztere (von Luft übernommene) Redeweise ernst, Finks Arbeit *als* »Übersetzung« und also in ihrem Verhältnis zum ›Original‹ in den Blick zu nehmen, von welchem »originell[]« sie sich absetzt. »Husserl findet die Schwierigkeiten der transzendentalen Prädikation übertrieben«,[176] schreibt Fink in seinem »Entwurf eines Vorworts« – und schreibt, wie wir nun hinzunehmen, diesen Satz im Wissen, dass es sich dabei um eine erhebliche Untertreibung handelt. Denn was die Frage nach der Sprache bzw. Versprachlichung der Phänomenologie anbelangt, unterscheiden sich die Einschätzungen des Sohns und diejenigen des Vaters radikal. Luft spricht von der »größte[n] sachliche[n] Differenz zwischen Husserl und Fink«[177] (und spricht später gar von einem »Riss, der sich immer mehr ausweitet und schließlich Husserl und Fink wie einen Abgrund voneinander trennt«)[178] und beobachtet:

> »Die Annotationen Husserls in den §§10 und §11 der VI. Meditation nehmen gegenüber den bisherigen Paragraphen erheblich zu und artikulieren wesentliche Differenzen zu Finks Ausführungen. Während bisher

174 Ebd., S. 264–265.
175 Ebd., S. 174.
176 Fink, *VI. Cartesianische Meditation*, Hua Dok 2:1, S. 183.
177 Luft, *›Phänomenologie der Phänomenologie‹*, S. 208.
178 Ebd., S. 219.

> Differenzen zwar vorhanden waren, die jedoch nicht den thematischen Untersuchungsrahmen sprengten, so gabelt sich doch hier der Weg entschieden. Den von Fink eingeschlagenen Weg ist Husserl nicht mitzumachen gewillt. Die Ablehnung der finkschen Ausführungen, wie sie in Husserls kritischen Notizen sowie in weiteren Texten der 30er Jahre zum Vorschein kommt, wird zur Prüfung und Bewährung für Husserls eigene Position, die mehr als nur eine Zurechtrückung oder eine Kritik an Fink ist.«[179]

Worin besteht »Husserls eigene Position«? Analog zu unserer Fink-Lektüre sei bei der Beantwortung dieser Frage unterschieden zwischen {a} der Einschätzung Husserls bezüglich der prinzipiellen *Möglichkeit* einer genuin transzendentalphänomenologischen Sprache und {b} seiner Einschätzung bezüglich der *Notwendigkeit* einer solchen Sprache, wobei – in einer Weise, wie sie in letzter Konsequenz philologisch unhaltbar, heuristisch aber dennoch nicht ganz ohne Wert gewesen sein wird – differenziert werden soll zwischen {b.1} Husserls Stellungnahmen *stricto sensu* zum Sprachproblem, seiner *Thematisierung*, wie sich in loser Anlehnung an einen späteren Fink auch sagen ließe, und {b.2.} einem entsprechend gerichteten Insistieren auf *operativer* Ebene (welches Attribut ich dabei freilich weiter als Fink fassen, nämlich darunter auch ›metadiskursive‹ bzw. ›performative‹ Aspekte mitmeinen werde).[180]

---

179 Ebd., S. 208.

180 Ich habe hier Finks 1957 publizierten Aufsatz »Operative Begriffe in Husserls Phänomenologie«, S. 324–325, im Sinn: »Wir unterscheiden terminologisch ›thematische‹ und ›operative‹ Begriffe. Denken (im philosophischen Sinne genommen) ist seinsbegriffliches Verstehen der Weltwirklichkeit und des innerweltlich Seienden. Das Denken hält sich im Element des Begriffs. Die Begriffsbildung der Philosophie zielt intentional ab auf solche Begriffe, in welchen das Denken sein Gedachtes fixiert und verwahrt. Diese nennen wir die ›thematischen Begriffe‹. Natürlich sind solche thematischen Begriffe einer Philosophie wohl nie von einer problemlosen Eindeutigkeit, sie enthalten vielmehr die ganze Spannung des Verstehens zum unvertilgten Rätselcharakter des Seienden als solchen. Der Begriff IDEA bei Platon, der OUSIA, DYNAMIS und ENERGEIA bei Aristoteles, des HEN bei Plotin, der MONADE bei Leibniz, des ›TRANSCENDENTALEN‹ bei Kant, des GEISTES oder der ABSOLUTEN IDEE bei Hegel, des WILLENS ZUR MACHT bei Nietzsche, der ›TRANSCENDENTALEN SUBJEKTIVITÄT‹ bei Husserl: – all dergleichen sind thematische Grundbegriffe, die nachgedacht werden müssen, wenn wir überhaupt in die Dimension der Fragestellung dieser Denker gelangen wollen. / Aber in der Bildung der thematischen Begriffe gebrauchen die schöpferischen Denker andere Begriffe und

{a} Was die Möglichkeit einer transzendentalen Sprache und mit ihr die einer angemessenen Darstellung phänomenologischen Erkennens anbelangt, besteht »Husserls Position«, spitzfindig ausgedrückt, darin, sich einzureden, keine derartige Position haben zu müssen. Zwar mögen, wie Luft erklärt, die »Annotationen Husserls«, wo die *VI. Meditation* vom Unterschied zwischen (tatsächlich existierender) mundaner und (verlangter) transzendentaler Sprache handelt, »gegenüber den bisherigen Paragraphen erheblich zu[nehmen] und [...] wesentliche Differenzen zu Finks Ausführungen [artikulieren]«, doch ist das sie durchwaltende

> »Konzept von Sprache [...], zusammenfassend, nur uneigentlich als solches zu bezeichnen. [...] Die [Annotationen Husserls] dokumentieren im Grunde nur ein etwas verständnisloses Pochen auf seiner ursprünglichen Position, die an sich nicht provokant ist: Die Phänomenologie hat die mit den positiven Wissenschaften prinzipiell gemeinsame Schwierigkeit zu überwinden, der Alltagssprache das rechte ›Rüstzeug‹ für ihre spezifische Aufgabe zu verleihen. Dies geschieht eben durch eine reflektierte terminologische Adäquation an den auszudrückenden Sinn. Hinsichtlich des Transzendentalen verschärft sich zwar das Problem, ändert sich aber nicht wesentlich«[181]

– ganz im Gegensatz eben zur Auffassung Finks (der, vor [me-]ontologischem Hintergrund, ausdrücklich und konsequent die aporeti-

---

Denkmodelle, sie operieren mit intellektuellen Schemata, die sie gar nicht zu einer gegenständlichen Fixierung bringen. Sie denken durch bestimmte Denkvorstellungen hindurch auf die für sie wesentlichen thematischen Grundbegriffe hin. Ihr begriffliches Verstehen bewegt sich in einem Begriffsfeld, in einem Begriffsmedium, das sie selber gar nicht in den Blick zu nehmen vermögen. Sie verbrauchen medial Denkbahnen, um das Gedachte ihres Denkens hinzustellen. Das so umgängig Verbrauchte, Durchdachte, aber nicht eigens Bedachte eines philosophierenden Denkens nennen wir die operativen Begriffe. Sie sind – bildlich gesprochen – der Schatten einer Philosophie.«

181 Luft, ›*Phänomenologie der Phänomenologie*‹, S. 227–228. Vgl. dazu auch ebd., S. 287: »Sofern« – in der Ansicht Husserls – »die durch Wissenschaft erweiterte Erfahrung immer schon in die Welt eingeströmt ist, ist auch die ›intersubjektive‹ Adressierung für Husserl kein Problem; der Philosoph wie jeder andere Wissenschaftler verweltlicht sein Wissen durch Mitteilung. Das ist ganz selbstverständlich und nicht eigens zu betonen; denn es ist ebenso klar, dass auch z.B. wissenschaftliche Bücher ausschließlich von anderen Teilnehmern einer *scientific community* verstanden werden [...].«

sche Natur besagten »Problem[s]« betont); Gegensatz, der Luft die streitenden Positionen wie folgt zusammenfassen lässt: »Für Husserl gibt es zunächst keine phänomenologische Sprache, sie kann aber geschaffen werden. Für Fink gibt es ebenfalls keine solche Sprache, sie *kann* es aber auch aus prinzipiellen Gründen nicht geben; sie ist ein nicht aufzulösender Widersinn […].«[182]

{b.1} Ich stellte meiner Fink-Lektüre den eröffnenden Satz von Benjamins *Trauerspielbuch* voran, gemäß welchem es »dem philosophischen Schrifttum eigen [ist], mit jeder Wendung von neuem vor der Frage der Darstellung zu stehen«[183] – und ich habe diesem Satz, und ohne darüber Rechenschaft abzulegen, Unrecht getan, habe nämlich, im Vorgriff auf die Fink'sche Trennung von »theoretischem Erkennen« und dessen (als abtrennbare für Ersteres *selbst* eben nicht *notwendige*) »Äusserung«, den Ort besagten ›Stehens‹ (»vor«) weit ernster genommen als dessen Subjekt (das »Schrifttum«), ja, habe »vor« genommen in einem Sinne, wie er mit dem »*Schrift*tum« des *Trauerspielbuchs* vielleicht überhaupt gar nicht zu vereinbaren ist. Sehr Ähnliches – freilich ohne Bezug zu Benjamin und dessen »Schrifttum« – gibt Luft mit Blick auf Husserl und die ›Phänomeno-*logie*‹ zu bedenken, wenn er darauf hinweist, dass Finks

> »Ausführung über das Phänomenologisieren als theoretisches Erfahren […] u.a. den Sinn [hatte], einen Unterschied einzuführen, der bei Husserl nicht vorgesehen ist. Phänomenologisches Erfahren und Versprachlichung dieser Erfahrung sind bei [Husserl] untrennbar. Zwischen Erfahren und Auf-Begriffe-Bringen kann nicht eigentlich unterschieden werden, weil sich das wissenschaftlich-explizite Erfahren – gegenüber der vorprädikativen lebensweltlichen Erfahrung – unmittelbar in Begriffen vollzieht. Fink zieht eine Linie zwischen beiden geistigen ›Tätigkeiten‹.«[184]

In anderen Worten, den Worten der Freiburger Diskutanten selbst: »Das Phänomenologisieren« im Sinne Finks »*wird erst* prädikativ explikabel, *wird* zum Explizieren, wenn es […] – scheinbar – in eine weltliche Situation versetzt ist, für die es sich aussprechen muss

182 Ebd., S. 228.
183 Benjamin, *Ursprung des deutschen Trauerspiels*, GS 1:1, S. 207.
184 Luft, ›*Phänomenologie der Phänomenologie*‹, S. 211–212.

[meine Kursivierungen].«[185] Das Husserl'sche »Phänomenologisieren« dagegen ist »explikabel« bzw. ein »Explizieren« *von Anfang an* – ganz einfach deshalb, weil es *nichts anderes* ist: »Explizieren«, so Husserl in einer knappen wie weitreichenden Randbemerkung zur eben zitierten Stelle aus der *VI. Meditation*, »verwende ich für erfahrend auslegen«,[186] i.e. »verwende ich« für ebenjenes ›Erfahren‹, nämlich das ›auslegende‹, welches ›bei dir‹, Fink, ›theoretisches‹ genannt (und also irrigerweise vor jeder ›Explikation‹ angesiedelt) wird, und welches bei ›mir‹ wie bei ›dir‹ das *phänomenologische selbst* ist.

{b.2} Neben Husserls *Thematisierung* des Verhältnisses von Phänomenologie und ihrer Sprache (bzw. Husserls – und also auch unseren – Gründen, in diesen Belangen nicht viele Worte zu verlieren) ist auf die immense *operative* Bedeutung der eigenen Sprachlich- und insbesondere Schriftlichkeit[187] in seinem Denken hinzuweisen. Detlef Thiel spricht (im Anschluss an Ernst Wolfgang Orth) geradewegs von »Husserls Phänomenographie« und stellt seinem gleichnamigen Aufsatz von 2003 folgende Collage von Husserl-Zitaten – ich gebe sie, um ihrer sorgfältigen Dramaturgie Tribut zu zollen, hier (fast) vollständig wieder – voran:

> … »so wie ich eben hier vor dem Schreibtisch sitze« [Hua 13, S. 300], »die Einigkeit mit meinem Schreibtisch« [Hua 15, S. 274], »dieser wirkliche Tisch« [Hua 13, S. 312], »immerfort diesen Tisch sehend, dabei um ihn herumgehend« [Hua 3:1 (1950), S. 92], »ich denke mir, wie gut es wäre, wenn ich die und die Veränderung an meinem Schreibtisch machen ließe. Ich stelle mir das vor, wie Tischler hereinkommen, das Möbelstück umlegen etc.« [Hua 23, S. 235–236], »wenn ich jetzt das Ding, diesen Tisch, diese Feder wahrnehme, so ist die Wahrnehmung ein aktuell Psychisches« [Hua 23, S. 314] … »der ›Tisch‹ mit seinen ›Büchern‹, das ›Trinkglas‹« [Hua 3:1 (1950), S. 59], »Ich höre das Ticken der Taschenuhr: Tik – Tik – Tik – …« [Hua 10, S. 192], »wie wenn ich etwa die Gegenstände auf dem Tisch der Reihe nach durchlaufe, Tintenfaß, Buch, Pfeife, Feder-

185 Fink, *VI. Cartesianische Meditation*, Hua Dok 2:1, S. 108–109.

186 Ebd., S. 108, Anm. 342.

187 Für den Moment soll uns dies, Sprache und Schrift, noch einerlei sein. Spätere (nach Finks *VI. Meditation* verfasste) Texte Husserls werden solche Unschärfe allerdings nicht mehr tolerieren, wie sich im dritten Teil des vorliegenden Buchs zeigen wird.

> halter usw.« [*Erfahrung und Urteil*, S. 175], »Ehe wir dem weiter nachgehen, vervielfältigen wir die Beispiele (...) Das Erfassen ist ein Herausfassen, jedes Wahrgenommene hat einen Erfahrungshintergrund. Rings um das Papier liegen Bücher, Stifte, Tintenfaß usw.« [Hua 3:1 (1950), S. 77], »der Bleistift liegt *neben* dem Tintenfaß, er ist *länger* als der Federhalter usw.« [*Erfahrung und Urteil*, S. 115] ... »wir betrachten etwa eine vor uns stehende Kupferschale« [ebd., S. 130], die »Röte des kupfernen Aschenbechers« [ebd., S. 164], »das Verhältnis vom Papier und der weißen Farbe des Papiers als ein Ganzes-Teil-verhältnis (...) wie wenn ich von dem Fuß des Aschenbechers als seinem Teil übergehe zum ganzen Aschenbecher« [ebd., S. 162] [...] »Papier, Schreibzeug« [Ebd., S. 162], »ich habe die Papiererscheinung oder das Papierbewußtsein« [Hua 26, S. 167], »Wir haben etwa eine visuelle Wahrnehmung des vor uns liegenden Blattes Papier (...) fundamentale Unterscheidung zwischen visueller und taktueller Schicht der materia prima« [Hua 26, S. 73] ... »wie ich Dinge (...) festhalte (z.B. den Bleistift, den ich spitze, das Papier, das ich zurechtschneide) (...) wie ich mitunter die betreffende Sache ›zerstöre‹, z.B. das Papier zerreiße und wegwerfe« [Hua 15, S. 508], »I. Teil lohnt eigentlich nicht das Papier, reif nur für den Papierkorb« [Hua 29, S. 227], »Ich habe öfter den Federhalter mit Feder erfahren« [Hua 13, S. 22], ein »Wahrnehmungsgegenstand, etwa der Füllfederhalter, den ich jetzt auf dem Tisch hier liegend wahrnehme, steht in keiner anschaulichen Verbindung zu dem Buch, das vor einem Jahr an derselben Stelle auf dem Tisch lag, und an das ich mich jetzt erinnere« [*Erfahrung und Urteil*, S. 187], »So wie das Tintenfaß vor mir verschiedene Lagen haben kann und näher oder ferner sein kann gegenüber den verschiedenen Dingen dieses Zimmers, so die neben dem Tintenfaß sichtbaren Hände, wenn ich zu den Dingen hingehe« [Hua 13, S. 281] ... »wenn ich einen Brief als mein geistiges Gebilde schreibe und ihm gewissermaßen meinen Wunsch inkorporiere« [Hua 13, S. 474], »Im Schreiben auf das Papier gerichtet« [Hua 32, S. 135], »ich schreibe« [Hua 13, S. 331], »diese Tinte ist bläulich« [Hua 23, S. 180] ...[188]

Diese wiederkehrende Aufmerksamkeit Husserls für die eigene »Schreibszene, mag sie noch so implizit sein, ist«, wie Thiel unterstreicht, »nicht beliebig variierbar oder ersetzbar. Die [...] zitierten

188 Thiel, »Husserls Phänomenographie«, S. 67–68.

Fragmente sind strenggenommen gar keine Beispiele, sondern Rahmen-, ja Möglichkeitsbedingungen der Phänomenologie. Die Schreibtisch- und Papierarbeit ist – im Fall Husserls […] – nicht bloß gelehrter Habitus, sondern philosophische Notwendigkeit«,[189] nicht bloß Habitus, sondern eigentliches Habitat der Phänomenologie. So weist Iso Kern (auf welchen Thiel sich in seinem Aufsatz bezieht) mit Blick auf deren Status und spezifische Textur darauf hin, dass Husserl seine Forschungsmanuskripte »nicht für ein Publikum (weder für eine Leserschaft, noch für Hörer), sondern für sich selbst, als ›monologische Meditationen‹«[190] produziert[191] – und produziert mit einem Ziel, wie es wesentlich in der Produktion selbst liegt, i.e. wie es sich als ›Ziel‹ oder ›Motivation‹ vom Schreiben abheben lässt einzig *nach dem Durchgang* durch selbiges: »Was Husserl so meditierend schrieb, war weniger das, was er wusste, als vielmehr, was er nicht wusste. Er schrieb nicht, um sich Einsichten und Ideen zu notieren, sondern versuchte, denkend-schreibend Einsichten zu gewinnen.«[192] Dieselbe Beobachtung macht auch bzw. machte in dieser radikalen Form zum ersten Mal Maurice Merleau-Ponty über Husserl: »Son œuvre est trace de son monologue. / Parler ou écrire n'est pas pour lui coder une évidence disponible. C'est la faire exister.«[193] Ähnlich wie Mer-

---

189 Ebd., S. 73. Zum Begriff der ›Schreibszene‹ allgemein vgl. Campe, »Die Schreibszene«. Mein eigenes Interesse am ›Schriftsteller‹ Husserl (und an Husserl-Aufsätzen wie demjenigen Thiels) ist wesentlich beeinflusst durch die Arbeiten Sandro Zanettis. Exemplarisch sei hier sein Buch *›zeitoffen‹: Zur Chronographie Paul Celans* genannt.

190 Kern, »Einleitung des Herausgebers«, Hua 13, S. xviii.

191 Im Einklang damit steht die folgende Schilderung Dorion Cairns' in seinen *Conversations with Husserl and Fink*, S. 60–61: »Although he writes a tremendous amount – almost all day every day –, the smallest part is written with any book in mind. Rather is the product in the form of meditations, not destined for other eyes. After the pauses at noon or in the evening he writes recapitulations or goes through the analyses of the previous working period anew, so that the manuscripts contain many repetitions. These meditations he reads over many times, whenever the same subject arises again, and on re-reading he often corrects the earlier manuscripts. The subjects of the meditations are always determined by his own current interest, which is largely undetermined by what interests other people.«

192 Kern, »Einleitung des Herausgebers«, Hua 13, S. xix.

193 Diese Bemerkungen finden sich in Merleau-Pontys persönlichen Notizen zu einem zwischen 1959–1960 am Collège de France gehaltenen Seminar unter dem Titel »Husserl aux limites de la phénoménologie«. Der unmittelbare Kontext – ich kann ihn in seiner theoretischen Tiefe (und Dunkelheit) im gegebenen Rahmen nicht in angemessener Weise würdigen, möchte ihn aber zumindest zitieren – ist der folgende:

leau-Ponty (bzw. Thiel und Kern), neu aber mit einem höchst aufschlussreichen Abstecher in die Literaturgeschichte bemerkt Thomas Vongehr: »Er war ein unermüdlicher Schreiber, der gewissermaßen nur schreibend denken konnte. [...] Die ›allmähliche Verfertigung der Gedanken‹ die Heinrich von Kleist in seinem bekannten Prosafragment von 1805 beschreibt, vollzieht sich bei Husserl in der Bewegung der schreibenden Hand.«[194]

»Husserl cherche à exprimer l'*Erleben*, à faire parler le silence, à dire le non-dit. (radicalisme – pas de présupposé). voulant dire cela que nous éprouvons naturellement, qui est caché, il ne peut procéder progressivement, il fera voir cela en s'y installant, opérationellement. / C'est ce que veut dire sa manière de parler de la phénoménologie comme des Alpes ou de l'Himalaya: elle est là, elle a une existence physique, solide, il n'est que d'y introduire. Répugnance à l'enfermer dans publications qui sont toujours ›préparatoires‹: *Formale [und transzendentale] Logik* est préface – *Méditations Cartésiennes* de circonstance – Son œuvre est trace de son monologue. / Parler ou écrire n'est pas pour lui coder une évidence disponible. C'est la faire exister. Car il écrit sans cesse (sténographie), mais *Forschung Manuskript* [sic]. / De là situation étrange: sa pensée de la chose même est inédite parce qu'elle visait à faire parler le silence, à dire ce qui est non-dit, à explorer le langage au-delà de sa destination usuelle qui est ([Stéphane] Mallarmé) de dire ce qui va de soi, le familier. / exigence d'apodicticité / de compte-rendu de vie qui nous déborde / rendre familier ce qui est le contraire du familier. / de là écart maximum entre signifiant et signifié, et acuité des problèmes d'interprétation et de générativité spirituelle.« (*Notes de cours sur ›L'origine de la géométrie‹ de Husserl*, S. 12–13) | Übers. Fanzun/PPH: »Husserl versucht, das *Erleben* auszudrücken, die Stille sprechen zu machen, das Nicht-Gesagte zu sagen. (Radikalismus – nichts Vorausgesetztes). im Bestreben, das zu sagen, was wir natürlicherweise erfahren, was versteckt ist, kann er nicht schrittweise verfahren, er wird es zeigen, indem er darin heimisch wird, *in actu*. / Ebendas will es besagen, wenn er von der Phänomenologie wie von den Alpen oder vom Himalaya spricht: Sie ist da, sie hat eine physische Existenz, solide; er selbst ist nur, um in sie einzuführen. Widerwillen sie in Publikationen einzuschließen, die da also stets ›vorbereitend‹ sind: *Formale [und transzendentale] Logik* ist Vorwort – *Cartesianische Meditationen* aus Gelegenheit – Sein Werk ist Spur seines Monologs. / Sprechen und Schreiben sind für ihn nicht Kodieren einer verfügbaren Evidenz. Letztere tritt durch Sprechen und Schreiben allererst in Existenz. So schreibt er ohne Unterbruch (Stenographie), Forschungsmanuskripte wohlverstanden. / Entsprechend die folgende eigentümliche Situation: Sein Denken der Sache selbst ist unveröffentlicht, weil es darauf abzielte, die Stille sprechen zu machen, zu sagen, was nicht-gesagt ist, die Sprache auszuloten jenseits ihres Gebrauchs, der ([Stéphane] Mallarmé) darin besteht, zu sagen, was sich von selbst versteht, das Bekannte. / Forderung der Apodiktizität / des Protokolls eines Lebens, das uns übersteigt / des Bekannt-Machens dessen, was das Gegenteil des Bekannten ist. / daher größtmöglicher Abstand zwischen Signifikant und Signifikat, und Schärfe der Probleme der Interpretation und der geistigen Schaffenskraft.«

194 Vongehr, »Die Geschichte der Rettung von Husserls Nachlass«, S. 40.

Als Beispiel führt Vongehr folgende Eigenart Husserls an:

> »Typisch für Husserls Schreibstil in den Forschungsmanuskripten ist das so zu nennende ›Einschreiben‹, das man mit einer Lockerungsübung, mit dem Aufwärmen, mit den Fingerübungen eines Pianisten vergleichen kann. Einfache Fragestellungen, die Wiederholung früherer Einsichten oder die erneute Beschreibung eigentlich schon bekannter Sachverhalte dienen ihm zu (Blatt-)Beginn dazu, sich selbst erst einmal in Sach- und Problemnähe zu bringen, sich das zu lösende Problem vor Augen zu führen und anschaulich zu machen. Erst wenn er, wie Husserl sich ausdrückt, ›Wind in den Segeln hat‹ [Hua Dok 3:9, S. 276], wenn er sich selbst motivierend ›in den großen Arbeitszug hineingekommen‹ [Hua Dok 3:4, S. 374] ist, beginnt er, einen neuen gedanklichen Weg auszuprobieren. Es ist eben dies der typische Stil der phänomenologischen Zirkumskription, also der um ihren Gegenstand kreisenden Beschreibung. Die stete Wiederholung von Bekanntem – genau genommen: die Variation eines und desselben Themas – sowie das dann manchmal erfolgende plötzliche Aufbrechen von neuen Einsichten sind charakteristische Merkmale der Husserlschen Forschungsmanuskripte.«[195]

Akzentuieren wir das an den Ausführungen Vongehrs, was an ihnen für uns Wiederholung ist. Gleich wie jene Bestandsaufnahme Stephan Strassers, die bei Husserl »zwei einander widerstreitende«, den Philosophen aufs immer Neue in den Stand des schreibenden »Anfänger[s]« zurückversetzende »Tendenzen« feststellt,[196] geht Vongehr nicht so weit – bzw. auch sein Text hat schlicht nicht die (psychoanalytische) Stoßrichtung, die Derartiges nahelegen würde –, das Husserl'sche

---

195 Ebd.

196 Strasser, »Einleitung des Herausgebers«, Hua 1, S. xxix. Wesentlich dieselbe Einschätzung begegnet auch in Vongehrs Text, wenn dieser etwas später zum Ausdruck bringt: »Der Hang zu immer weiter getriebenen Analysen und Deskriptionen führt [...] bei Husserl zu der von ihm selbst eingestandenen und beklagten ›Unfähigkeit mich zu verendlichen‹ [Hua Dok 3:5, S. 151], d.h. es ist sein Unvermögen, in der literarischen Produktion zu einem Ergebnis, also Abschluss zu kommen. Schon 1908 klagt Husserl: ›[I]ch bin gefesselt und kann nicht zusammenschließen und zur wirklichen Vollendung bringen!‹ [Hua Dok 3:9, S. 41] Der phänomenologische Deskriptionsstil scheint der literarisch einheitlichen Publikations-Form, zu der sich Husserl zeitlebens gezwungen fühlt, zu widersprechen.« (»Die Geschichte der Rettung von Husserls Nachlass«, S. 42.)

Scheiben als ›neurotisch‹ zu charakterisieren, im »typische[n] Stil der phänomenologischen Zirkumskription« für den ›Zwang‹ Typisches auszumachen. Gleich wie im Falle Strassers freilich ist es von Vongehrs »stete[r] Wiederholung von Bekanntem« in den »Husserlschen Forschungsmanuskripte[n]« zur Zwangsneurose Freuds, die wiederholt bzw. wiederholend an nichts als an sich selbst interessiert ist, nur ein Schritt, ja, ist alles wiederum nur eine Frage des – eben mehr oder weniger mit der Psychoanalyse flirtenden – Gehörs. (Zumal dann, wenn das Husserl'sche Schreiben als »Variation eines und desselben Themas« – so wiederholt ja [eingeleitet mit einem »genau genommen«] Vongehrs Text seine »stete Wiederholung von Bekanntem« selbst – charakterisiert wird. Denn als »Variation eines und desselben«, insofern »Variation« – nicht unähnlich jener »eine[n] und selbe[n] Gestalt« der *Ideen I*, die »kontinuierlich immer wieder ›in anderer Weise‹, in immer anderen Gestaltabschattungen [erscheint]«[197] – im Husserl'schen Schreiben eben unendliche bzw. -synthetisierbare bedeutet, ist die Phänomenologie Zwang nicht nur im Umgang mit ihrem »Thema«, sondern ist sie das Thema des Zwangs selbst, i.e. jene schwierige Thematisierbarkeit, als welche der Zwang der Psychoanalyse erscheint. »Die Mannigfaltigkeit in den Erscheinungen der Zwangsneurose«, erinnern wir uns, »ist eine so großartige, daß es noch keiner Bemühung gelungen ist, eine zusammenhängende Synthese aller ihrer Variationen zu geben.«)[198]

Unsere eigene »stete Wiederholung von Bekanntem« via Vongehr soll nun aber ihrerseits nicht ohne ein »Aufbrechen von neuen Einsichten«, zumindest nicht ohne Einbrechen neuer Assoziationen und Textstellen in unsere bisherige Perspektive geblieben sein. So ist nämlich Vongehrs beispielhafter Vergleich zwischen Husserls Textanfängen und den »Fingerübungen eines Pianisten« nicht, was der erste Eindruck sein mag, einer unter anderen. Vielmehr ist er einer unter nur zwei, ist nämlich eine (in-)direkte Anspielung auf Freuds *Hemmung, Symptom und Angst*, wo an einer – und in ihrer klinischen Direktheit im Werk Freuds, soweit ich sehe, auch einzigartigen – Stelle in psychopathologischer Perspektive über das Schreiben selbst (und nicht, was öfter der Fall ist, über bestimmte Schriftsteller:innen) geschrieben wird:

---

197 Husserl, *Ideen I*, Hua 3:1 [1976], S. 85.

198 Freud, *Hemmung, Symptom und Angst*, SA 6, S. 261.

> »Wenn das Klavierspielen, Schreiben und selbst das Gehen neurotischen Hemmungen unterliegen, so zeigt uns die Analyse den Grund hiefür in einer überstarken Erotisierung der bei diesen Funktionen in Anspruch genommenen Organe, der Finger und der Füße. Wir haben ganz allgemein die Einsicht gewonnen, dass die Ichfunktion eines Organes geschädigt wird, wenn seine Erogeneität, seine sexuelle Bedeutung, zunimmt. Es benimmt sich dann, wenn man den einigermaßen skurrilen Vergleich wagen darf, wie eine Köchin, die nicht mehr am Herd arbeiten will, weil der Herr des Hauses Liebesbeziehungen zu ihr angeknüpft hat. Wenn das Schreiben, das darin besteht, aus einem Rohr Flüssigkeit auf ein Stück weißes Papier fließen zu lassen, die symbolische Bedeutung des Koitus angenommen hat oder wenn das Gehen zum symbolischen Ersatz des Stampfens auf dem Leib der Mutter Erde geworden ist, dann wird beides, Schreiben und Gehen, unterlassen, weil es so ist, als ob man die verbotene sexuelle Handlung ausführen würde. Das Ich verzichtet auf diese ihm zustehenden Funktionen, um nicht eine neuerliche Verdrängung vornehmen zu müssen, *um einem Konflikt mit dem Es auszuweichen*.«[199]

Wenn Vongehrs »Fingerübungen eines Pianisten« – die rückblickend also alles nur kein skurriler Vergleich sind – unter der Hand auf Freuds »Klavierspielen« anspielen, dann aber auch, um den Finger auf einen Punkt zu legen, der bei Freud nicht eigens berücksichtigt wird. »Wenn das [...] Schreiben [...] neurotischen Hemmungen unterlieg[t]«, dann in gewissen Fällen, zu welchen Husserl gehört, nämlich nicht *in toto*, nicht ohne ins »Schreiben« eine Differenz zu legen und an ihm so nur noch einen ganz bestimmten Aspekt zu meinen: Vergleichbar dem Fall einer Pianist:in, die unablässig übt und nie an den Auftritt (geschweige denn ins Studio zur Aufnahme) sich wagt, kann »Schreiben« (zumal zu publizierendes) »neurotischen Hemmungen unterliegen« in seinem Abschluss, dieser Abschluss aber – und zwar eben schreibend – ausführlich vorbereitet, ja, wie wir von Husserl wissen, geradezu ausgekostet werden. In seinem lustvollen Aufschub hat »Schreiben« »sexuelle Bedeutung« auch in diesem Fall, doch offenkundig in einer Weise, die es erlaubt, »Schreiben« dennoch nicht ganz »unterlassen« zu müssen; in einer Weise, juristisch

199 Ebd., S. 235–236. Zu einer ausführlicheren Diskussion dieser Freud-Stelle in phänomenologischer Perspektive vgl. meinen Aufsatz »Poetik der Anstiftung«, welchen ich im Folgenden punktuell aufgreife.

gesprochen, die im inneren Gerichtshof bezüglich der »verbotene[n] sexuelle[n] Handlung« eine Art ›Einigung‹ erzielt hat. Diese andere, (ver-)einigend-synthetische Weise bzw. dieses andere, nach Prozess und Telos unterschiedene »Schreiben« ist, noch einmal, nicht, was Freud in *Hemmung, Symptom und Angst* interessiert. Wie wir bereits wissen, widmet er sich den in diesem Konnex relevanten psychischen Mechanismen aber ausführlich an anderen Stellen: da nämlich, wo – statt vom »Konflikt mit dem Es« – von einem »Kampf zwischen Liebe und Haß«[200] die Rede ist; »Kampf«, wie er – »[V]erbot[]« nicht explizit des »Koitus«, wohl aber des Kontakts – Hand in Hand geht mit einem »Tabu der *Berührung*«[201] und – gleichsam als Ersatz für die »sexuelle Handlung« bzw. die fremde Haut – »Kompromißbildungen« bedingt, die »immer mehr, und je länger das Leiden andauert, um so deutlicher, den infantilen Sexualhandlungen nach Art der Onanie« sich annähern.[202]

Noch unter einem anderen Gesichtspunkt ruft der (Vongehr'sche) Begriff der ›Übung‹ also zu einer Ergänzung der Stelle in *Hemmung, Symptom und Angst* auf. Befragt in seinem Bezug zum »Kampf zwischen Liebe und Haß« – und, insofern es der Austragungsort solchen »Kampf[es]« ist, gewissermaßen *gerade* in seinem Bezug zur »Onanie« – wird das »Schreiben«, da es »neurotischen Hemmungen unterlieg[t]«, nicht länger – wie noch in *Hemmung, Symptom und Angst* mit dem »Rohr«, aus welchem »Flüssigkeit auf ein Stück weißes Papier fließ[t]«[203] – primär eine Frage des ›Genitalen‹ gewesen sein (oder, was dasselbe ist, wird Frage des ›Genitalen‹ durchaus gewesen sein, aber insofern, als dieses, wie Freud sagen würde, einem Prozess der ›Regression‹ unterliegt). »Schreiben« so verstanden – i.e. als ›Übung‹ ohne Abschluss oder eben, in einem Wort, als *zwanghaft* verstanden – gehört vielmehr bzw. wesentlich in den Umkreis jener »zweite[n]«

---

200 Freud, *Bemerkungen über einen Fall von Zwangsneurose*, SA 7, S. 61.

201 Ders., *Hemmung, Symptom und Angst*, SA 6, S. 265.

202 Ders., *Bemerkungen über einen Fall von Zwangsneurose*, SA 7, S. 100.

203 Bereits Platon übrigens bzw. sein Übersetzer Friedrich Schleiermacher spricht im Dialog *Phaidros* davon, dass die Schriftsteller:in, was ihre Worte anbelangt, »mit Tinte sie durch das Rohr aussäend« verfahre (*Werke* 5, S. 183 [276c]). Die Wendung »aussäend« tritt an die Stelle des Worts »σπείρων« [speíron], welches mit ›σπέρμα‹ [spérma] verwandt ist (vgl. dazu meinen Text »Poetik der Anstiftung«, S. 131–132). Zu einem detaillierten Kommentar zu Platons Dialog und seinen psychoanalytischen Implikationen vgl. Derrida, »La pharmacie de Platon«.

Phase der »Organisation der sexuellen Triebkomponenten« – in einer »ersten, sehr frühen Phase steht die *Oralerotik* im Vordergrunde«, »in einer dritten Phase […] wird das Sexualleben durch den Anteil der eigentlichen Genitalzonen mitbestimmt« –, welche »durch die Vorherrschaft des *Sadismus* und der *Analerotik* charakterisiert« ist.[204] Die – bei Freud noch nicht im Detail gewürdigte, bei der psychoanalytischen Auseinandersetzung mit Schreibstörungen in seiner Nachfolge dann aber zentrale – Beziehung zwischen Schrift und Exkrement – und, in der Verlängerung, zwischen (beeinträchtigtem) Schreiben und Reinlichkeit, Schreiben und Geiz: das Kind »gibt entweder den Kot gefügig ab, […] oder hält ihn […] zur Behauptung seines eigenen Willens […] zurück«,[205] analog dazu (zwanghaft) Schreibende und ihre (ausbleibenden) Publikationen – bringt pointiert Lacan zum Ausdruck, wenn er (bei der Diskussion von James Joyces *Finnegans Wake*) schreibt: »[P]our ce mot *littérature*, en souligner le poids, je dirai l'équivoque sur quoi souvent Joyce joue – *letter*, *litter*. La lettre est déchet.«[206] (Aber verweist darauf, rückblickend, beim zweiten Lesen, nicht auch *Hemmung, Symptom und Angst* selbst? Nicht direkt, gewiss, wohl aber in Form einer Anspielung – auf ein »Rohr«, aus welchem »Flüssigkeit auf ein Stück weißes Papier fließ[t]« –, welche weit intrikater ist, als es zunächst den Anschein haben mag, nämlich den Brückenschlag zum »Koitus« gar nicht selbst – denn von ›Genitalien‹, stellt man fest, ist ja überhaupt nicht die Rede –, sondern in letzter Konsequenz nur via die *dirty minds* der Leser:innen vollbringt? Freuds Charakterisierung, so viel zumindest ist klar, ist äußerst sparsam, geradezu geizig – um uns dafür mit einem Reichtum an möglichen Assoziationen zu entschädigen: etwa, dass es sich beim »weiße[n] Papier« wesentlich um eine Windel handle.) Die Bedeutsamkeit des Schreibensals Exkretion, der Schreib- bzw. Publikationshemmung als »Geiz« und »Reinlichkeit« mit Blick auf Husserl auszubuchstabieren, jenen von »Unfähigkeit[,] mich zu verendlichen«,[207] geplagten Denker

---

204 Freud, »Drei Abhandlungen zur Sexualtheorie«, SA 5, S. 136.

205 Ders., »Über Triebumsetzungen, insbesondere der Analerotik«, SA 7, S. 128.

206 Lacan, »Joyce le symptôme«, S. 26 | »Joyce, das Symptom«, Übers. Mitelman/Dielmann, S. 187: »Um das Gewicht dieses Wortes, *littérature*, hervorzuheben, werde ich das Äquivok aussprechen, auf das Joyce oft anspielt – *letter*, *litter*. Die Letter ist Müll.«

207 »Husserl an Natorp, 1. II. 1922«, Hua Dok 3:5, S. 151.

der »inneren Reinigung«,[208] zu dessen größten Würfen die *Ideen zu einer reinen Phänomenologie* gehören, das wollen wir uns hier sparen. Denn über Derridas Aufsatz »La phénoménologie et la clôture de la métaphysique« von 1966 haben wir bereits gesprochen – und haben also schon gehört, dass die Frage der Metaphysik mit Husserl zu der einer Klotür wird.

5. Finks Verneinung

Ich fragte ausgehend von Luft nach »Husserls Position« bezüglich Möglich- und Notwendigkeit einer phänomenologischen Literatur – um etwas unvermittelt (zudem in lose assoziierender Weise weit eher als in sauber argumentierender) zum ›Zwanghaften‹ in dieser »Position« überzugehen und also zurückzuspringen zu einem Punkt in unseren Überlegungen vor jenem (i.e. vor unserer Auseinandersetzung mit Fink), der solches Fragen nach ›Positionen‹ allererst nahegelegt hat. Weshalb diese Rückkehr zur Psychoanalyse und ihren Begrifflichkeiten? Um sichtbar zu machen, dass Finks sprachkritische Revision der Phänomenologie, wiewohl sie Sohn und Vater radikal entzweit in philosophischer Perspektive, doch ganz im Sinn des Husserl'schen Schreibens ist; sichtbar zu machen, dialektisch gesprochen, dass hier, zwischen zwei ›Positionen‹, trotz aller Differenzen gemeinsame Sache gemacht wird im Dienst eines Dritten. Es, dies ›Es‹ zwischen Husserl und Fink, ist der Zwang, der zum Kompromiss zwingt. »Es tobt in unserem Verliebten«, heißt es im *Rattenmann*-Fall, »ein Kampf zwischen Liebe und Haß, die der gleichen Person gelten […].«[209] Und es tobt in der Phänomenologie Husserls ein Kampf zwischen Liebe und Haß, die der gleichen Sache gelten, der schriftlichen Mitteilung, gleichsam ein Kampf also *zwischen Philologie und Logophobie*[210]: Kampf eines Denkens, das nichts als Literatur ist, gegen sich selbst, gegen sein eigenes Sein, das es bzw. das sich, wie der Geizhals einen großen Schatz oder das Kind sein »erstes

208 Ders., »Persönliche Aufzeichnungen«, S. 300.

209 Freud, *Bemerkungen über einen Fall von Zwangsneurose*, SA 7, S. 61.

210 Bei dieser Wortwahl lasse ich mich inspirieren von Michel Foucault, *L'ordre du discours*, S. 52–53.

Geschenk«,[211] ganz für sich behalten, an sich zurückhalten will. Finks Komplettierung der Phänomenologie, die Cartesianischen »Abschluss u[nd] letzte Klarheit«[212] originell zu Schloss und bleibender Dunkelheit übersetzt, zeigt, wie diese zwei einander widerstreitenden Tendenzen zusammengehen, zeigt am phänomenologischen Sprechen, anders und mit Freud gesprochen, nachträglich dessen ursprüngliche »Neigung zur Synthese«[213] auf. So heißt denn »die Phänomenologie zu vollenden«[214] in sprachkritischer Hinsicht, ihre Sprache aufzuheben, ihre »›Aufhebung[]‹ durch Ungeschehenmachen«[215] zu denken. Ebendas ist von der Warte des Zwangs aus besehen das eigentliche Meisterstück des »vollende[ten]« phänomenologischen Sprechens, der wesentlichen Imperfektion der »Äusserung des Phänomenologisierens«[216] nach Fink: Es ist – ein ›Ritterschlag des Zwangs durch die Philosophie‹ war das Bild, das sich uns vorgreifend anbot – eine »Äusserung«, die wesentlich, und also auch dann, wo sie fremde erreicht, für die eigenen Ohren bestimmt ist. »Gegen alle Äußerlichkeiten [...] muß ich mich mit neunfachen Erzen wappnen«, lasen wir bei Husserl, »muß meinen Weg gehen so sicher, so fest entschlossen und so ernst wie Dürers Ritter trotz Tod und Teufel.«[217] Der Knappe, wenn man so will, wird versichern, dass in diesem Bild die Phänomenologie zweifach sich wiederfinde, dass nämlich der Weg in die Welt der Publikationen zwar gefahrenvolles Abenteuer, *in eins* aber der festverschlossene Harnisch sei, der dies Abenteuer unbeschadet überstehen lassen wird. »Es gibt hier«, so Fink weitreichend, dem Edelmann auf dem Pferd unter gutem Zuspruch das Schwert hinaufreichend, »kein phänomenologisches Verstehen durch das blosse Lesen phänomenologischer Forschungsberichte, sondern solche können überhaupt erst ›gelesen‹ werden im Nachvollzug der Forschungen selbst. Wer das unterlässt« – und die ›Berichte‹ selbst enthalten, wie wir sahen, nichts, was der Leser:in diesbezüglich auf die Sprünge hülfe, bzw. vermögen selbst nicht anzuleiten zu dem, was

---

211 Freud, »Über Triebumsetzungen, insbesondere der Analerotik«, SA 7, S. 128.
212 »Husserl an Ingarden, 19. III. 1930«, Hua Dok 3:3, S. 262.
213 Freud, *Hemmung, Symptom und Angst*, SA 6, S. 256.
214 Fink, *VI. Cartesianische Meditation*, Hua Dok 2:1, S. 9.
215 Freud, *Hemmung, Symptom und Angst*, SA 6, S. 263.
216 Fink, *VI. Cartesianische Meditation*, Hua Dok 2:1, S. 109.
217 Husserl, »Persönliche Aufzeichnungen«, S. 300.

ihren ›Nachvollzug‹ ermöglichen würde – »liest gar nicht phänomenologische Sätze, sondern liest absonderliche Sätze der natürlichen Sprache, nimmt die blosse Erscheinung für die Sache selbst und betrügt sich.«[218] Und dieselbe Ermutigung spricht Fink später in seinem Buch noch einmal, noch nachdrücklicher aus: »Jede mundane Interpretation trägt zu kurz, sie stösst nur an die Aussenform, an die ›Erscheinung‹; das innere (transzendentale) Wesen bleibt ihr notwendig verschlossen und unzugänglich.«[219] Also bleibt die Phänomenologie sich treu als Symptom, ist, spekulativ gesprochen, unter dem Namen ›Phänomenologie‹ eine vertrauensvolle Bleibe geschaffen worden innerhalb (oder, besser, halb im Innern) der Philosophiegeschichte für jene »asoziale Natur«, jene »Abkehrung von der Realität« und »der menschlichen Gemeinschaft«,[220] die die Neurose im Allgemeinen, insbesondere aber den Zwang auszeichnet: mit seinem »Tabu der Berührung« und seinem geizig-reinlichen Gelübde, der Welt und ihren Anderen – von welchen er, dieser »unbeteiligte«, nur an sich selbst interessierte »Zuschauer«,[221] »nur nichts [...] wissen [will]«[222] – nur ja nichts zu schenken.

Die Phänomenologie als »Triumph der Symptombildung«,[223] triumphaler Einzug der Neurose in die Annalen der Philosophie: Hätte – ich spekuliere – unseren Autoren, dem Vater der Phänomenologie und ihrem Sohn, Denker der doppelten »Analogie« des phänomenologischen Ausdrucks, eine derartige psychoanalytische Lesart behagt?

---

218 Fink, *VI. Cartesianische Meditation*, Hua Dok 2:1, S. 101.

219 Ebd., S. 125.

220 Freud, *Totem und Tabu*, SA 9, S. 363.

221 Zum ›Selbstbezug‹ – das psychoanalytische Ohr hört die verschwiegene Befriedigung im Medium des teilbaren Worts – der phänomenologischen Schau bzw. des -triebs der Phänomenolog:in vgl. die folgende Erläuterung Lufts: »Erst die Haltung der vollkommenen Uninteressiertheit macht aus der phänomenologischen Deskription eine ›*Methode der universalen Reflexion*‹ [Luft spricht hier in Anlehnung an Ludwig Landgrebe], und aus dieser Universalität kann erst eine eigene Einstellung erwachsen. Im Sinne der aristotelischen Bestimmung der Philosophie als ›reinen Betrachtens‹, als θεωρία [theoría], ist auch Husserl an diesem Ideal orientiert, wobei dieses Betrachten sich einzig auf die methodisch fixierte *Introspektion* bezieht. [...] Als uninteressierte Einstellung macht sie das *Interessiertsein selbst zum Thema*. Sie ist ›*interessiert*‹ an der *Interessiertheit* [...].« (›*Phänomenologie der Phänomenologie*‹, S. 127.) Dass solcher ›introspektive‹ Weg nach Luft »ins Innere [führt], *um das Außen* erst richtig zu *verstehen*« (ebd.), soll uns hier, soll Husserl in unserer Lesart nicht interessieren.

222 Freud, »Der Realitätsverlust bei Neurose und Psychose«, SA 3, S. 357.

223 Ders., *Hemmung, Symptom und Angst*, SA 6, S. 256.

Wären wir auf Widerstände gestoßen, da wir die phänomenologische Textur also analysieren, wir ihre »verschlossen[e] und unzugänglich[e]« »Erscheinung«, ihre »absonderliche[n] Sätze der natürlichen Sprache« lesen, wie Freud die Auswüchse des Zwangs liest? Lesen also geleitet durch Textstellen wie der folgenden im Fall des *Rattenmanns*:

> »Zwangsvorstellungen erscheinen [...] unmotiviert oder unsinnig, ganz wie der Wortlaut unserer nächtlichen Träume, und die nächste Aufgabe, die sie stellen, geht dahin, ihnen Sinn und Halt im Seelenleben des Individuums zu geben, so daß sie verständlich, ja eigentlich selbstverständlich werden. Man lasse sich in dieser Aufgabe der Übersetzung niemals durch den Anschein der Unlösbarkeit beirren; die [...] absonderlichsten Zwangsideen lassen sich durch gebührende Vertiefung lösen.«[224]

Husserl wäre die Engführung seiner Phänomenologie mit der »Aufgabe der Übersetzung«, von welcher Freud spricht, wohl nicht ganz unsympathisch gewesen. (Benjamin übrigens auch nicht, der doch, unwissentlich, aber sehr präzise, von den textuellen Produktionen der Phänomenologie Husserls nach Fink und den Symptombildungen des Zwangs nach Freud, dem Gemeinsamen, Geheimsamen dieser beiden Dichtungen spricht, wenn er in seinem Text »Die Aufgabe des Übersetzers« zu bedenken gibt: »Was ›sagt‹ denn eine Dichtung? Was teilt sie mit? Sehr wenig dem, der sie versteht. Ihr Wesentliches ist nicht Mitteilung, nicht Aussage.«)[225] Unsympathisch nicht zumindest jenem Schreiben Husserls an Dorion Cairns nach zu urteilen, in welchem Husserl »Sympathie« gegenüber dem psychischem Leiden seines Schülers (und Übersetzers) zum Ausdruck bringt und eine Brücke zum eigenen (und eigenen Philosophieren) schlägt:

> »Wären Sie schon damals in Freiburg vertrauensvoll zu mir gekommen, da Sie doch meine Sympathie für Sie merken mussten, ich hätte mich getraut, Sie von Ihren inneren Hemmungen zu kurieren. Denn auch ich hatte es in meiner Jugend schwer, litt an langen Anfällen von Depression, bis zum völligen Sinken allen Selbstvertrauens, machte auch den Versuch mich mit

---

224 Ders., *Bemerkungen über einen Fall von Zwangsneurose*, SA 7, S. 57–58.
225 Benjamin, »Die Aufgabe des Übersetzers«, GS 4:1, S. 9.

> einem Nervenarzt zu beraten, obschon nicht mit solchem Erfolg wie Sie. [...] In der philosophischen Arbeit entschloss ich mich allen großen Zielen zu entsagen und glücklich zu sein, wenn ich in den Sümpfen haltloser Unklarheit nur da und dort einen kleinsten festen Grund mir erarbeiten könne, auf dem ich wirklich stehen könne, in der Evidenz eben dieses festen Stehens.«[226]

Nichts wissen wollen hätte von solchem Sympathisieren, solcher Zusammenstellung von Phänomeno- und Psychologie allerdings Fink. »[N]ie und nimmer«, lesen wir in der *VI. Meditation*, »kann eine ›anthropologistische‹ (d.h. im Menschen als dem konstituierten Gebilde sich verfangende) Auslegung der Subjektivität das ›wirkliche‹ Subjekt des Phänomenologisierens erreichen und in den Griff bringen«[227] (und wenn man – wobei wir uns verbitten, hier eine Ähnlichkeit mit Aussagen zu sehen, wie sie bei Zwangsneurotiker:innen häufig anzutreffen sind – die Phänomenologie von ›Außen‹ »kritisieren zu können glaubt, kann man sie gar nicht verstanden haben«).[228] Und nie und nimmer, ja, noch weniger, wäre es Fink in den Sinn gekommen, auf die Frage nach dem *Ursprung selbst* der Phänomenologie, nach dem Ursprung jener »radikale[n] Spaltung«, die der »Vollzug der phänomenologischen Reduktion« ist,[229]

---

226 »Husserl an Cairns, 21. III. 1930«, Hua Dok 3:4, S. 21–22.

227 Fink, *VI. Cartesianische Meditation*, Hua Dok 2:1, S. 126.

228 Ebd., S. 123.

229 Ebd., S. 12. Die Rede von der »Spaltung« übernimmt Fink von Husserl. Zu ihrer Verwendung bei Letzterem schreibt Luft: »Es fällt auf, dass Husserl von ›Ichspaltung‹, dem Begriff als auch dessen Bedeutung, merkwürdig selbstverständlich Gebrauch macht [...]. Er wird weder in irgend einer Weise methodisch eingeführt oder motiviert, noch problematisiert. Husserl scheint die Bedeutung und ihren Hintergrund bei seinen Hörern vorauszusetzen. Ein Grund dafür dürfte sein, dass die Ichspaltung in der Psychologie seiner Zeit ein bekanntes und vieldiskutiertes Phänomen war. Prominente Autoren und wichtige Figuren in dieser Hinsicht dürften für Husserl [Traugott Konstantin] Oesterreich und [Karl] Jaspers gewesen sein. Husserl hat ihre Schriften z. T. ausführlich gelesen.« (*›Phänomenologie der Phänomenologie‹*, S. 119.) In welchem Verhältnis stehen ursprünglicher (psychopathologischer) Fund- und neuer (phänomenologischer) Einsatzort von Husserls ›Spaltungen‹? Luft betont, dass Husserl den Begriff in Anspruch nimmt für einen »methodisch operative[n] Schritt [...] innerhalb eines reflexionsphilosophischen Kontextes, der alles andere als ›pathologisch‹ ist, sondern sich gerade für jeden Schritt dieser Operation kritische Rechenschaft ablegen muss. Auch wenn die phänomenologische Einstellung, wie Husserl immer wieder in verschiedenen Variationen betont, ein ›höchst merkwürdiger‹

mit Psychopathologischem zu antworten. Nicht (nur) übrigens aus etwaigen persönlichen Widerständen gegen die Psychoanalyse wäre Fink Derartiges nicht in den Sinn gekommen, sondern (auch) aus dem grundsätzlichen, guten philosophischen Grund, dass besagte Frage, nach dem Ursprung der Phänomenologie, für Fink *zwingend* ohne, also ganz ohne Lösung ist. Letzteres wird einsichtig, wenn wir einen früheren – von mir bis jetzt noch nicht berührten – Paragraphen in der *VI. Meditation* konsultieren (§5, »Das Phänomenologisieren als Reduzieren«), wo Fink bezüglich des »Problem[s] des Anfanges der Phänomenologie« Folgendes zu bedenken gibt:

> »Sofern [die Phänomenologie] ihren sachlichen Beginn nimmt eben in der Reduktion als der eröffnenden Vorgabe der Problemdimension der Philosophie (in phänomenologischem Sinne), können wir zunächst fragen, nicht nur wie geschieht das Phänomenologisieren als Vollzug der Reduktion, sondern warum geschieht es überhaupt. M.a.W. dies ist die Frage nach der Motivation der phänomenologischen Reduktion. Damit ist natürlich nicht gefragt nach der jeweils faktischen Motivation des Phänomenologen, sondern nach den Gründen, von denen das Erkenntnisstreben des anfangenden Philosophen überhaupt gezwungen wird oder gezwungen werden soll, die natürliche Einstellung preiszugeben und in den Vollzug der Reduktion einzutreten. Liegen diese ›Gründe‹ schon innerhalb der natürlichen Einstellung, sind es zwingende mundane Motivationen? Gibt es einen, wie immer gearteten, Begründungszusammenhang von Erkenntnissen, der aus der natürlichen Einstellung in die transzendentale Einstellung führt? Bestehen in der natürlichen Einstellung letzte Unverträglichkeiten, innere Widersprüche, ›unlösbare Probleme‹, die eine tiefere Dimension ihrer Behandlung verlangen? Fordert ein bestimmter Erkenntnis- und Wissensstand in der natürlichen Einstel-

---

Geisteszustand ist, so geht es in der methodologischen Reflexion doch darum, diese Zuständlichkeit theoretisch-reflexiv einzuholen. Andererseits kann man an der von Husserl durchaus ernst gemeinten Analogie zu diesen abnormalen, pathologischen Phänomenen ermessen, wie radikal und im wörtlichen Sinne un-gewöhnlich für ihn der Anspruch des phänomenologischen Denkens und dessen Zuständlichkeit gegenüber der der natürlichen Einstellung gemeint ist.« (Ebd., S. 125.) Noch andererseits aber, dem Einwand seitens der Psychoanalytiker:innen zuvorzukommen, ist es von dem, was »alles andere als ›pathologisch‹« ist, zu dem, was – sublimiert – alles andere *als* ›pathologisch‹, i.e. *als Teil der Pathologie selbst* ist, ohnehin kein allzu weiter Sprung.

> lung zwangsläufig den Übergang in die Reduktion? Oder entspringt am Ende die Reduktion grundsätzlich nicht einer Motivation, die aus der natürlichen Einstellung stammt? Ist die Reduktion nicht für den ›natürlich-eingestellten‹ Menschen, sofern sie ihm literarisch entgegentritt, das schlechterdings Unfassliche?«[230]

Der weitere Verlauf des §5 lässt keinen Zweifel daran, dass es sich hierbei um rhetorische Fragen handelt, auf die für Fink immer nur Eines zu entgegnen ist: »Eine ›zwingende‹ Motivation für die phänomenologische Reduktion gibt es in der natürlichen Einstellung nicht – und zwar aus prinzipiellen Gründen.«[231] »Zwingend wird der Weg« von der natürlichen zur phänomenologischen Einstellung »erst dann, wenn wir schon ein – wenn auch ein ganz dunkles – transzendentales Wissen mitbringen.«[232] Fink nennt konkrete Nicht-Beispiele und führt aus:

> »Auch der Weg von der Psychologie aus [...] und welche Wege wir immer noch ausbilden wollen: alle haben die Eigentümlichkeit, dass sie überhaupt erst zu Wegen in die Phänomenologie werden, wenn ein phänomenologisches Vorwissen bereits den Weg erhellt. Alle diese Wege sind nicht hinleitend im Sinne eines zunächst in der natürlichen Einstellung entsprungenen Gedankenganges, der im Verfolg und in der Fortentwicklung, gewissermassen als ein ständig kontinuierlich weiterlaufender Erkenntnisprozess, schliesslich in der transzendentalen Einstellung terminieren muss. Sondern sie leiten in die Philosophie ein, sofern sie in extreme Situationen der natürlichen Einstellung führen: in denen dann die transzendentale Erkenntnis aufblitzen kann.«[233]

Wohlverstanden: »aufblitzen kann«, aber nicht »aufblitzen« *muss*. So mag in besagten »extreme[n] Situationen« zwar eine Art von »Einbruch in die Fragwürdigkeit vollzogen [sein], deren meditative Bewältigung der Vollzug der Reduktion darstellt«,[234] doch klärt das für Fink – der hier also von notwendigen, mitnichten aber

---

230 Fink, *VI. Cartesianische Meditation*, Hua Dok 2:1, S. 33–34.
231 Ebd., S. 35.
232 Ebd., S. 37.
233 Ebd., S. 37–38.
234 Ebd., S. 39.

von hinreichenden Bedingungen spricht – noch längst nicht, wodurch Letztere, »wodurch [...] letzten Endes das phänomenologisch-reduzierende Tun überhaupt motiviert« ist.[235] »Die phänomenologische Erkenntnis«, so Fink denn aufs Neue, »ist nie durch mundane, sondern immer durch phänomenologische [gemeint: Erkenntnis] motiviert. [...] Oder«, wie Fink sich einige Zeilen später selbst übersetzt, »anders gewendet: Es ist das Problem der Selbstbedingtheit alles phänomenologischen Verstehens. Die phänomenologische Reduktion setzt sich selbst voraus.«[236] Diese Eigenschafft der Phänomenologie ist für Fink philosophischer Zwang und nach Fink also auch zwingend geltend zu machen mit Blick auf Husserl, der »es in [s]einer Jugend schwer [hatte], [...] an langen Anfällen von Depression [litt], bis zum völligen Sinken allen Selbstvertrauens«, einmal gar versuchte, sich »mit einem Nervenarzt zu beraten, obschon nicht mit solchem Erfolg« – und der endlich ganz für ein papiernes Schloss sich, nämlich »[i]n der philosophischen Arbeit entschloss«, »allen großen Zielen zu entsagen und glücklich zu sein, wenn [er] in den Sümpfen haltloser Unklarheit nur da und dort einen kleinsten festen Grund [sich] erarbeiten könne, auf dem [er] wirklich stehen könne«: Mit Husserls *Philosophie* hat das alles nur sehr bedingt, mit dem Ursprung dieser Philosophie als Phänomenologie überhaupt nichts zu tun. Und der §5 der *VI. Meditation* – wissend um den Brief Husserls an Cairns, um die »Sympathie« des ersten Phänomenologen? – sagt das auch ganz explizit:

> »Ist der Rückgang auf sichere und apodiktisch gewisse Wahrheiten nicht ein Ausweichen vor der eigentlichen Problematik, eine Flucht vor der Unsicherheit und Unheimlichkeit des erschütterten menschlichen Daseins? Entspringt so die Methode der Epoché einer Sicherungstendenz? Die in solcherlei Fragen sich formulierenden scheinbar radikalen ›Einwände‹ führen dann zu einer bestimmten Missdeutung der Reduktion. Man substituiert der Phänomenologie ein Sichberuhigen bei der apodiktischen Gegebenheitsweise der inneren Erfahrung. [...] So und ähnlich mögen Einwände gegen die Epoché lauten. Nur ist dabei zu sagen, dass sie nicht gegen die phänomenologische Epoché

235 Ebd.
236 Ebd.

gehen, somit als Einwände gegenstandslos sind. / Die phänomenologische Epoché ist von nichts weiter entfernt als von einer Methode der Sicherung und der Beruhigung bei apodiktisch gewissen Erkenntnissen – der natürlichen Einstellung.«[237]

»[G]egenstandlos« ist denn also alles psychoanalytische Assoziieren, ist eine Lektüre, die hier, im Dialog mit einem österreichischen Nervenarzt, auf jenes »den Zwangskranken gemeinsame[] seelische[] Bedürfnis [...] nach der *Unsicherheit* im Leben oder nach dem *Zweifel*« (welches »den Kranken aus der Realität zu ziehen und von der Welt zu isolieren« versucht) hinwiese,[238] um in der transzendentalen Phänomenologie die *perfekte Absicherung* (doch ›perfekt‹ eben von der Warte des Symptoms aus besehen: sie schafft neue Zweifel, muss zwingend als eine Phänomenologie der Phänomenologie sich wiederholen) zu erblicken, ein »[V]ollenden« der Phänomenologie durchaus, doch der »Phänomenologie des Zwangsdenkens«,[239] von welcher Freud spricht, zu sehen. »[G]egenstandlos«? Wir berichtigen: ›Gegenstand‹ von Finks Schreiben und nach ihm von dem seines philosophischen Vaters ist der Zwang genauso wenig wie die »Mutter« der Denkgegenstand jenes »Patienten« ist, von welchem Freud in seinem Aufsatz »Die Verneinung« berichtet.

»›Sie fragen, wer diese Person im Traum sein kann. Die Mutter ist es *nicht*.‹ Wir berichtigen: ›Also ist es die Mutter.‹ Wir nehmen uns die Freiheit, bei der Deutung von der Verneinung abzusehen [...]. Es ist so, als ob der Patient gesagt hätte: ›Mir ist zwar die Mutter zu dieser Person eingefallen, aber ich habe keine Lust, diesen Einfall gelten zu lassen.‹«[240]

Es ist nicht Husserls Mutter, worüber wir im folgenden, abschließenden Teil des vorliegenden Buchs sprechen wollen. Zumindest über die von Husserl so inständig geliebte wie zutiefst verhasste literarische Materialität seines Denkens aber werden wir noch das eine oder andere Wort verlieren müssen, da wir den Weg der »Aufgabe der Übersetzung« der Zwangsneurose bis an sein Ende, ihren infanti-

---

237 Ebd., S. 50–51.
238 Freud, *Bemerkungen über einen Fall von Zwangsneurose*, SA 7, S. 91.
239 Ebd., S. 83.
240 Ders., »Die Verneinung«, SA 3, S. 373.

len Ursprung, verfolgen, *unsere Geschichte* von Husserls Philosophie – die von sich selbst in den *Ideen I* sagt: »[e]s werden hier keine Geschichten erzählt«[241] – zu Ende erzählen wollen.

Diese Geschichte hat, einer bestimmten Idee gewidmet, einen gewaltigen Preis. Es ist offenkundig *die* Geschichte. In ihrer, historischer Perspektive teilen die »einander widerstreitende[n] Tendenzen«[242] im Denken Husserls, Denken, das nichts als seine Mitteilbarkeit ist, noch ganz anderes mit. Sie konfrontieren auch, gar vor allem anderen mit der Frage eines Denkens nach der (Un-)Möglichkeit seiner Überlieferung und seines -lebens. »Vielleicht arbeite ich, mit aller menschlich möglichen Anspannung der Kräfte, nur für meinen Nachlaß. Sei's drum, wenn nur der voll gelänge u[nd] nicht zu spät käme«, schreibt Husserl 1922 in einem Brief an Paul Natorp.[243] Von einer anderen Tendenz in archivarischen Belangen berichtet in eindrücklicher Weise Derrida, der sich in den frühen 1950er-Jahren am (1939 gegründeten) Husserl-Archiv in Leuven aufhalten und von diesem Besuch folgende »anecdote qu'on m'a racontée« mitbringen wird:

> »[A]vant la guerre, au moment où les menaces pesaient sur les manuscrits de Husserl (il y avait déjà des milliers et des milliers de pages), des amis lui ont conseillé de ne pas les garder: ›Il ne faut pas laisser ça à la disposition des nazis.‹ Mais Husserl n'était pas très inquiet, il ne partageait pas les soucis de ses amis: ›Ça ne fait rien, si c'est détruit, c'est la vérité.‹«[244]

Nicht vergessen geht, was aus dieser Anekdote spricht, bei einem zeitgenössischen Husserl-Leser wie Fink (diesem philosophischen Sohn eines Philosophen, dessen zweiter leiblicher Sohn, Wolfgang

241 Husserl, *Ideen I*, Hua 3:1 [1976], S. 10, Anm. 1.

242 Strasser, »Einleitung des Herausgebers«, Hua 1, S. xxix.

243 »Husserl an Natorp, 1. II. 1922«, Hua Dok 3:5, S. 152.

244 Derrida, »Archive et brouillon«, S. 195 | Übers. Fanzun/PPH: »Die Anekdote, die man mir in Leuven, im Jahr 1953, erzählt hat, ist, dass, vor dem Krieg, in dem Moment, da die Manuskripte Husserls (es gab davon schon abertausende von Seiten) bedroht waren, Freunde ihm rieten, sie nicht zu behalten: ›Man darf das nicht den Nazis in die Hände fallen lassen.‹ Aber Husserl war nicht sonderlich beunruhigt, er teilte die Sorgen seiner Freunde nicht: ›Es macht nichts, wenn das zerstört wird: Das ist die Wahrheit.‹« Für den Hinweis auf diese wichtige Textstelle bedanke ich mich herzlich bei Sandro Zanetti.

Husserl, zwanzigjährig im Ersten Weltkrieg gestorben war)[245]: Von einer »mundane[n] Interpretation« phänomenologischer Sätze will er nichts wissen – wohlwissend um den mundanhistorischen Klang von solchen Sätzen, die von der »ungeheure[n] Einsamkeit der transzendentalen Existenz«[246] des »unbeteiligten Zuschauer[s]«, »notwendig ›sprachlos‹«,[247] Zeugnis ablegen. Seine Epoche teilt Husserl mit Freud und Benjamin.[248]

245 Vgl. dazu Vongehr, »Persönlichkeit und Leben«, S. 14: »Anfang März 1916 [...] erreicht [Husserl] die Nachricht, dass sein jüngster Sohn Wolfgang am 8. März vor Verdun gefallen sei. Sein Selbstvertrauen, das durch den Erfolg und die Anerkennung der Arbeit [...] zugenommen hat, ist nun einem schockartigen Erlebnis ausgesetzt. Als sein Sohn stirbt, ist Husserl 57 Jahre alt. Die weiteren Kriegsereignisse, dessen langes Andauern, das Ereignislose, der Stillstand während des Grabenkrieges, schließlich die Gewissheit, dass Deutschland den Krieg nicht gewinnen kann, haben auf Husserl einen tiefen Eindruck hinterlassen. Aber anders als viele seiner Kollegen gibt Husserl keine öffentlichen Stellungsnahmen zum Krieg ab [...], er hält sich aus der lebhaften Diskussion heraus, er arbeitet zurückgezogen am System seiner Phänomenologie [...].«

246 Fink, *VI. Cartesianische Meditation*, Hua Dok 2:1, S. 109.

247 Ebd., S. 108.

248 Auf die Ähnlichkeiten zwischen der Biographie Husserls und derjenigen Freuds kommt ausführlich Bernhard Waldenfels zu sprechen: »Besinnen wir uns auf die Anfänge von Phänomenologie und Psychoanalyse, so stoßen wir auf zwei Gründerfiguren, die lebenslang kaum voneinander Notiz nahmen – und dies, obwohl sie nahezu gleichzeitig im österreichischen Mähren geboren wurden, Husserl 1859 in Proßnitz/Prostějov, Freud 1856 in Freiberg/Příbor; obwohl beide in den 70er und 80er Jahren die Wiener Lehrveranstaltungen des Philosophen Franz Brentano besuchten; obwohl beide genau um die Jahrhundertwende mit so grundlegenden Werken wie den *Logischen Untersuchungen* und der *Traumdeutung* an die zunächst wenig geneigte Öffentlichkeit traten; obwohl ihnen, nach langen Jahren der Forschung, als jüdischstämmigen Wissenschaftlern am Ende ähnliches widerfuhr, da der eine sein Freiburger Haus und seine Universität räumen mußte, der andere aus seiner Wiener Arbeitsstätte ins Ausland vertrieben wurde. Dazu paßt, daß die Gesamtausgabe ihrer Werke im Ausland, einerseits in Den Haag, andererseits in London, ihren Ausgang nahm. Hinzuzufügen ist, daß beide Forscher sich, im Gegensatz zu vielen Zeitgenossen – im Falle Husserls auch im Gegensatz zu engsten Mitarbeitern, im Falle Freuds im Gegensatz zu anpassungsbereiten Weggenossen – mit Entschiedenheit sowohl einer lebensphilosophischen Aufweichung wie einer nationalen Aufheizung und totalitären Verkehrung der Vernunft in den Weg stellten. Phänomenologie und Psychoanalyse, ›sie scheinen sich zu fliehen‹, doch in vielem finden sie sich.« (*Erfahrung, die zur Sprache drängt*, S. 11.) Die Biographie Benjamins kommt hier – was durch die Ausrichtung von Waldenfels' Studie bedingt ist – nicht zur Sprache, Benjamin selbst tatsächlich aber durchaus: »Diese Konstellation«, so Waldenfels in unmittelbarem Anschluss, »in der Nähe sich mit Ferne paart, bietet Anlaß, mit Walter Benjamin über eine latente Ungleichzeitigkeit in der Gleichzeitigkeit nachzudenken, die alles

Aber wenden wir uns, ohne den Sinn und die Möglichkeit dieser Bewegung eigens zu befragen, wieder ›unserer‹ Geschichte zu. Zwang, wiederholen wir, ist der Psychoanalytiker:in – und ist die »Aufgabe der Übersetzung«, von welcher Freud spricht, also eigentlich die einer Rückübersetzung – Übersetzung: von Gefühlen, die bewusst nicht zu ertragen sind, in eine Form, die das Geheimnis ihres Ursprungs wahrt. Gegen innen wie gegen außen wahrt, wie wir sahen: Für das betroffene Individuum sind Zwangssymptome ohne »Sinn und Halt im Seelenleben«, gehen, solange sie ihren wahren Sinn, Emotionen Einhalt zu gebieten, verbergen, auf die Nerven wie ungebetene Gäste (Gäste, die freilich – der Gastgeber:in nicht bewusst – für ihren Aufenthalt großzügig – mit »Ersatzbefriedigungen, sehr häufig in symbolischer Verkleidung«[249] – entschädigen und so, trotz allem, toleriert, ja, geschätzt werden); für die Anderen, von der Warte der »Gesellschaft der Menschen«[250] aus besehen begegnet das zwanghafte Tun als »absonderlich[]« – es gleicht, um ein Nicht-Freud'sches Bild zu wählen, jenen »Obelisken von Stonehenge, von denen niemand weiß, wofür sie stehen und was sie bedeuten«[251] –, als »Austritt« aus ihrer Mitte, gar als »Abkehrung von der Realität« überhaupt.[252] So viel noch einmal zum Zwang für sich genommen, in seiner *Bedeutung* (die zweifach nichts mitteilt) fürs Ich und die Anderen genommen. Was aber – dieser Frage, dieser letzten wie ersten psychoanalytischen Frage an die Neurose haben wir uns bis jetzt noch nicht gewidmet – ist es, was solchen Zwang zur Übersetzung *ursprünglich bedingt*? Was ist der erste Schauplatz des »Kampfs zwischen Liebe und Haß« und was – ist es dasselbe? – der Grund, ihn und die in ihm streitenden Gefühle vor der Welt zu verbergen und, ungezwungen gesprochen, ins Innenleben hineinzufressen, sich qual- wie lustvoll darin zu verbeißen? (So, in Wendungen aus dem Bereich des Oralen formuliert, gliche das zähneknirschende Kind auf der Schwelle zur Neurotiker:in jenem Philosophieren, das von sich stoisch, von der Welt entwöhnt sagen kann: »Reine Besinnung, reines Innenleben, in sich Hineinsau-

in allem eher die Regel sein dürfte als die Ausnahme.« (Ebd.) Husserl stirbt 1938 in gesellschaftlicher Isolation, Freud 1939 im Exil, Benjamin 1940 auf der Flucht.

249 Freud, *Hemmung, Symptom und Angst*, SA 6, S. 256.

250 Ders., *Totem und Tabu*, SA 9, S. 363.

251 Luft, *›Phänomenologie der Phänomenologie‹*, S. 263.

252 Freud, *Totem und Tabu*, SA 9, S. 363.

gen der Probleme und rein ihnen und nur ihnen zugewendet sein, das ist die Hoffnung meiner Zukunft.«[253] Etwas anderes gibt es in seinen Augen nicht, das ist: abgesehen von besagtem »Hineinsaugen« isst es nicht.)[254] »[›]Die Mutter ist es *nicht*.‹ Wir berichtigen: ›Also ist es die Mutter.‹« Was aber – denn auch damit ist allzu wenig oder aber allzu viel angeboten – bedeutet das im Konkreten, bedeutet, was in diesem fiktiven Dialog »Mutter« heißt, für den Ursprung einer Zwangsneurose? Über eine der möglichen Antworten, die die Freud'sche Psychoanalyse darauf zu geben vermag, wollen wir im Folgenden nachdenken. Nicht unmittelbar allerdings, sondern im Dialog mit einem Husserl-Übersetzer, Jacques Derrida, der (in der Zunge seines eigenen Übersetzers, Michael Wetzel) mitteilen kann, dass er seine »Muttermilch an der Brust der transzendentalen Phänomenologie eingesogen«[255] habe, und dessen Übersetzungsarbeit uns auf eine eigentümliche Fügung der Geschichte aufmerksam machen wird. So will es nämlich der Zufall – oder, was ihr einerlei ist, ist es der Wille der vorliegenden Lektüre[256] –,

253 Husserl, »Persönliche Aufzeichnungen«, S. 300.

254 »Il y a donc«, bemerken Gilles Deleuze und Félix Guattari im Zusammenhang Franz Kafkas »une certaine disjonction entre manger et parler – et, plus encore, malgré les apparences, entre manger et écrire: sans doute peut-on écrire en mangeant, plus facilement que parler en mangeant, mais l'écriture transforme davantage les mots en choses capables de rivaliser avec les aliments.« (*Kafka*, S. 36 | *Kafka*, Übers. Kroeber, S. 29: »Es gibt also eine gewisse Disjunktion zwischen essen und sprechen – und mehr noch, dem Anschein zum Trotz, zwischen essen und schreiben: Gewiß kann man beim Essen schreiben, es ist leichter, als beim Essen zu sprechen, aber das Schreiben verwandelt die Wörter eher in Dinge, die mit der Nahrung rivalisieren können.«) Nicht nur hinsichtlich der obig zitierten Notiz Husserls mit ihrem »Hineinsaugen« ist die »Disjunktion«, von welcher Deleuze und Guattari sprechen, geltend zu machen. Eine andere Stelle, da sich Husserl als Hungerkünstler inszeniert, ist uns bereits bekannt. Die Lektüre von Descartes' *Meditationes* »hat« – *food for thought* – »ganz direkt auf die Umgestaltung der schon im Werden begriffenen Phänomenologie zu einer neuen Form der Transzendentalphilosophie eingewirkt« – doch ist da eben sogleich Zwang zur Zurückweisung der bösen Brust des »Erzvater[s]«, Grund zum Fasten: »Fast könnte man [die Phänomenologie] danach einen Neu-Cartesianismus nennen, wie sehr sie, und gerade durch die radikale Entfaltung Cartesianischer Motive, genötigt ist, fast den ganzen bekannten Lehrgehalt der Cartesianischen Philosophie abzulehnen.« (*Cartesianische Meditationen*, Hua 1, S. 43.)

255 Derrida, »Antwort an Apel«, Übers. Wetzel, S. 83.

256 Das ist ein Zirkel, in anderen Worten, in Finks Worten: Zu der vorliegenden Lektüre – letztlich sprechen wir nur darüber, wie Lesen wesentlich mit sich selbst zu tun hat – gibt es »kein[en] Grund und kein[en] Zwang« »[u]nd doch ist« sie »in einem bestimmten Sinne transzendental notwendig« (*VI. Cartesianische*

Meditation, Hua Dok 2:1, S. 108.) Denn sie, die Konstellation, die sie ist, ist ihre eigene Notwendigkeit, ist, worin als ihr Ursprung ihr Gegenstand sich konstituiert. Wie das Sternbild im Blick der Astronom:in: Das Subjekt der Lektüre ist es, das dem Sein von allem und jedem Text für mich, die lesende Person, vorangeht. Texte und ihr Zusammenhang sind für mich, was sie sind, aus meiner eigenen Bewusstseinsleistung, und ich darf hier aus Angst vor einem Verstoß gegen die Gebote der Philologie nicht wegsehen, sondern muss das Problem sehen. Freilich wird hier Bewusstseinsleistung nicht besagen, dass ich die Transzendenz des von mir Gelesenen erfinde und mache (oder, Freudianisch gesprochen, ich einen gegebenen Text »verleugne[]« und durch einen ›eigenen‹ »ersetze[]«, wie die »Psychose« die »Realität« [»Der Realitätsverlust bei Neurose und Psychose«, SA 3, S. 357]). So ist denn das ganze bewusste Lesen beherrscht von einem universalen konstitutiven, eine jede Lesart umspannenden Apriori – beherrscht, wo ich Husserl lese, aber in der ausgezeichneten Weise, dass sich mein Blick (auf den eigenen Blick) im Gegenstand gleichsam erwidert, die Leser:in sich konfrontiert sieht mit einem Autor, demgemäß »das ganze Bewußtseinsleben [...] von einem universalen konstitutiven, alle Intentionalitäten umspannenden Apriori [beherrscht]« ist: »Das subjektive Apriori ist es, das dem Sein von Gott und Welt und allem und jedem für mich, den Denkenden, vorangeht. Auch Gott ist für mich, was er ist, aus meiner eigenen Bewusstseinsleistung, auch hier darf ich aus Angst vor einer Blasphemie nicht wegsehen, sondern muss das Problem sehen. Auch hier wird wohl [...] Bewusstseinsleistung nicht besagen, dass ich diese höchste Transzendenz erfinde und mache.« (*Formale und transzendentale Logik*, S. 218–222.) Es sind Passagen bei Husserl wie diese – Passagen, die das ›Konstitutive‹ bzw. ›Leistende‹ an jedwedem Bewusstsein (und also *nolens volens* auch ihr eigenes Gelesenwerden) im Blick haben, den eigenen Idealismus aber abgrenzen gegen jenen (Deutschen), wie er, ob nun zurecht oder nicht, im Fichte'schen Satz »*Es ist so*, weil ich es *so mache*« zusammengefasst wurde (»Zweite Einleitung in die Wissenschaftslehre«, *Werke* 1, S. 460) –, welche Fink im Sinn hat, wenn er sich (eigentlich Husserl? eigentlich der Leser:in?) in seinem Aufsatz »Operative Begriffe in Husserls Phänomenologie« von 1957 folgende Fragen stellt: »Aber was heißt KONSTITUTION? Von woher bestimmt sich dieser Begriff? Hat er zunächst nicht einen naiven Sinn im Horizont der ›Natürlichen Einstellung‹? Konstitution, wörtlich übersetzt: Zusammenstellung, kann offenbar ein Zusammenstellen mannigfacher Artung sein. ›Zusammenstellen‹ kann bedeuten das Einrichten einer Anordnung von Dingen, dann wiederum ein Verfertigen und Herstellen von Dingen oder dann das Herstellen des Gegenstandsinnes der uns vorstellungsmäßig gegebenen Dinge. Bei Husserl schwingen alle diese Bedeutungen ineinander, wenn er den Begriff einer Konstitution zunächst aus dem naiven Wortgebrauch aufnimmt und ihm einen neuartigen, transcendentalen Sinn zuweist. Aber diese Zuweisung geschieht doch nicht so, daß der Abstand des spekulativen Begriffs der Konstitution von dem naiv-natürlichen Leitmodell herausgearbeitet wird. Das Gleiche gilt für den fast synonym gebrauchten Begriff der ›Leistung‹. Das Leben der transcendentalen Subjektivität wird als ›leistendes Leben‹ charakterisiert. Was wir gewöhnlich das Seiende nennen, sind Ergebnisse subjektiver Leistungen; die weltlichen Dinge sind Indices für Systeme des intentionalen Leistens. Im Ungefähren mag man das verstehen; die Dinge existieren nicht unabhängig an sich, sie sind in einem notwendigen Bezug zur Subjektivität, sind Einheitspole,

dass besagte mögliche Antwort auf die Frage nach dem Ursprung des Zwangs zum Teil – nicht zu einem großen, wohl aber in seinem wichtigsten Teil – und teils sogar wörtlich übereinstimmt mit zwei anderen Antworten, Anderer und auf scheinbar ganz andere Fragen. Zufällig und teils wörtlich stimmt sie überein einerseits mit einer Antwort, die Benjamin in seinem (von Derrida ausführlich kommentierten) Aufsatz »Die Aufgabe des Übersetzers« gibt, und zwar auf die Frage, was das, eine ›Übersetzung‹, überhaupt sei; andererseits mit der Antwort, die Husserl (in einem Manuskript, das Derrida unter dem Titel *L'origine de la géométrie* ins Französische übertragen wird und das zu den wenigen Texten gehört, in welchen Husserl explizit

---

auf die hin sich vielfältige Akte und Habitualitäten des Subjekts einigen, synthetisch sammeln. Aber inwiefern ist dieses subjektive Vorstellungssystem ein ›Leisten‹? Was und wie wird hier ›geleistet‹? Naiv versteht man wohl unter ›Leisten‹ ein Tun, das ein Ergebnis, einen Erfolg hat, das etwas zustandebringt. Das Zustandebringen kann man massiv und sublim verstehen. Massiv genommen bedeutet es ein ›Herstellen‹, ›Verfertigen‹, ›Produzieren‹. Der Handwerker vollbringt eine schöne Leistung, wenn er ein technisches Werkstück in einer meisterhaften Weise herstellt. Aber auch ein Redner vollbringt eine Leistung, wenn er Wahres auf gefällige Art zu sagen weiß. Oder die Liebe kann eine seltene Leistung des menschlichen Herzens sein. Es ist nicht zufällig, daß Husserl für die Kennzeichnung des Bezugs des transcendentalen Subjekts zur Welt der Dinge solche Begriffe aus der Naivitätssphäre aufgreift und als Leitmodell gebraucht und verbraucht, die schon von Hause aus durch eine schwebende Unbestimmtheit charakterisiert sind. Und die Unbestimmtheit wird durch die spekulative Verwandlung dieser Begriffe KONSTITUTION und LEISTUNG noch unbestimmter. Der bekannte Streit der Interpreten, ob bei Husserl ein erkenntnistheoretischer Idealismus vorliege, demzufolge das Subjekt die Objektwelt ›erzeuge‹, oder eine realistische Position, derzufolge der Grundcharakter des Wissens wesenhaft rezeptiv sei, kann in einem dogmatischen Sinne gar nicht entschieden werden, – weil bereits der ›natürliche‹ Wortsinn von ›Konstitution‹ und ›Leistung‹ hier alles offen läßt und durch den transcendentalphilosophischen Gebrauch dieser Termini bei Husserl das Feld ja überschritten wird, worin zunächst der Unterschied zwischen einer Erzeugung von Dingen und einem rezeptiven Vernehmen von Dingen beheimatet ist. Sicher kann man sagen: Husserls Begriffe von Konstitution und Leistung stehen jenseits der Alternative von ›Erzeugen‹ und ›Vernehmen‹. Aber was dann positiv damit gemeint ist, kommt begrifflich nicht heraus.« (S. 334–335.) Ist, »positiv« ausgedrückt, im Husserl'schen »Idealismus«, »jenseits der Alternative von ›Erzeugen‹ und ›Vernehmen‹«, eine Art von *Lesen* »gemeint«? Und ist also ›Lesen‹ mit Blick auf die »fast synonym gebrauchten« »Begriffe von Konstitution und Leistung« der Ansicht Husserls nach in eins Beispiel und wahrer Name? »[D]as zu zeigen«, mit dem Fink der *VI. Meditation* gesprochen, »sind wir hier ausserstande. Aber das können wir sehen« (Hua Dok 2:1, S. 110) und müssen »wir« sehen: dass immer »wir« es sind, die lesen.

auf die Frage der Übersetzung zu sprechen kommt) auf die Frage gibt, wie es – in der Geschichte und in der Welt – überhaupt je zur Entstehung von so etwas wie – überzeitlichen, mit idealen Gegenständlichkeiten operierenden – ›Theorien‹ hat kommen können.

Nichts anderes als dieser (Nicht-)Zufall, dieser Kontakt im wörtlichen Sinn[257] ist in unserem Blick die ursprüngliche Bestimmung, der Wunsch des Schreibens Husserls, Freuds und Benjamins, die voneinander nur in sehr begrenztem Maße Kenntnis genommen haben. (Bestimmung oder Wunsch des Schreibens wohlverstanden, nicht der Autoren, die an ihm, das sie überdauert, teilnehmen dürfen nur für eine bestimmte Zeit: Sodann bleibt es allein zurück.)[258] Und ebendas, Kontakt, von den beteiligten Menschen im Wesentli-

---

257 Ich spreche hier in Anlehnung an Paul Celan, der in einem Brief an Hans Bender zu bedenken gibt: »Handwerk ist, wie Sauberkeit überhaupt, Voraussetzung aller Dichtung. [...] Handwerk – das ist Sache der Hände. [...] Ich sehe keinen prinzipiellen Unterschied zwischen Händedruck und Gedicht.« (*Gesammelte Werke* 3, S. 177.) Daneben denke ich an Celans *Der Meridian*, S. 9: »Das Gedicht will zu einem Anderen, es braucht dieses Andere, es braucht ein Gegenüber. Es sucht es auf, es spricht sich ihm zu. [...] [E]s wird Gespräch – oft ist es verzweifeltes Gespräch.« Auch im Fall der uns hier interessierenden Form von »Gedicht« – des in Theorie sich übersetzenden Zwangs, der wesentlich »zu einem Anderen«, in eins einem »Tabu der Berührung« (Freud) treu bleiben »will« – wird die Wortwahl Celans, die Rede von einem »Händedruck« und von einem »verzweifelte[n] Gespräch«, in letzter (philosophiepsychoanalytischer) Konsequenz die einzig richtige gewesen sein.

258 Damit ist natürlich nichts gesagt, was der Philosophie nicht schon bekannt wäre seit Platon, der die Schrift im Dialog *Phaidros* als Kind charakterisiert, von ihr sagt, dass sie »immer ihres Vaters Hilfe [bedarf]; denn selbst ist sie weder imstande sich zu schützen noch sich zu helfen« (*Werke* 5, S. 181 [275d]). Die Frage, die bei Platon – der kein Psychoanalytiker, geschweige denn ein Psychoanalytiker anorganischer Subjekte ist – noch nicht beantwortet wird, ist nun freilich, was das Kind selbst dazu zu sagen habe. Insbesondere eben in dem Moment, da der »Vater« ihm zu spüren gibt, dass er mehr Interesse an anderen Ausdrucksformen hat: Sie, diese anderen, werden »gelehrt und des Lernens wegen *gesprochen* oder wirklich in die Seele hineingeschrieben [meine Hervorhebung]« (und »[n]icht zum Ernst also«, gleichsam Salz in der Wunde der Schrift, »wird er [seine Lehren] ins Wasser schreiben, mit Tinte sie durch das Rohr aussäend mit Worten« bzw. die »Schriftgärtchen wird er nur des Spieles wegen [...] besäen und beschreiben«). »[I]n diesen allein«, den Reden, die nicht Schrift sind, ist »etwas Wirksames [...] und Vollkommenes und der Anstrengung Würdiges«, wodurch der »Vater« denn auch überzeugt sein kann, dass es »nur solche Reden verdienten, gleichsam seine echten Kinder genannt zu werden« (ebd., S. 183–189 [276c–278b]). Im Falle eines anderen Platonikers, Fall Husserls, wird sich, wie wir noch sehen werden, das Kind solche Schmach nicht ohne Weiteres gefallen lassen.

chen versäumt, wird uns – um zurück- und vorzugreifen – die wahre »symbolische Bedeutung«, nicht nur hinsichtlich der Produktionen der Phänomenologie, sondern auch jener des Zwangs und jener der Übersetzung, ihre *sym*bolische Bedeutung, jener »Anekdote« sein, »die Dr. E. Levinas dem Herausgeber« der *Cartesianischen Meditationen*, Strasser, »mitgeteilt hat« und die Levinas selbst von Husserl »[g]elegentlich seines […] Straßburger Aufenthaltes« erzählt worden war[259]: Geschichte von den leeren Händen eines Kindes, das also das Messer wetzt.

259 Strasser, »Einleitung des Herausgebers«, Hua 1, S. xxix

III.
Verstohlene Silben

*... la traduction poétique n'*applique *pas, ne* vérifie *pas, ne suit pas, elle appartient au déchiffrement analytique dans sa phase la plus active et la plus inaugurale.*
Jacques Derrida, »Fors«

1. Drei Stiche aus einem Gewebe

Im Oktober 1979 findet an der Universität Montreal eine Round-Table-Diskussion mit Derrida statt. »C'est Jacques Derrida lui-même«, bemerken Claude Lévesque und Christie V. McDonald, die Herausgeber:innen des dazu erschienenen Sammelbands, »qui a choisi les deux motifs de nos entretiens: l'autobiographie et la traduction.«[1] Im Konnex letzteren ›Motivs‹ kommen die Diskutant:innen in Montreal verschiedentlich auf Benjamins Aufsatz »Die Aufgabe des Übersetzers« zu sprechen. Derrida sieht sich zu einer grundsätzlichen Begriffserklärung veranlasst:

> »[Benjamin] dit quelques fois ›*überleben*‹, il dit quelques fois ›*fortleben*‹ et bien que cela ne veuille pas dire la même chose (›*überleben*‹ veut dire au-dessus de la vie, survivre comme quelque chose qui s'élève au-dessus de la vie, ›*fortleben*‹ c'est survivre comme quelque chose qui prolonge la vie) ces deux mots sont traduits en français par un seul, survivre, ce qui pose déjà un problème.«[2]

Unter dem Titel »Des Tours de Babel« wird Derrida sechs Jahre nach den Diskussionen in Kanada einen detaillierten Kommentar zu Benjamins Aufsatz vorlegen. In der französischen Übersetzung von Maurice de Gandillac zitiert Derrida da jene Passage, in welcher das Begriffspaar ›Fortleben/Überleben‹ in »Die Aufgabe des Übersetzers« zum ersten Mal begegnet, in voller Länge – und er sieht sich mit

1 Derrida, *L'oreille de l'autre*, S. 10.

2 Ebd., S. 161 | Übers. PPH: »Benjamin sagt manchmal ›überleben‹, manchmal sagt er ›fortleben‹. Und wiewohl das nicht dasselbe bedeutet (›überleben‹ bedeutet ein Oberhalb des Lebens, Über-Leben als etwas, was sich über das Leben erhebt; ›fortleben‹ dagegen ist etwas, was das Leben verlängert), werden die beiden Wörter im Französischen zu einem, überleben, was bereits ein Problem ist.«

demselben französischen »problème« wie damals in Montreal konfrontiert, sieht sich, jetzt, de Gandillac zitierend, gezwungen, mit eigenen Kommentaren in Klammern zu ergänzen:

> »De même que les manifestations de la vie, sans rien signifier pour le vivant, sont avec lui dans la plus intime corrélation, ainsi la traduction procède de l'original. Certes moins de sa vie que de sa ›survie‹ (Überleben). Car la traduction vient après l'original et, pour les œuvres importantes qui ne trouvent jamais leur traducteur prédestiné au temps de leur naissance, elle caractérise le stade de leur survie (*Fortleben*, cette fois, la survie comme continuation de la vie plutôt que comme vie post mortem).«[3]

1998 hält Derrida im Rahmen der jährlichen Assises de la Traduction Littéraire à Arles (ATLAS) einen Vortrag unter dem Titel *Qu'est-ce qu'une traduction ›relevante‹?* (dies – wie Lawrence Venuti, der Derridas Text 2001 ins Englische übertragen wird, erklärt – in Erwartung einer »audience that consisted of professional translators, interested primarily in translation practices rather than theoretical concepts«; Erwartung, die Derrida »a certain language and mode of address« auferlegt).[4] Am Anfang von Derridas Text steht ein übersetzerisches Problem, eine schwer übersetzbare Stelle in William Shakespeares *The Merchant of Venice*: »›*When mercy seasons justice* … ‹ que je proposerai plus tard«, so Derrida, »de traduire par ›*Quand le pardon relève la justice* … ‹.«[5] Ungleich seiner »audience« nicht weniger als an der »tranlation[al] practice« an den »theoretical concepts« interessiert, wird Derrida diesen Übersetzungsvorschlag zum Anlass neh-

---

3 Derrida, »Des Tours de Babel«, S. 222. Im Benjamin'schen Original lautet die Stelle wie folgt: »So wie die Äußerungen des Lebens innigst mit dem Lebendigen zusammenhängen, ohne ihm etwas zu bedeuten, geht die Übersetzung aus dem Original hervor. Zwar nicht aus seinem Leben so sehr denn aus seinem ›Überleben‹. Ist doch die Übersetzung später als das Original und bezeichnet sie doch bei den bedeutenden Werken, die da ihre erwählten Übersetzer niemals im Zeitalter ihrer Entstehung finden, das Stadium ihres Fortlebens.« (»Die Aufgabe des Übersetzers«, GS 4:1, S. 10–11.)

4 Venuti, »Translating Derrida on Translation«, S. 239.

5 Derrida, *Qu'est-ce qu'une traduction ›relevante‹?*, S. 9 | *Was ist eine ›relevante‹ Übersetzung?*, Übers. von der Osten/Sauter, S. 45: »›When mercy seasons justice … ‹, wofür ich später als Übersetzung vorschlagen werde: ›Quand le pardon relève la justice … ‹.« Ich bedanke mich bei dieser Gelegenheit herzlich bei Esther von der Osten und Caroline Sauter, dass ich ihre (2023 publizierte) Übersetzung von Derridas Text bereits vor ihrer Veröffentlichung einsehen durfte.

men, über das Übersetzen im Allgemeinen nachzudenken. Dieses Nachdenken wird wesentlich dialektischen Schlags und im Wesentlichen aus drei Teilen – einer von ihnen, man ahnt es, der dritte, wird das Shakespeare'sche Problem mit einem noch anderen verbinden – zusammengesetzt sein.

{a} Derrida formuliert – im Schutz eines »[c]omme si« – die These, dass das eigentliche »sujet« des *Merchant of Venice* »en somme la tâche du traducteur« sei,[6] und liefert seinen Leser:innen als Beleg ein dichtes Protokoll verschiedener im weiteren Sinn ›translatorischer‹ Bewegungen in Shakespeares Drama. Mit einer solchen – um nur ein, aber ausgezeichnetes Beispiel zu nennen – haben wir es nach Derrida bei der unfreiwilligen Konvertierung Shylocks von seinem jüdischen Glauben (»souvent et conventionnellement [...] située du côté du corps et de la lettre«) zum Christentum (»[située du] côté de l'esprit ou du sens«) zu tun.[7] Derrida führt aus:

> »Ce rapport de la lettre à l'esprit, du corps de la littéralité à l'intériorité idéale du sens est aussi le lieu du passage de la traduction, de cette conversion qu'on appelle traduction. Comme si l'affaire de la traduction était d'abord une affaire abrahamique, entre le Juif, le Chrétien et le Musulman. Et la relève, comme la relevance dont je m'apprête à vous parler, ce sera ce qui justement arrive à la chair du texte, au corps, au corps parlé et au corps traduit – quand on s'endeuille de la lettre pour sauver le sens.«[8]

{b} Im zweiten Teil des Texts visiert Derrida die Wendung ›relever‹ (erneut) als *eine* Übersetzung (i.e. als französisches Substitut für ein spezifisches englisches Wort) und legt »trois *justifications*«[9] für

---

6 Ebd., S. 21 | S. 60: »Als ob das Thema dieses Stücks im Grunde die Aufgabe des Übersetzers sei«.

7 Ebd., S. 22 | S. 61: »oft und konventionellerweise auf der Seite des Körpers und des Buchstabens [...] situiert«, »auf der Seite des Geistes oder des Sinns«.

8 Ebd., S. 22 | S. 61: »Dieser Bezug des Buchstabens zum Geist, des Körpers der Buchstäblichkeit zur idealen Innerlichkeit des Sinns ist auch der Ort des Übergangs der Übersetzung, dieser Konversion, die man Übersetzung nennt. Als sei die Angelegenheit der Übersetzung als erstes eine abrahamitische Angelegenheit, zwischen dem Juden, dem Christen und dem Muslim. Und die Aufhebung, *la relève*, wird, wie die Relevanz, von der ich nun gleich zu Ihnen sprechen will, das sein, was just dem Fleisch des Textes, dem Körper, dem gesprochenen Körper und dem übersetzten Körper widerfährt – wenn man den Buchstaben betrauert, um den Sinn zu retten.«

9 Ebd., S. 35 | S. 77: »drei *Rechtfertigungen*«.

ihre Verwendung vor. Im Zuge der dritten dieser »Rechtfertigungen« ruft Derrida gleichsam sich selbst in den Zeugenstand, nämlich den Leser:innen seinen (ursprünglich 1968 im Rahmen eines Seminars von Jean Hyppolite präsentierten, 1972 im Rahmen von *Marges de la philosophie* veröffentlichten) Essay »Le puits et la pyramide: Introduction à la sémiologie de Hegel« in Erinnerung:

> »En 1967,[10] pour traduire de l'allemand un mot capital et à double sens de Hegel (*Aufheben, Aufhebung*), qui signifie à la fois supprimer et élever, un mot dont Hegel dit qu'il représente une chance spéculative de la langue allemande, un mot que tout le monde s'accordait jusque-là pour trouver intraduisible – ou, si vous préférez, un mot que personne au monde ne s'accordait avec personne pour traduire de façon stable et satisfaisante dans aucune langue, j'avais proposé le nom ›relève‹ ou le verbe ›relever‹. Cela permettrait de garder, les conjoignant en un seul mot, le double motif de l'élévation et du remplacement qui conserve ce qu'il nie ou détruit, gardant ce qu'il fait disparaître [...] Sans nous engager dans les profondeurs des enjeux, je dois au moins rappeler que ce mouvement d'*Aufhebung*, ce processus relevant est toujours chez Hegel un mouvement dialectique d'intériorisation, de mémoire intériorisante (*Erinnerung*) et de spiritualisation sublimante. C'est aussi une traduction.[11]

10 Es handelt sich bei dieser Angabe entweder um einen Fehler oder aber Derrida spielt auf einen Zeitpunkt während den Vorbereitungen zum Seminar von 1968 an.

11 Derrida, *Qu'est-ce qu'une traduction ›relevante‹?*, S. 37–38 | *Was ist eine ›relevante‹ Übersetzung?*, Übers. von der Osten/Sauter, S. 79–80: »Um 1967 ein Wort Hegels (*Aufheben, Aufhebung*) mit kapitaler Bedeutung und Doppelsinn aus dem Deutschen zu übersetzen, ein Wort, das zugleich Auslöschen und Erheben bedeutet, ein Wort, von dem Hegel sagt, es stelle eine spekulative Chance der deutschen Sprache dar, ein Wort, das bis dahin jeder in allgemeiner Übereinstimmung unübersetzbar fand – oder, wenn Sie lieber wollen, ein Wort, bei dem niemand auf der Welt sich auf irgendwen einstimmte, um es in irgendeine Sprache auf stabile und zufriedenstellende Weise zu übersetzen, hatte ich das Nomen *›relève‹* oder das Verb *›relever‹* vorgeschlagen. Das würde erlauben, in ein einziges Wort zusammengefügt, das Doppelmotiv der Erhebung und der Ersetzung zu wahren, das aufbewahrt, was es negiert oder zerstört, *gardant*, bewahrend, was es verschwinden lässt [...] Ohne uns in die Tiefen der Einsätze hineinzubegeben, muss ich zumindest daran erinnern, dass diese Bewegung der *Aufhebung*, dieser relevante, aufhebende Prozess bei Hegel, stets eine dialektische Bewegung der Verinnerlichung, der *Erinnerung* und der sublimierenden Vergeistigung ist. Es ist auch eine Übersetzung.«

{c} Nach zahlreichen impliziten, doch unmissverständlichen Anspielungen auf »Die Aufgabe des Übersetzers« setzt Derrida seinen – nun hegelianisch aufgeladenen – Begriff von ›Relevanz‹ gegen Ende seines Texts *expressis verbis* in Beziehung zum Übersetzungsdenken Benjamins. Das ist problematisch, wie vorweggenommen, ist für Derrida wiederum Grund, auf ein spezifisches Problem in der Sprache Benjamins aufmerksam zu machen. Was in »Des Tours de Babel« die Form von Klammerbemerkungen hatte, kehrt wieder als doppelter Zwang: zur Paraphrase einerseits, andererseits zur Inanspruchnahme nicht nur der Sprache des Benjamin'schen Originals, sondern noch einer dritten, einer (englischen) Hilfs- jenseits von (deutscher) Quell- und (französischer) Zielsprache. So schreibt Derrida:

> »[T]oute traduction devrait être par vocation relevante. Elle assurerait ainsi la *survie* du corps de l'original. Entendons ici la survivance de cette *survie* au double sens que lui donne Benjamin dans *La Tâche du traducteur: fortleben* et *überleben*: vie prolongée, vie continuée, *living on*, mais aussi vie par-delà la mort. / N'est-ce pas ce que fait une traduction? Est-ce qu'elle n'assure pas ces *deux* survies en perdant la chair au cours d'une opération de change? En élevant le signifiant vers son sens ou sa valeur, mais tout en gardant la mémoire endeuillée et endettée du corps singulier, du corps premier, du corps unique qu'elle élève et sauve et relève ainsi?«[12]

Anders, unter einem anderen Blickwinkel zu reden, statt darauf zu antworten: Ein altes »problème« erwacht zu neuem Leben. Es, das ist »*fortleben* et *überleben*«, gleicht darin jenen »Leichname[n]« Husserls beim Schreiben, die »hohnlächelnd« »grinsen[d]« »wieder lebendig«

12 Ebd., S. 40–41 | S. 84: »[J]ede Übersetzung [müsste] ihrer Berufung nach *relevante* sein und das hieße auch [, müsste] aufheben [...]. Sie würde so das *Überleben* des Körpers des Originals gewährleisten. Verstehen wir hier die *survivance*, das Überlebendsein dieses *Überlebens* im doppelten Sinne, den ihm Benjamin in *Die Aufgabe des Übersetzers* gibt: *fortleben* und *überleben*: fortgesetztes Leben, weitergeführtes Leben, *living on*, aber auch Leben jenseits des Todes. Ist es nicht das, was eine Übersetzung macht? Stellt sie nicht diese *beiden* Überleben sicher, indem sie im Verlauf einer Umtauschoperation das Fleisch verliert? Indem sie den Signifikanten zu seiner Bedeutung oder seinem Wert hin erhebt, aber zugleich das trauernde und verschuldete Gedächtnis des singulären Körpers wahrt, des ersten Körpers, des einzigartigen Körpers, den sie auf diese Weise erhebt und rettet und aufhebt?«

werden.[13] Nur noch das – erinnern wir uns, um erst später nach der Relevanz dieses Vergleichs zu fragen –, also Untotes, zeichnet endlich auf dem beschriebenen Blatt in Husserls Augen – in denen kein Satz ruhen darf, ein jeder Satz immer noch einmal in anderer Perspektive zu betrachten ist – sich ab. Schatten – im -wurf des Geschriebenen sozusagen –, die dem Schreibenden, der zwischen seinen Zeilen liest und weiße Reihen fremder Zähne sieht, nur Eines übrig, nur eine Gewissheit lassen: »Die Arbeit und der Kampf beginnt von vorn.«[14]

2. Derrida und Husserl, das andere und das erste Problem

Im Oktober 1979 findet an der Universität Montreal eine Round-Table-Diskussion mit Derrida statt. Es sind »l'autobiographie et la traduction«, was von Derrida selbst als doppelter thematischer Schwerpunkt der Veranstaltung vorgegeben wird. Nach möglichen Gründen für diese Wahl muss man nicht lange suchen, muss dafür nur ganz an den Anfang einer Autorbiographie zurückgehen. Die erste Buchpublikation Derridas, *L'origine de la géométrie* von 1962,[15] ist eine Über-

---

13 Hua 10, S. 13.

14 Ebd.

15 Zum Entstehungskontext vgl. den »Curriculum Vitae« (Eintrag »1956–1957«) im Anhang der von Derrida zusammen mit Geoffrey Bennington verfassten (Auto-)Biographie *Jacques Derrida*: »Reçu à l'agrégation, reçoit une bourse de *special auditor* à l'université de Harvard, à Cambridge – sous le prétexte un peu fictif d'y consulter les microfilms des inédits de Husserl dont il commence à traduire et introduire *L'Origine de la géométrie*. Lit [James] Joyce. En juin 1957, à Boston, mariage avec Marguerite Aucouturier (ils auront deux fils, Pierre, né en 1963, et Jean, né en 1967).« (S. 303 | *Jacques Derrida*, Übers. Lorenzer, S. 335: »Besteht die *agrégation* und erhält ein Stipendium als *special auditor* an der Universität von Harvard, in Cambridge – unter dem ein wenig fiktiven Vorwand, dort Mikrofilme unveröffentlichter Texte Husserls einsehen zu wollen, dessen *Ursprung der Geometrie* er zu übersetzen und einzuleiten beginnt. Liest [James] Joyce. Im Juni 1957 heiratet er in Boston Marguerite Aucouturier [sie werden zwei Söhne haben, Pierre, geboren 1963, und Jean, 1967].«) Bei *L'origine de la géométrie* handelt es sich wie gesagt um Derridas erste Buchpublikation – nicht aber um den ersten buchlangen Text, den Derrida zu diesem Zeitpunkt verfasst hatte. Letztere Auszeichnung kommt der zwischen 1953–1954 unter der Betreuung von – jenem später, in »Des Tours de Babel«, in der Rolle des Benjamin-Übersetzers zu ergänzenden – de Gandillac verfassten Qualifikationsschrift *Le problème de la genèse dans la philosophie de Husserl* zu. (Zur Entstehung dieser – erst 1990 publizierten – Schrift Derridas vgl. Schnell, *Der frühe Derrida und die Phänomenologie*, S. 33–34.) In analoger Weise ist Derridas Reise nach Harvard denn auch

setzung – eingeleitet durch einen Kommentar zum Übersetzten, der dieses an Textlänge um ein Vielfaches übertrifft.[16] Gegenstand ist ein ca. zwanzig Seiten umfassender Text, den Husserl 1936 als Zusatz zum §9a seines letzten Buchprojekts *Die Krisis der Europäischen Wissenschaften und die Transzendentale Phänomenologie* entworfen hatte.[17] Unter dem Titel »Beilage III« ist dieses Textstück 1954 im Rahmen des sechsten Bands der *Husserliana* veröffentlicht worden.

Die *Husserliana*-Fassung, die Derridas Übertragung zugrunde liegt, ist nicht die einzige Version, in welcher Husserls Schrift zur Zeit der Abfassung von *L'origine de la géométrie* existiert. In einer damals von

---

nicht der allererste archivarische Kontakt mit den Schriften Husserls. Während der Ausarbeitung von *Le problème de la genèse dans la philosophie de Husserl*, drei Jahre vor der Reise in die Vereinigten Staaten also, war Derrida ins Husserl-Archiv in Leuven gereist, um – in diesem Falle nicht in mikrofilmischer Form, sondern im Original – unveröffentlichte Schriften Husserls in Augenschein zu nehmen (vgl. Bennington/ Derrida, *Jacques Derrida*, S. 302). Zu diesem Aufenthalt Derridas in Belgien vgl. den Kommentar von Edward Baring in seiner wichtigen Studie *The Young Derrida and French Philosophy (1945–1968)*, S. 113: »The visit to the archives [...] was perhaps more significant for what it indicated *about* Derrida's interest in Husserl than for what he *learnt* there. His visit was short, about two weeks according to his wife, and his notes from the visit are relatively slim, playing only a *small role* in his analysis for the Mémoire. Rather than providing any actual *material* that he may have gleaned from the thousands of pages of Husserl's stenographed notes« – tatsächlich, wir haben auf die zweifache Kryptik von Husserls Manuskripten hingewiesen, ist es unwahrscheinlich, dass Derrida, was er in Leuven vor sich hatte, überhaupt hat entziffern können – »the visit was significant in that it *legitimized* Derrida as a phenomenologist. Following the example of Maurice Merleau-Ponty, a visit to the Husserl archives at Louvain became an important qualification for up-coming students of Husserl's works. It showed Derrida to be a serious student of Husserl and not an existentialist hoping for a validation of his or her own theories.«

16 Zur Übersetzungsarbeit in *L'origine de la géométrie* in ihrer Bedeutung für Derridas ›eigenes‹, ›dekonstruktives‹ Denkprojekt vgl. meinen – im Folgenden punktuell aufgegriffenen – Aufsatz »›Es sedimentiert sich sozusagen.‹«.

17 Zum Publikationszeitpunkt von *L'origine de la géométrie* liegt auf Französisch – »dans une mauvaise traduction« [in einer schlechten Übersetzung], wie Derrida in *La problème de la génèse* bemerkt (S. 249. Anm. 1) – erst ein Teil der *Krisis* vor (vgl. Husserl, »La crise des sciences européennes et la phénoménologie transcendantale«, Übers. Gerrer). Eine vollständige Übersetzung wird erst 1976 erscheinen (vgl. ders., *La crise des sciences européennes et la phénoménologie transcendantale*, Übers. Granel). Tatsächlich war es ursprünglich Derrida selbst, der – von Merleau-Ponty, der Ende der 1950er-Jahre eine Edition der Schrift im Rahmen der gemeinsam mit Jean-Paul Sartre bei Gallimard herausgegebenen Reihe *Bibliothèque de la philosophie* plante – für die erste vollständige Übersetzung der *Krisis* vorgesehen war (vgl. Alloa, »Writing, Embodiment, Deferral«, S. 225).

Eugen Fink besorgten (deutlich anderen) Version war Husserls Text unter dem Titel »Die Frage nach dem Ursprung der Geometrie als intentional-historisches Problem« bereits schon einmal 1939 (ein Jahr nach Husserls Tod) in der Zeitschrift *Revue Internationale de Philosophie* publiziert worden.[18] Auch mit dieser anderen Fassung war Derrida wohlvertraut. Mehr noch sogar: Auch zu dieser anderen Fassung – dieser wichtige Umstand ist in der Forschung, soweit ich sie überblicke, bis zu diesem Punkt nicht eigens gewürdigt worden – hat Derrida eine Übersetzung angefertigt. Diese Übersetzung (die, wie ich annehme, die ursprüngliche translatorische Auseinandersetzung Derridas mit Husserl darstellt und die sich, gemäß ihrer [Fink'schen] Vorlage, von der mit *L'origine de la géométrie* vorgelegten Übersetzung deutlich unterscheidet) ist bis heute nicht publiziert worden. Das Manu- bzw. Typoskript – Derridas Arbeit ist in diesem Falle nicht aus einem Guss – ist in Derridas Nachlass an das Critical Theory Archive der University of California, Irvine aufbewahrt.[19][20]

---

18 Von dieser ›anderen‹ Version ist die Existenz derjenigen der *Husserliana* freilich nicht zu trennen. Was Letztere (eben als »Beilage III«) abdrucken, ist nämlich »in Finks Schreibmaschinenabschrift erhalten«, übernimmt die »Gliederung in Absätze [...] von der Finkschen Veröffentlichung [von 1939]« und greift »bei unvollständigen Sätzen auf Finks Ausarbeitung [von 1939] zurück[]« (Biemel, »Textkritischer Anhang«, Hua 6, S. 551).

19 Der Text ist in Irvine zu finden unter der Signatur MS.C.001b/box 52/folder 4 (»Jacques Derrida papers«/»Edmund Husserl, l'origine de la géométrie: traduction et introduction«/»German version and translation«). Im Folgenden zitiere ich diesen Text als: Husserl, »La question de l'origine de la géométrie comme problème historico-intentionnel«, Übers. Derrida. Für die Einsicht in – und die überaus zuvorkommende Unterstützung bei der Recherchearbeit mit – Derridas Nachlass in Irvine bedanke ich mich beim Critical Theory Archive, im Besonderen bei Matthew Roberts. Für die Genehmigung, aus Derridas unveröffentlichter Husserl-Übersetzung zu zitieren, bedanke ich mich bei den Verwalter:innen von Derridas Nachlass, Peggy Kamuf und Geoffrey Bennington. Zu Derridas in *L'origine de la géométrie* publizierten Übersetzung der *Husserliana*-Fassung finden sich in Irvine nach meinem Informationsstand keine direkten Vorstufen. Auf entsprechendes Material (handschriftlich modifizierte Typoskripte, die weitgehend mit der Übersetzung in *L'origine de la géométrie* korrespondieren) bin ich im Fonds Jean Hyppolite der *École normale supérieur* in Paris aufmerksam geworden unter der Signatur HYP IV/5/11/1-3 (»Enseignement«/»Jury de thèses, travaux d'étudiants et de collègues«/»Jacques Derrida«/»*L'origine de la géométrie* [traduction d'un texte de Husserl]«). Ich bedanke mich beim Fonds Jean Hyppolite für die Möglichkeit zur Einsicht in diese Materialien.

20 Tatsächlich existiert – neben Derridas (unveröffentlichter) Übersetzung der *Revue*- und seiner (veröffentlichten) der *Husserliana*-Fassung – noch ein dritter

Weshalb dieser philologische Umweg über einen Text, der – da stark von seinem Herausgeber, Fink, geprägt – nur *cum grano salis* ein ›Husserl'scher‹ genannt werden kann und dessen Übersetzung durch Derrida nie publiziert, durch die Übersetzung eines anderen Texts abgelöst worden ist? Um ausgehend von dieser (Nicht-)Vorstufe – deutlicher, nämlich gerade weil es sie da *nicht* gibt – auf eine spezifische Schwierigkeit aufmerksam machen zu können, mit welcher sich Derridas (spätere, in *L'origine de la géométrie* veröffentlichte) Auseinandersetzung mit der *Husserliana*-Fassung konfrontiert sehen wird. Wir werden im Lauf der folgenden Unterkapitel ausführlich Gelegenheit haben, über die »›Sachen selbst‹«[21] von Husserls Geometrie-Text – namentlich: die von Husserl so genannte (und eben an der Geschichte der Geometrie exemplifizierte) *›Urstiftung‹ idealer Gegenstände* – nachzudenken. An diesem Punkt – denn besagte Schwierigkeit ist eine der wörtlichen Übersetzung vor allem anderen – wollen wir, wenn nicht »schlechterdings […] mit ›bloßen Worten‹« uns »zufrieden geben«,[22] so doch die meiste Last dem bloßen Zitat der Worte Husserls selbst (bzw. Finks) überlassen. Konkret jenen Worten

---

französischer Übersetzungsversuch zu Husserls Geometrie-Überlegungen. Wie bereits erwähnt, hält Maurice Merleau-Ponty 1959–1960 am Collège de France ein Seminar unter dem Titel »Husserl aux limites de la phénoménologie«. Mikrofilme von den persönlichen Unterlagen Merleau-Pontys zu diesem Seminar finden sich in der Bibliothèque Nationale de France in Paris unter der Signatur NAF 27001/division F. 71–122 (»XVIII Collège de France. Cours de 1958–1959, La Philosophie aujourd'hui, et cours de 1959–1960, Husserl aux limites de la phénoménologie«/»Cours de 1959–1960. Cours du lundi. Husserl aux limites de la phénoménologie«). Ich bedanke mich bei der Bibliothèque Nationale de France für die Einsicht in diese Materialien. In Merleau-Pontys Seminarunterlagen ist eine Teilübersetzung von Husserls Geometrie-Text zu finden unter der Signatur NAF 27001/division F. 72–119 (»Commentaire et traduction de deux ouvrages de Husserl [Umsturz der kopernikanischen Lehre: die Erde als Ur-Arche bewegt sich nicht et Ursrpung der Geometrie]«). Merleau-Pontys Übersetzung ist überschrieben mit »Die Frage nach dem Ursprung der Geometrie als intentional-historisches Problem (titre de Fink)«, hat tatsächlich aber die *Husserliana*-Fassung zum Gegenstand. Im Gegensatz zum Rest von Merleau-Pontys Seminarunterlagen (vgl. Merleau-Ponty, *Notes de cours sur ›L'origine de la géométrie‹ de Husserl*) ist seine Husserl-Übersetzung bislang nicht publiziert worden. Für den Hinweis auf Merleau-Pontys Übersetzung und den Einblick in die persönliche immense Transkriptions- und Forschungsarbeit dazu bedanke ich mich herzlich bei Jonathan Schmidt-Dominé.

21 Husserl, *Logische Untersuchungen II:1*, Hua 19:1, S. 10.

22 Ebd.

am Anfang des Texts – ich beginne mit der *Revue*-Version –, die seinen Inhalt vorgreifend wie folgt zusammenfassen:

> »Die Frage nach dem Ursprung der Geometrie, wie wir sie hier stellen wollen, ist nicht die äußerliche, philologisch-historische Frage. Sie ist nicht eine Erkundung der faktisch ersten Geometer, welche wirklich rein geometrische Sätze, Beweise und Theorien aussprachen; sie ist keine Nachforschung nach den bestimmten Sätzen, die sie entdeckten. Unser Interesse gilt vielmehr der *Rückfrage* nach dem ursprünglichen Sinn, in welchem die Geometrie als Tradition der Jahrtausende da war und – in lebendiger Fortarbeit begriffen – noch für uns da ist. Wir fragen nach dem Sinn, in dem sie *erstmalig* in der Geschichte aufgetreten ist – aufgetreten sein *musste*, obschon wir von den ersten Schöpfern nichts wissen und auch gar nicht danach fragen. Von dem, was wir wissen, von unserer Geometrie als einer Wissenstradition aus ist prinzipiell eine Rückfrage möglich nach den versunkenen ursprünglichen Anfängen der Geometrie, wie sie als *urstiftende* notwendig gewesen sein mussten.«[23]

Diesen Sätzen entsprechen in der *Husserliana*-Version (wo sie im Gegensatz zur *Revue*-Fassung nicht den allerersten, sondern Teil des dritten Abschnitts des Texts bilden)[24] die folgenden:

> »Die Frage nach dem Ursprung der Geometrie (unter welchem Titel wir hier der Kürze halber alle Disziplinen zusammen befassen, die sich mit

---

23 Ders., »Die Frage nach dem Ursprung der Geometrie als intentional-historisches Problem«, S. 207.

24 Der erste Abschnitt der *Husserliana*-Fassung ist der folgende: »Das Interesse, das uns in dieser Schrift bewegt, macht es notwendig, uns zunächst in Reflexionen einzulassen, welche Galilei sicherlich ganz fern lagen. Wir dürfen unseren Blick nicht bloß auf die fertig überlieferte Geometrie einstellen und auf die Seinsweise, die ihr Sinn in seinem Denken hatte – in seinem nicht anders als in dem aller späten Erben älterer geometrischer Weisheit – wann immer sie, sei es als reine Geometer am Werke waren oder von der Geometrie praktische Anwendungen machten. Es gilt vielmehr auch, ja vor allem, zurückzufragen nach dem ursprünglichen Sinn der überlieferten und weiterhin mit eben diesem Sinn fortgeltenden Geometrie – fortgeltend und zugleich fortgebildet und in allen neuen Gestalten ›die‹ Geometrie. Notwendig werden unsere Betrachtungen an tiefste Sinnesprobleme heranführen, Probleme der Wissenschaft und Wissenschaftsgeschichte überhaupt, ja schließlich einer Universalgeschichte überhaupt; so daß unsere die Galileische Geometrie betreffenden Probleme und Auslegungen eine exemplarische Bedeutung erhalten.« (»Beilage III«, Hua 6, S. 365.)

> den in der reinen Raumzeitlichkeit mathematisch existierenden Gestalten beschäftigen) sei hier nicht die philologisch-historische Frage, also nicht die Erkundung der ersten Geometer, welche wirklich reine geometrische Sätze, Beweise, Theorien aussprachen, der bestimmten Sätze, die sie entdeckten und dergleichen. Unser Interesse sei stattdessen die Rückfrage nach dem ursprünglichsten Sinn, in welchem die Geometrie dereinst geworden ist und seitdem als Tradition der Jahrtausende da war, noch für uns da und in lebendiger Fortarbeit ist; wir fragen nach jenem Sinn, in dem sie erstmalig in der Geschichte aufgetreten ist – aufgetreten sein mußte, obschon wir von den ersten Schöpfern nichts wissen und auch gar nicht danach fragen. Von dem, was wir wissen, von unserer Geometrie bzw. von den tradierten älteren Gestalten aus (wie der Euklidischen Geometrie), gibt es eine Rückfrage nach den versunkenen ursprünglichen Anfängen der Geometrie, wie sie als ›urstiftende‹ notwendig gewesen sein mußten.«[25]

Aus dem »ursprünglichen Sinn« der *Revue*-Fassung, »in welchem die Geometrie als Tradition der Jahrtausende da war und – in lebendiger Fortarbeit begriffen – noch für uns da ist«, wird in den *Husserliana* der »ursprünglichste[] Sinn, in welchem die Geometrie dereinst geworden ist und seitdem als Tradition der Jahrtausende da war, noch für uns da und in lebendiger Fortarbeit ist«, geworden sein. »[I]n lebendiger Fortarbeit« übersetzt Derrida einmal (in seiner unveröffentlichten Übertragung der *Revue*-Fassung) mit »vif de son élaboration progressive«,[26] einmal (in *L'origine de la géométrie*) mit »vif d'une élaboration incessante«[27] – »ce qui pose«, mit einem späteren Derrida zu reden »déjà un problème«?

Wenn da, bei der »lebendige[n] Fortarbeit«, noch nicht, so zumindest schon sehr bald. Etwas später in Husserls Text, kurz nachdem die mündliche Kommunikation geometrischer Gegenstände (wie zum Beispiel, um ein Husserl'sches zu wählen, der Denkgegenstand des »Pythagoräische[n] Satz[es]«)[28] als konstitutiver Schritt von ihrem »innerpersonalen Ursprung« (in diesem Falle: jenes [zumindest mytho-] historisch situierbaren Moments der Entdeckung durch das Individuum ›Pythagoras‹) hin zu ihrer (von allem Historisch-Individuellen abgelös-

---

25 Ders., »Beilage III«, Hua 6, S. 365–366.

26 Ders., »La question de l'origine de la géométrie comme problème historico-intentionnel«, Übers. Derrida, S. 1.

27 Ders., *L'origine de la géométrie*, Übers. Derrida, S. 175.

28 Ders., »Beilage III«, Hua 6, S. 368.

ten) ›Allgemeingültigkeit‹ identifiziert worden war, gibt Husserl bzw. ein mit ›Husserl‹ signierender Fink Folgendes zu bedenken:

> »Die Objektivität des idealen Gebildes ist aber durch solche aktuelle [Ü]bermittlungen des im Einen originär Erzeugten auf originär nacherzeugende Andere immer noch nicht vollkommen konstituiert. Noch fehlt das *verharrende* Dasein der ›idealen Gegenstände‹ auch während der Zeiten, in denen der Erfinder und seine Genossen nicht mehr wach oder überhaupt nicht mehr am Leben sind; genauer: es fehlt das dem ständigen Sein der Sinngebilde *verkörpernd zugehörige* ständige Sein ihrer ›Objektivierung‹. Es ist die wichtige Funktion der *Schrift*, die *ständige Objektiviertheit* der idealen Sinngebilde zu ermöglichen in der eigentümlichen Form der *Virtualität*. Schriftlich dokumentiert ist der ideale Gegenstand virtuell ›in der Welt‹, jederzeit aktuell erzeugbar.[29]

In den *Husserliana* lautet ›dieselbe‹ Stelle wie folgt:

> »Nun ist noch zu berücksichtigen, daß die Objektivität des idealen Gebildes durch solche aktuellen Übermittlungen des im Einen originär Erzeugten

29 Ders., »Der Ursprung der Geometrie als intentional-historisches Problem«, S. 212. In Derridas Nachlass in Irvine findet sich eine persönliche (maschinengetippte) Kopie der *Revue*-Fassung. Diese persönliche Kopie (und also nicht ein tatsächliches Exemplar der *Revue*) ist es, was Derridas ursprüngliche Arbeitsgrundlage beim Übersetzen gebildet haben dürfte. In der Kopie liest sich der letzte Satz der obig zitierten Passage wie folgt: »Schriftlich dokumentiert ist der ideale Gegenstand virtuell, ›in der welt‹, jederzeit aktuell erzeugbar.« Der Satz enthält also ein fälschlich-zusätzliches Komma (»virtuell, ›in der welt‹«). Derridas Übersetzung des Satzes beginnt mit »Sous la forme de document écrit l'objet idéal est virtuel« (Husserl, »La question de l'origine de la géométrie comme problème historico-intentionnel«, S. 10) – und bricht dann ab bzw. lässt den Rest der Zeile weiß. Am Rand der Seite findet sich (händisch) ein Pfeil, dem einer in der besagten *Revue*-Kopie entspricht (die Übersetzung wird auf der Folgezeile [mit dem folgenden Satz im Quelltext] fortgeführt). Es dürfte sich also nicht um ein Versehen (oder -sagen der Maschine), sondern um eine gezielte (später zu füllende) Auslassung handeln. Anders, suggestiver gelesen: Die Bedingung der Möglichkeit von Husserls Satz, selbst bzw. seinerseits »jederzeit aktuell erzeugbar« zu sein, seine (typo-)graphische Reproduktion, fällt in eins mit der Gefährdung seines ursprünglichen Sinns. Was Derrida in seiner Einleitung zu *L'origine de la géométrie* als die konstitutive Aporie der Husserl'schen Philosophie herausarbeiten wird, ist durch Derrida selbst *avant la lettre in actu* also schon anschaulich gemacht worden. Im Anfang steht, noch einmal, ein zusätzliches Komma, ein *supplément d'origine de la géométrie*, wenn man so möchte.

> auf originär nacherzeugende Andere noch nicht vollkommen konstituiert ist. Es fehlt das verharrende Dasein der ›idealen Gegenstände‹ auch während der Zeiten, in denen der Erfinder und seine Genossen nicht in solchem Konnex wach oder überhaupt nicht mehr am Leben sind. Es fehlt ihr Immerfort-Sein, obschon niemand sie in Evidenz verwirklicht hat. / Es ist die wichtige Funktion des schriftlichen, des dokumentierenden sprachlichen Ausdrucks, daß er Mitteilungen ohne unmittelbare oder mittelbare Ansprache ermöglicht, sozusagen virtuell gewordene Mitteilung ist.«[30]

An dem geteilten Punkt, da sich im Gewebe der Passage(n) ein Mangel zu Wort meldet, ist also eine Differenz. »Noch fehlt«, so die *Revue*-Fassung, »das *verharrende* Dasein der ›idealen Gegenstände‹ […]; genauer: es fehlt das dem ständigen Sein der Sinngebilde *verkörpernd zugehörige* ständige Sein ihrer ›Objektivierung‹«. In gleicher Weise, aber nur fast, gibt die *Husserliana*-Version zu verstehen: »Es fehlt das verharrende Dasein der ›idealen Gegenstände‹ […]. Es fehlt ihr Immerfort-Sein, obschon niemand sie in Evidenz verwirklicht hat.« Nebeneinander gelesen kommen diese Sätze ins Gespräch, werfen Fragen auf: vor allen anderen die nach der Äquivalenz zwischen »[G]enauer[em]« (»das dem ständigen Sein der Sinngebilde *verkörpernd zugehörige* ständige Sein ihrer ›Objektivierung‹«) und Verdichtung (»Immerfort-Sein«). In seiner Rolle des Übersetzers, wie er nach Ricœur seinen »bonheur« in der »équivalence sans adéquation« hat,[31] wird Derrida, vergleichbar der Phänomenolog:in Finks, nicht umhinkönnen, sich »entgegen seinem Unbeteiligtseinwollen« an den Angelegenheiten des (gespaltenen) Originals, am »konstitutive[n] Leben« dessen sprachlichen Fortlebens zu »beteiligen«.[32] »Il lui manque«, heißt es in Derridas Übersetzung der *Husserliana*-Fassung,

> »la *présence perdurante* des ›objets idéaux‹, qui persistent aussi dans les temps où l'inventeur et ses associés ne sont plus éveillés à un tel échange ou en général quand ils ne sont plus en vie. Il lui manque l'être-à-perpétuité, demeurant même si personne ne l'a effectué dans l'évidence.«[33]

---

30 Husserl, »Beilage III«, Hua 6, S. 371.

31 Ricœur, »Défi et bonheur de la traduction«, S. 10.

32 Fink, *VI. Cartesianische Meditation*, Hua Dok 2:1, S. 98.

33 Husserl, *L'origine de la géométrie*, Übers. Derrida, S. 185–186.

Im Falle des Husserl'schen ›-fort-‹ (übersetzt zu einem Zeitpunkt, da Derrida Benjamins »Die Aufgabe des Übersetzers« noch nicht bekannt gewesen sein dürfte) wird es nicht Derrida selbst, hier ganz der »translation practice[]« (Venuti) verschrieben, sein, der kommentierend auf das »problème« im Französischen hinweist. In seinem Aufsatz »Writing, Embodiment, Deferral: Merleau-Ponty and Derrida on ›The Origin of Geometry‹« kommentiert Emmanuel Alloa die Stelle und ihre Übersetzung durch Derrida wie folgt:

> »The ideal object [...] has nothing abstract or transcendent about it; even more than the sensible object, the ideal object remains beholden to a medium [...]. This is why Derrida misses the meaning of the word *Immerfort-Sein* when he translates it as *être-à-perpétuité* (›being eternally‹): only what is not eternal can take place, again and again, and only what is not continuous can be repeated. [...] *Immerfort*: forever, infinitely delayed, and constantly initiated anew because it can never be fully present. *Immerfort-Sein* is therefore opposed to *Da-Sein* not only because it exceeds its finitude, but also because it lacks corporeal presence. *Immerfort-Sein* is indeed a *Fort-Sein*, a ›being-far‹, distanced from the origin, never integrally in presence.«[34]

Mit seinem Hinweis auf die deutlich verschiedenen philosophischen Implikationen der Wendungen »Immerfort-Sein« und »être-à-perpétuité«[35] ist Alloa in gutem Recht – das letzte Wort bezüglich Derridas Wortwahl damit aber noch nicht, zumindest erst dann gesprochen, wenn nachträglich-zuvor in Rechnung gestellt worden ist: ihr *eigenes* Recht, sei es auch philosophisch problematisches, und damit das, was an ihr, eigengesetzlich, relevant ist.

3. Der Gegenstand der Übersetzung

In den Umkreis dieser Relevanz, das herauszuarbeiten soll in den folgenden Unterkapiteln unsere Aufgabe sein, gehört die Berührung

---

34 Alloa, »Writing, Embodiment, Deferral«, S. 233.

35 In den genannten direkten Vorstufen zur Übersetzung in *L'origine de la géométrie*, die im Fonds Jean Hyppolite aufbewahrt sind (HYP IV/5/11/1–3), wählt Derrida ebenfalls die Wendung »être-à-perpétuité«.

zwischen Husserls »Beilage III« und Benjamins »Die Aufgabe des Übersetzers«: im Wörtchen ›fort‹ als in der Sprache Derridas problematisches. Ich werde damit beginnen, ein paar Sätze zum jeweiligen thematischen Horizont, unter welchem ›fort‹ bei Benjamin bzw. Husserl begegnet, zu sagen. Einerseits, im Falle Benjamins und da titelgebend, ist das der Prozess der literarischen Übersetzung {Kap. »3.1. Benjamins ›Gefäß‹«}. Andererseits, im Falle Husserls und wie obig bereits angedeutet, ist das der Problemkomplex der *›(Ur-)Stiftung‹ idealer Gegenständlichkeiten*. In letzterem Zusammenhang werde ich nicht unmittelbar mit der »Beilage III« (die eben eine Beilage, naturgemäß voraussetzungsreich ist) beginnen, sondern mich zunächst an Husserls *Cartesianische Meditationen* {Kap. »3.2. Husserls ›Scheren‹«} und – nach einem kurzen Abstecher in die Psychoanalyse {Kap. »3.3. Erster Exkurs: Freuds ›Rohr‹«} – an den Haupttext der *Krisis* halten {Kap. »3.4. Die Sache, die eine Philosophie ist«}. In einem weiterführenden Schritt {Kap. »3.5. Die hegelianische ›Feder‹« und »3.7. Die hegelianische ›Feder‹ (Fortsetzung)‹«} – Schritt, der wiederum für einen Moment unterbrochen werden wird {Kap. »3.6. Zweiter Exkurs: Poes ›Letter‹«} – werde ich einen zunächst strukturellen, dann, nachdem wir uns eingehender mit der »Beilage III« und ihren übersetzungstheoretischen Implikationen beschäftigt haben, einen inhaltlich-sachlichen Vergleich zwischen Husserl und Benjamin zu ziehen versuchen.

3.1. Benjamins »Gefäß«

Benjamin publiziert »Die Aufgabe des Übersetzers« ursprünglich 1923 als Vorwort zu seiner eigenen deutschen Übertragung von Charles Baudelaires »Tableaux parisiens« (der erste Gedichtzyklus in Baudelaires *Les fleurs du mal*). Die Spuren von Benjamins translatorischer Auseinandersetzung mit Baudelaire lassen sich bis 1914 zurückverfolgen.[36] Der Plan, die eigene Übersetzungspraxis durch einen Essay grundsätzlich-theoretischer Marmorierung zu ergänzen, ist ab 1920 nachweisbar – Benjamins Aufmerksamkeit für die weit-

---

36 Zum Entstehungskontext von Benjamins Aufsatz vgl. Hirsch, »Die Aufgabe des Übersetzers«, S. 609.

reichenden theoretischen Implikationen des Übersetzens aber schon deutlich früher. So bemerkt er, um ein ausgezeichnetes Beispiel zu nennen, bereits in seinem Essay »Über Sprache überhaupt und über die Sprache des Menschen« von 1916 nachdrücklich, mit weitausholenden Pinselstrichen: »Es ist notwendig, den Begriff der Übersetzung in der tiefsten Schicht der Sprachtheorie zu begründen, denn er ist viel zu weittragend und gewaltig, um in irgendeiner Hinsicht nachträglich [...] abgehandelt werden zu können.«[37]

Worin besteht die »Aufgabe des Übersetzers« nach Benjamin? Worauf, was nicht zwingend dasselbe ist, will Benjamins so betitelter Text – der, wie wir eben lasen, seinerseits auf eine Aufgabe, der »Sprachtheorie« überhaupt, antwortet – hinaus? Ich löse, nicht ohne Hintergedanken, an den Parallelen zum Denken Husserls vor allem anderen interessiert, aus der sorgfältigen textuellen Architektur von Benjamins Essay drei Bausteine heraus.

{a} Auf der Grundlage eines dezidiert an-anthropologischen Begriffs von Kunst (»kein Gedicht gilt dem Leser, kein Bild dem Beschauer, keine Symphonie der Hörerschaft«),[38] visiert Benjamin die Übersetzung als »eine Form. Sie als solche zu erfassen, gilt es zurückzugehen auf das Original. Denn in ihm liegt deren Gesetz als in dessen Übersetzbarkeit beschlossen.«[39] Weit davon entfernt, sich in einem wie auch immer gearteten ›sekundären‹ Modus literarischer Produktion zu erschöpfen, ist seine (zukünftige) Übersetzung, die Möglichkeit seiner Übersetzbarkeit für Benjamin ein integraler Bestandteil des Originals selbst (›selbst‹, das heißt *immer schon*, aber – ich unterstreiche, was wir auch bei Husserl antreffen werden, schon jetzt – *erst im Rückblick*: dann nämlich – das ist die Zeit, in welcher der zitierte Benjamin-Satz, der von einem »[Z]urückgehen« spricht, zur Aussage kommt –, wenn es Übersetzung schon gibt).

{b} Das Verhältnis zwischen Original und Übersetzung gleicht einem anderen. »So wie die Äusserungen des Lebens innigst mit dem Lebendigen zusammenhängen, ohne ihm etwas zu bedeuten, geht die Übersetzung aus dem Original hervor«[40] – dies aber nicht, wie

---

37 Benjamin, »Über Sprache überhaupt und über die Sprache des Menschen«, GS 2.1, S. 151.

38 Ders., »Die Aufgabe des Übersetzers«, GS 4:1, S. 9.

39 Ebd.

40 Ebd., S. 10.

Benjamin spezifiziert, »aus seinem [gemeint: des Originals] Leben so sehr denn aus seinem ›*Überleben*‹. Ist doch die Übersetzung später als das Original und bezeichnet sie doch bei den bedeutenden Werken, die da ihre erwählten Übersetzer niemals im Zeitalter ihrer Entstehung finden, das Stadium ihres Fortlebens.«[41] Für bare Münze, im Bild zu reden, nämlich »[i]n völlig unmetaphorischer Sachlichkeit ist der Gedanke vom Leben und Fortleben der Kunstwerke zu erfassen.«[42] Und dieses Insistieren geht einher mit einem zweiten, das (auch) eine konzise, doch ungemein weitreichende Skizze einer Theorie anorganischen Lebens ist: »Nur wenn allem demjenigen, wovon es Geschichte gibt und was nicht allein ihr Schauplatz ist, Leben zuerkannt wird, kommt dessen Begriff zu seinem Recht.«[43]

{c} *Als Sprache* meint jede denkbare dasselbe wie alle anderen bzw. in der Idee ihrer Summe, wie sie sogenannte (aber eben in »unmetaphorischer Sachlichkeit« so zu nennende) ›tote‹ in gleichem Maß umfasst wie kommende, sind die verschiedenen Sprachen »einander nicht fremd, sondern a priori und von allen historischen Beziehungen abgesehen einander in dem verwandt [...], was sie sagen wollen«.[44] Und zwar ist, wie Benjamin erklärend beigibt, in jeder einzelnen Sprache »als ganzer jeweils eines und zwar dasselbe gemeint [...], das dennoch keiner einzelnen von ihnen, sondern nur der Allheit ihrer einander ergänzenden Intentionen erreichbar ist: die reine Sprache«.[45] Wichtig für das Verständnis (zumindest für ein an den Parallelen zu Husserl interessiertes) ist es an dieser Stelle, den Ausdruck »Allheit« in einem strengen, nämlich unendlich offenen Sinn zu nehmen. Der *Moment* der »reinen Sprache«, wie sie aus der »Harmonie all jener Arten des Meinens«[46] hervorgeht, ist und ist den (Benjamin'schen) Begriffen nach zwingend das »messianische Ende ihrer [gemeint: der Sprachen] Geschichte«.[47] Nicht verhält es sich also so, dass ihre Zeit noch nicht gekommen ist: »[R]eine Sprache« ist, was sie ist, im Modus des ›Noch-nicht‹.[48] In diesem Licht ist die

41 Ebd., S. 10–11.
42 Ebd., S. 11.
43 Ebd.
44 Ebd., S. 12.
45 Ebd., S. 13.
46 Ebd., S. 14.
47 Ebd.
48 Vgl. dazu Derrida, »Des Tours de Babel«, S. 190–205.

illustrative Funktion der auf die zitierten Sätze folgenden Analogie Benjamins denn auch (mindestens) eine doppelte:

> »Wie nämlich Scherben eines Gefäßes, um sich zusammenfügen zu lassen, in den kleinsten Einzelheiten einander zu folgen, doch nicht so zu gleichen haben, so muss, anstatt den Sinn des Originals sich ähnlich zu machen, die Übersetzung liebend vielmehr und bis ins Einzelne hinein dessen Art des Meinens in der eigenen Sprache sich anbilden, um so beide wie Scherben als Bruchstück eines Gefäßes, als Bruchstück einer größeren Sprache erkennbar zu machen.«[49]

Einerseits lässt dieser Vergleich das Verhältnis zwischen Original und Übersetzung (besser) verstehen als eines, das nicht von der Idee der Ähnlichkeit reguliert wird (sondern der der Komplementarität). Andererseits dient der Vergleich dazu, die eigentümliche Struktur der »Die Aufgabe des Übersetzers« durchwaltenden ›Teleologie‹ (kann sie überhaupt so genannt werden? ja, insofern ihre ›Eigentümlichkeit‹ das Geheimnis an der Wurzel jedwedes ›Teleologischen‹ wahrt) anschaulich zu machen: Das Original *ist* Teil eines Gefäßes *erst nachdem* es auf andere von dessen Teilen getroffen ist. (In dieser strukturellen Hinsicht ist Benjamins »Ergänzung« sehr ähnlich dem, worüber Derrida unter dem Namen ›Supplement‹ nachdenkt.)[50] Anders, (allzu) einfach ausgedrückt: Die teleologische Bewegung, um die es Benjamin geht, ist nicht immer sich selbst gewesen, *wird* teleologisch erst, da sie begonnen hat (ja, zumindest wenn sehr streng gelesen, da sie ihr [wesentlich ausstehendes] Ende erreicht hat: das Telos, das die Form des zu vervollständigenden Gefäßes ist, zeigt sich erst – und ist ›vorher‹ also alles nur eben nicht ›Telos‹, auf das *hin*gearbeitet werden könnte –, da *alle* Bruchstücke zusammengefügt worden sind). Mehr und genauer noch: Was besagte Bewegung davon abhält, ihr Ziel zu erreichen, ist in einer schwierigen Wendung exakt die Bewegung aufs Ziel hin selbst. Jede Übersetzung ist ein Schritt, der uns der »Harmonie« näherbringt – und gerade da liegt das Problem: Jede Übersetzung hat, *ist* das Recht, der »Harmonie« *näher zu kommen*, und also auch eine jede aus der unendlichen Zahl von Übersetzungen, die

---

49 Benjamin, »Die Aufgabe des Übersetzers«, GS 4:1, S. 18.

50 Vgl. dazu meinen Aufsatz »Jacques Derrida«, S. 203–208. Derrida selbst berührt diese Ähnlichkeit etwa in »Des Tours de Babel«, S. 232.

es (stets) noch nicht gibt. (Benjamins Begriff von »Harmonie« steht, wenn man so möchte, zweifach in der Schuld Leibnizens: »Harmonie« ist hier, erstens, in einem präzisen Sinne ›retro-pre-etablierte‹ – und hält, zweitens, ihre Realisierung infinitesimal auf Abstand). Je mehr Bruchstücke, um die Benjamin'sche Tropik aufzugreifen, des zerbrochenen Gefäßes wir ›wiederfinden‹ werden, desto kleinteiliger wird die ›ursprüngliche‹ Fraktur gewesen sein.

3.2. Husserls »Scheren«

Brechen wir hier ab und gehen wir zu Husserl über. »Mit gutem Grunde«, ist im §38 der *Cartesianischen Meditationen* zu lesen, »heißt es, daß wir in früher Kinderzeit das Sehen von Dingen überhaupt erst lernen mußten, wie auch, daß dergleichen allen anderen Bewußtseinsweisen von Dingen genetisch vorangehen mußte.«[51] Das heißt, wie die folgenden Sätze erklären: Eine jede der unsere alltäglich-lebensweltliche »Umgebung von *Gegenständen*« konstituierende (Klasse von) Entitäten verweist implizit zurück auf den Zeitpunkt, da sie im Bewusstsein zum ersten Mal *als* diese Entität (i.e. als die Entität, die sie – jetzt – ist) gegeben war; verweist, wie Husserl es jetzt nennt, zurück auf eine »*Urstiftung* dieser Form«.[52] Im §50 wird Husserl diesen wichtigen (»genetisch[en]«) Gedanken erneut aufgreifen und mit einem konkreten Beispiel unterlegen:

> »Jede Apperzeption, in der wir vorgegebene Gegenstände [...] mit einem Blick auffassen und gewahrend erfassen, [...] weist intentional auf eine *Urstiftung* zurück, in der sich ein Gegenstand ähnlichen Sinnes erstmalig konstituiert hatte. Auch die uns unbekannten Dinge dieser Welt sind, allgemein zu reden, ihrem Typus nach bekannte. Wir haben dergleichen, obschon gerade nicht dieses Ding hier, früher schon gesehen. So birgt jede Alltagserfahrung eine analogisierende Übertragung eines ursprünglich gestifteten gegenständlichen Sinnes auf den neuen Fall, in seiner antizipierenden Auffassung des Gegenstandes als den ähnlichen Sinnes. Soweit Vorgegebenheit, soweit solche Übertragung, wobei dann wieder

51 Husserl, *Cartesianische Meditationen*, Hua 1, S. 112.

52 Ebd., S. 113.

> das sich in weiterer Erfahrung als wirklich neu Herausstellende des Sinnes wieder stiftend fungieren und eine Vorgegebenheit reicheren Sinnes fundieren mag. Das Kind, das schon Dinge sieht, versteht etwa erstmalig den Zwecksinn einer Schere und von nun ab sieht es ohne weiteres im ersten Blick Scheren als solche; aber natürlich nicht in expliziter Reproduktion, Vergleichung und im Vollziehen eines Schlusses.«[53]

Die Funktion von »Scheren« ist uns nicht kraft einer wie auch immer gearteten *idea innata*[54] gegeben, sondern deshalb, weil wir sie, in der Regel als »Kind«, *erlernt* haben – um dann (»nicht in expliziter Reproduktion«, sondern in Akten ›passiver Synthesis‹, wie es Husserl andernorts nennt) in allen folgenden Situationen des Gebrauchs *aktualisiert* zu werden.[55]

Wie die zitierte Passage, die von »wieder stiftend« und »reicheren Sinnes« spricht, andeutet, ist diese Aktualisierung nicht notwendigerweise ein Prozess identischer Wiederholung (ich will hier so tun, als wäre klar, was das, eine identische Wiederholung, ist), ja – Husserls Rhetorik scheint mir hier etwas irreführend –, sie ist identische Wiederholung tatsächlich *notwendigerweise nicht*, soll die Rede von der »analogisierende[n] Übertragung« mit Blick auf die uns umgebenden Gegenstände irgendeine Erklärungskraft haben. (So verhindert, um beim Husserl'schen Beispiel zu bleiben, die Tatsache, dass ein gegebenes Individuum den »Zwecksinn« von Scheren anhand eines Exemplars mit rotem Griff erlernt hat, nicht, dass später auch Scheren mit blauem Griff als Gegenstände vom selben »Typus« [wieder-]erkannt werden.) In anderen Worten: Was die »erstmalige« Konstitution eines gegebenen (im Bewusstsein eigentlich noch nicht bzw. jetzt erst zu gebenden) »Sinnes« in Existenz treten lässt, ist mitnichten etwas ›Einmaliges‹, vielmehr eine Art trans-historisches Feld, das sich kontinuierlich (um nicht – mit Benjamin – zu sagen: *lebendig*) anpasst-verändert.

Auf Ebene des »Zwecks[]« macht das alles durchaus »Sinn[]«. Ähnlich wie beim Umgang mit »Scheren« hat die Husserl-Leser:in keine allzu großen Schwierigkeiten, den Ausdruck »Urstiftung« und die Notwendigkeit, ihn einzuführen, zu »versteh[en]«. Lassen wir aber

---

53 Ebd., S. 141.

54 Oder umgekehrt: Descartes hat damit nichts anderes gemeint als Husserl – wenn man ihn nur richtig, in diese Richtung liest.

55 Vgl. dazu Meacham, »What Goes Without Saying«, S. 8.

– im Vorgriff auf die Husserl-Kommentare Derridas – nicht unberücksichtigt, was der Preis solchen ›Verstehens‹ ist: nämlich, dass damit, ursprünglich, nichts verstanden wird. Das ist ihr (Un-)»Sinn«: *Die Urstiftung und zwar per definitionem findet nie ›wirklich‹ statt.* Was nämlich soll bei bzw. an der ursprünglichen Konstitution eines »Sinnes« *erscheinen*, wenn (was für Husserl gilt)[56] ›Sinnhaftigkeit‹ eine wesentliche Zutat von jedweder ›Erscheinung‹ ist? Insofern ›Wahrnehmungen‹ (auch ›praktisch‹-›hantierende‹) in ihrer (intentionalen) Struktur gleichbedeutend sind mit ›Wahrnehmungen *von* und *als*‹, kennt keine aus ihnen ein ›Zum-ersten-Mal‹. (Vor diesem Hintergrund, zum zweiten Mal gelesen, entpuppt sich Husserls obig zitierte dreiteilige Wendung »von nun ab« denn auch als aufs Genaueste austariert: Was die Geburt eines »Sinnes« angeht, gibt es bzw. gibt sich [im Bewusstsein] kein ›Jetzt‹ – es sei denn es werde [von seiner Vergangenheit/Zukunft] *gerahmt*.)[57] Im Verhältnis zu Urstiftungen ist Wahrnehmung, in anderen Worten, *stets entweder zu früh* (so in Situationen, da etwas ›irgendwie keinen‹ oder ›nicht ganz‹ ›Sinn macht‹) *oder aber zu spät* (so im Falle des in den *Cartesianischen Meditationen* gegebenen Beispiels der »Scheren«).

Diese Schwierigkeiten im Spätwerk Husserls sind nicht Ausdruck bzw. Konsequenz eines (gar unbewussten) Opfers phänomenologischer Strenge. Ganz im Gegenteil hat, womit sich Husserl in paradoxe Gewässer zu begeben scheint, seine Wurzel im Willen, das Problem des Ursprungs *ausschließlich* phänomenologisch anzugehen. Ursprünglichkeit interessiert Husserl – und führt zu obig skizzierten Problemen – exakt *in dem Maße, da sie in gegenwärtigen Bewusstseinsakten impliziert ist.* Wie Rudolf Bernet in seiner luziden Einführung zu (der deutschen Übersetzung von) Derridas Übersetzung der »Beilage III« erklärt, legt die Husserl'sche Phänomenologie in diesem Punkt eine erstaunliche und erstaunlich tiefe Affinität zur Psychoanalyse Freuds an den Tag. Namentlich: Husserls Urstiftung gleicht in struktureller Hinsicht dem, was Freud die *Urszene* nennt.[58] Beide Ausdrücke verweisen auf (Wahrnehmungs-)Ereignisse die, statt in der Vergangenheit zu *liegen*, in der Vergangenheit *sind*: Sie geben sich, phänomenologisch gesprochen, dem Bewusstsein wesentlich im

---

56 Vgl. dazu Husserl, *Ideen I*, Hua 3:1 [1976], S. 296.

57 Vgl. dazu auch Derrida, *La voix et le phénomène*, S. 67–77.

58 Vgl. Bernet, »Vorwort zur deutschen Ausgabe«, S. 16.

Modus des ›Schon-vorbei‹, werden, psychoanalytisch ausgedrückt, ›nachträglich‹ etabliert. *Was* bei der Urstiftung/Urszene wahrgenommen (besser wäre hier also in Derrida'scher Manier zu schreiben: ~~wahrgenommen~~) wird, lässt das »Kind, das schon Dinge sieht«, bewusst schlechterdings unbeeindruckt (was ein Sich-Eindrücken jenseits des Bewussten, wie wir von Freud wissen, keineswegs ausschließt, ja, was, je nach Fall, gerade die Bedingung des Traumas ist und seine Struktur).[59] So ist denn der »ursprünglich gestiftete gegenständliche Sinn«, von welchem Husserl in den *Cartesianischen Meditationen* spricht, in einer schwierigen Flexion sozusagen *jünger als* oder *Konsequenz von* seinen Aktualisierungen[60]: ›Ursprünglich‹ *stricto sensu* – ursprünglicher als das, was ursprünglich ist, ›Sache‹ vor jedem »Ding« – ist die »analogisierende Übertragung«. Bei der Beschreibung der diesem eigentümlichen Faktum korrespondierenden Methodik verwenden Husserl und Freud dieselbe Wendung[61]: Eine »Rückfrage« im Sinne Husserls vollziehend müssen wir »im ›Zickzack‹ vor- und zurückgehen«,[62] während die Freud'sche ›Analyse‹ »wie das Zickzack der Lösung einer Rösselsprungaufgabe über die Felderzeichnung hinweggeht«.[63] Hier wie dort ist der Weg zu den Ursprüngen wesentlich unterbrochen, zerschnitten wie von Scheren.

3.3. Erster Exkurs: Freuds »Rohr«

Wie mit einem scharfen Gegenstand aus dem Gewebe der 1926 publizierten Studie *Hemmung, Symptom und Angst* herausgelöst, gibt es da, an einer dem Schreiben gewidmeten Stelle, eine Sache, die Freud ganz für sich behalten will.[64] Ich rufe – wir kennen sie bereits – die textuelle Bühne besagten Schweigens noch einmal in Erinnerung:

---

59 Vgl. dazu in phänomenologischer Perspektive: Waldenfels, *Erfahrung, die zur Sprache drängt*, S. 56–57.

60 Ich spreche hier in Anlehnung an Derrida, *La voix et le phénomène*, S. 116.

61 Vgl. dazu Gasché, »On Re-presentation«; Günzel, »Zick-Zack«; Waldenfels, *Erfahrung, die zur Sprache drängt*, S. 124–126.

62 Husserl, *Krisis*, Hua 6, S. 59.

63 Breuer/Freud, »Zur Psychotherapie der Hysterie«, *Gesammelte Werke* 1, S. 293.

64 Ich beziehe mich in diesem Exkurs auf Erkenntnisse, die ich zum ersten Mal und ausführlicher in meinem Aufsatz »Poetik der Anstiftung«, S. 129–141, formuliert habe.

> »Wenn das Klavierspielen, Schreiben und selbst das Gehen neurotischen Hemmungen unterliegen, so zeigt uns die Analyse den Grund hiefür in einer überstarken Erotisierung der bei diesen Funktionen in Anspruch genommenen Organe, der Finger und der Füße. Wir haben ganz allgemein die Einsicht gewonnen, dass die Ichfunktion eines Organes geschädigt wird, wenn seine Erogeneität, seine sexuelle Bedeutung, zunimmt. [...] Wenn das Schreiben, das darin besteht, aus einem Rohr Flüssigkeit auf ein Stück weißes Papier fließen zu lassen, die symbolische Bedeutung des Koitus angenommen hat oder wenn das Gehen zum symbolischen Ersatz des Stampfens auf dem Leib der Mutter Erde geworden ist, dann wird beides, Schreiben und Gehen, unterlassen, weil es so ist, als ob man die verbotene sexuelle Handlung ausführen würde. Das Ich verzichtet auf diese ihm zustehenden Funktionen, um nicht eine neuerliche Verdrängung vornehmen zu müssen, *um einem Konflikt mit dem Es auszuweichen.*«[65]

Scheren wir uns hier, exkursiv, nicht darum, diese Passage psychoanalytisch angemessen, geschweige denn *in toto* zu verstehen. (Ohnehin wäre das ein bodenloses Unterfangen, hat die Passage, wie viele bei Freud, doch die Eigenart, desto komplexer zu werden, je mehr interpretatorische Aufmerksamkeit man ihr widmet. Hierin besteht Freuds Schreiben gleichsam in einem Rohr: Seine Sätze sind Hülsen – doch um einen unendlichen Raum, Extensionshülsen oder Mädchenfänger, würde der zum Tiefenpsychologe gewordene Mediziner sagen, denen man nicht entkommt, wenn man es versucht, sind Scherzartikel, zu deren Sinn man, verstehend statt sich -fangend, vordringt nur, wenn man das Gewebe der Worte verletzt und letztlich also doch -lustig gegangen ist – *ihres* Sinns.) Stattdessen, statt einer holistischen Sicht auf Freuds Text und seine Lehre, an dieser Stelle nur eine einzige, ganz oberflächliche Bemerkung: Über das »Schreiben«, da es »neurotischen Hemmungen unterlieg[t]«, lässt sich noch auf eine andere Weise schreiben, als Freud es hier tut. Solches Schreiben besteht in zweierlei. Erstens darin, an den »neurotischen Hemmungen« – im Gegensatz zu Freud hier, doch ganz im Sinne Freuds andernorts – primär einmal das ›Neurotische‹ und an der Neurose »deren ursprünglichste[] Tendenz«, ihre »asoziale

65 Freud, *Hemmung, Symptom und Angst*, SA 6, S. 235–236.

Natur«[66] (oder, wenn man dem Allgemeinen das Besondere substituieren möchte, ihr »Tabu der *Berührung*«)[67] zu betonen. Zweitens darin, am »Schreiben« nicht für dessen »symbolische Bedeutung« (»des Koitus«) sich zu interessieren, sondern für seine, wie Husserl sagen würde, ›lebensweltliche‹ Bedeutung. Darin, in der Kombination oder drittens, zu sehen, dass letztere »Bedeutung« (der ›Kommunikation‹ bzw. des ›Kontakts‹ mit der intersubjektiv geteilten Welt, zudem in fixierter, nicht mehr einfach ungeschehen zu machender Form) gewiss – denn sie entzieht sich seiner Gewissheit – das letzte ist, wovon das neurotische Subjekt wissen will.

Diese andere, oberflächlichere Deutung, die also weniger eine des »Schreiben[s]« in seinem Bezug zum »Rohr« denn des »Schreiben[s]« als dauerhafter Mitteilung im fremden Ohr ist, hat Freud hier augenfällig nicht im Sinn. Hier und nicht anderswo. Exakt da hat er sie nicht im Sinn, im Sinn in der Weise des ›Nicht‹, wo das »Schreiben« der ›Schrift‹, die »Flüssigkeit« der getrockneten Tinte vorgezogen wird und ungenannt – zumindest -sichtbar, wie von einem unglücklichen Dichter, der ohne Flüssigkeit schreibt, ins Papier geritzt – bleibt: jene materielle Seite vom »Schreiben«, die mit ›Stiften‹ zu tun. Im Licht dieser Seite ist eine jede Seite, bleibend beschrieben, »Leib der Mutter«: seiner Mutter, die das schreibende Subjekt selbst, der Ursprung des Subjekts als schreibendes, wörtlich bleibendes ist.

3.4. Die Sache, die eine Philosophie ist

Kehren wir zu Husserl zurück. Wie wir in den *Cartesianischen Meditationen* lasen – und da anhand des Beispiels des (wiederholten) Gebrauchs von »Scheren« veranschaulicht fanden – »birgt jede Alltagserfahrung eine analogisierende Übertragung eines ursprünglich gestifteten gegenständlichen Sinnes auf den neuen Fall«. In der *Krisis*-Schrift von 1936, welcher ich mich nun zuwenden will, wird Husserl besagten Übertragungsprozess mit der Bezeichnung »Nachstiftung« belegen – und er wird die Leser:innen überdies mit einer dritten Form von ›Stiftung‹ konfrontieren, der »Endstiftung«. Letzterer Begriff wird

---

66 Ders., »Der Realitätsverlust bei Neurose und Psychose«, SA 3, S. 357.

67 Ders., *Hemmung, Symptom und Angst*, SA 6, S. 265.

im §15 der *Krisis* (»Reflexion über die Methode unserer historischen Betrachtungsart«) eingeführt; Paragraph, der deutlich macht, dass die ›Gegenständlichkeit‹, für welche sich die Phänomenologie nun vor allem anderen interessiert, nicht länger eine ›Gegenständlichkeit‹ im engeren, ›dinglichen‹ Sinn ist, sondern sie selbst, jene ›Gegenständlichkeit‹ ist, die da ›Phänomenologie‹ heißt:

> »Die Art der Betrachtungen, die wir durchzuführen haben, [...] ist nicht diejenige historischer Betrachtungen im gewöhnlichen Sinne. Uns gilt es die Teleologie in dem geschichtlichen Werden der Philosophie, insonderheit der neuzeitlichen, verständlich zu machen, und in eins damit, uns über uns selbst Klarheit zu verschaffen, als ihre Träger [...]. Wir sind eben, was wir sind, als Funktionäre der neuzeitlichen philosophischen Menschheit, als Erben und Mitträger der durch sie hindurchgehenden Willensrichtung, und sind das aus einer Urstiftung, die aber zugleich Nachstiftung und Abwandlung der griechischen Urstiftung ist. In dieser liegt der teleologische Anfang, die wahre Geburt des europäischen Geistes überhaupt. [...] Wesensmäßig aber gehört zu jeder Urstiftung eine dem historischen Prozeß aufgegebene Endstiftung. Sie ist vollzogen, wenn die Aufgabe zur vollendeten Klarheit gekommen ist [...]. Die Philosophie als unendliche Aufgabe wäre damit zu ihrem apodiktischen Anfang gekommen, zu ihrem Horizont apodiktischer Fortführung.«[68]

Der Gravitas dieser Zeilen sich wohlbewusst, will Husserls Text nichts dem Zufall überlassen und reicht folgende zusätzliche Erklärung nach:

> »Vor einem Mißverständnis aber ist zu warnen. Jeder historische Philosoph vollzieht seine Selbstbesinnungen, führt seine Verhandlungen mit den Philosophen seiner Gegenwart und Vergangenheit. [...] Aber wenn wir durch historische Forschung noch so genau über solche ›Selbstinterpretationen‹ [...] unterrichtet werden, so erfahren wir daraus noch nichts über das, worauf ›es‹ letzlich in der verborgenen Einheit intentionaler

68 Husserl, *Krisis*, Hua 6, S. 71–74. Ich mache bei dieser Gelegenheit aufmerksam auf die wertvolle Diskussion von Husserls Denken der ›Stiftung‹ in seinem Verhältnis zur Philosophie Hegels, die Tanja Stähler mit ihrem Buch *Die Unruhe des Anfangs* vorgelegt hat. Zur hier zitierten *Krisis*-Stelle und ihrem »teleologische[n] Anfang« vgl. bei Stähler S. 135–136.

> Innerlichkeit, welche allein Einheit der Geschichte ausmacht, in all diesen Philosophen ›hinauswollte‹. Nur in der Endstiftung offenbart sich das.«[69]

Ist die »Endstiftung« also nur rhetorisches Schmuckwerk – unter dem sich, brutal schlicht, die *facies hippocratica* des *faktischen Endes* der Philosophie verbirgt? Wird hier, in letzter Konsequenz, nicht einzig festgestellt – und, gleichsam stoisch, zur entsprechenden Geduld aufgerufen –, dass die letzte Aktualisierung der »griechischen Urstiftung« der Philosophie, das letzte philosophische Werk, das geschrieben (oder, wer weiß, algorithmisch generiert) werden wird, das letzte philosophische Werk, das geschrieben werden wird, sein wird? Solche (tautologische) Lesart ist der Sache nach (natürlich) nicht falsch – und verfehlt (zwingend) den Sinn der Begrifflichkeiten in ihrem spezifischen Einsatz. Auf Letzteren, die strategische Funktion der »Endstiftung« im Konnex der ihr vorangehenden Formen von ›Stiftung‹, weit eher als auf den Inhalt der »Endstiftung« (der Philosophie) will Husserl hier hinaus: »Endstiftung« ist der letzte Baustein zu einer philosophischen *Architektur* – eingedenk jener »Allmacht der Gedanken«, die Freud der Selbstwahrnehmung der Zwangsneurotiker:in abliest,[70] möchte man sie eine ›grandiose‹ nennen –, *die das Ganze*

---

69 Husserl, *Krisis*, Hua 6, S. 74.

70 Vgl. Freud, *Totem und Tabu*, SA 9, S. 374: »Die Bezeichnung ›Allmacht der Gedanken‹ habe ich von einem hochintelligenten an Zwangsvorstellungen leidenden Manne angenommen, dem es nach seiner Herstellung durch psychoanalytische Behandlung möglich geworden ist, auch seine Tüchtigkeit und Verständigkeit zu erweisen. Er hatte sich dieses Wort geprägt zur Begründung aller jener sonderbaren und unheimlichen Geschehnisse, die ihn wie andere mit seinem Leiden Behaftete zu verfolgen schienen. Dachte er eben an eine Person, so kam sie ihm auch schon entgegen, als ob er sie beschworen hätte; erkundigte er sich plötzlich nach dem Befinden eines lange vermißten Bekannten, so mußte er hören, daß dieser eben gestorben sei, so daß er glauben konnte, jener habe sich ihm telepathisch bemerkbar gemacht; stieß er gegen einen Fremden eine nicht einmal ganz ernst gemeinte Verwünschung aus, so durfte er erwarten, daß dieser bald darauf starb und ihn mit der Verantwortlichkeit für sein Ableben belastete. Von den meisten dieser Fälle konnte er mir im Laufe der Behandlung selbst mitteilen, wie der täuschende Anschein entstanden war und was er selbst an Veranstaltungen hinzugetan hatte, um sich in seinen abergläubischen Erwartungen zu bestärken. Alle Zwangskranken sind in solcher Weise, meist gegen ihre bessere Einsicht, abergläubisch. / Der Fortbestand der Allmacht der Gedanken tritt uns bei der Zwangsneurose« – wie auch, wie man ergänzen möchte, bei der Philosophie – »am deutlichsten entgegen, die Ergebnisse dieser primitiven Denkweise sind hier dem Bewußtsein« – und dort dem transzendentalen – »am nächsten.«

denkt, i.e. einen jeden aus der Ganzheit der (synthetischen) Akte des Bewusstseins – gleichsam monadologisch – mit seiner Geburt wie auch seinem allerletzten Atemzug *zusammendenkt*.

In gleicher Weise wie sich die »Endstiftung« nicht im Hinweis auf ein historisch-faktisches Ende erschöpft, meint »Urstiftung« nicht eigentlich einen ›Ursprung‹. Oder: »Urstiftung« meint ›-sprung‹ durchaus, aber in dem spezifischen Sinne, den Benjamin dem Begriff angedeihen lässt im *Trauerspielbuch*. »Ursprung«, heißt es da, »wiewohl durchaus historische Kategorie, hat mit Entstehung dennoch nichts gemein. Im Ursprung wird kein Werden des Entsprungenen, vielmehr dem Werden und Vergehen Entspringendes gemeint«[71] – so etwa, wie es in den *Cartesianischen Meditationen* heißt, ein bestimmter ›Typus‹.[72] »Der Ursprung«, so Benjamin weiter, »steht im Fluß des Werdens als Strudel und reißt in seine Rhythmik das Entstehungsmaterial hinein. Im nackten offenkundigen Bestand des Faktischen gibt das Ursprüngliche sich niemals zu erkennen, und einzig einer Doppeleinsicht steht seine Rhythmik« – wir sprachen von einem ›Feld‹ – »offen. Sie will als Restauration, als Wiederherstellung einerseits, als eben darin Unvollendetes, Unabgeschlossenes[73] andererseits« – in

71 Benjamin, *Ursprung des deutschen Trauerspiels*, GS 1:1, S. 226.

72 Meine – an Husserl anschließende – Verwendung des Worts ›Typus‹ ist – von Benjamin-philologischer Warte aus besehen – nicht unproblematisch. In ihr wird zusammengeworfen, was bei Benjamin geschieden wird, nämlich ›Idee‹ und ›Ideal‹. Vgl. dazu Benjamins Studie *Der Begriff der Kunstkritik in der deutschen Romantik*, GS 1:1, S. 110–119.

73 Ich nutze die Gelegenheit, um noch einmal – und wiederum fast kommentarlos – auf die Notizen zu Merleau-Pontys Seminar »Husserl aux limites de la phénoménologie« zu verweisen. Und zwar auf jene Stelle, da Merleau-Ponty Heidegger zitiert, übersetzt und befragt mit den folgenden Worten: »›Je größer das Denkwerk eines Denkers ist, das sich keineswegs mit dem Umfang und der Anzahl seiner Schriften deckt, um so reicher ist das in diesem Denkwerk Ungedachte, d.h. jenes, was erst und allein durch dieses Denkwerk als das Noch-nicht Gedachte heraufkommt.‹ / Heidegger. *Der Satz vom Grund*. 123–124. / ›Quand il s'agit de penser, plus grand est l'ouvrage fait, qui ne coïncide nullement avec l'étendue et le nombre des écrits. Plus riche est dans cet ouvrage, l'impensé, c'est-à-dire ce qui à travers cet ouvrage et par lui seul vient vers nous comme jamais encore pensé‹. / (Penser: cerner un *umgedachte*? [sic – doch vielleicht ist es ganz genau das, worum Merleau-Pontys Sätze kreisen: ein Umsdenken?] Pensée ouverte et non ›malheureuse‹. Difficulté de maintenir cette position déraillement vers rationalisme/irrationalisme.) / – De là problème de l'histoire de la philosophie. / une pensée n'est pas des idées, c'est circonscription d'un impensé. dès lors comment le restituer?« (*Notes de cours sur ›L'origine de la géométrie‹*, S. 14) | Übers. Fanzun/PPH: »[…] (Denken: ein *Umgedachtes* einkreisen? Offenes Denken und nicht ›unglückli-

einem Wort: als ›Nachstiftung‹ – »erkannt sein. In jedem Ursprungsphänomen bestimmt sich die Gestalt, unter welcher immer wieder eine Idee mit der geschichtlichen Welt sich auseinandersetzt, bis sie in der Totalität ihrer Geschichte vollendet daliegt.«[74]

Diese »bestimmt[e]« »[V]ollende[theit]« und – um zur *Krisis* zurückzukehren – besagtes ›Zusammendenken‹ Husserls (eines jeden Bewusstseinsaktes mit seinem ersten und seinem letzten Vorkommnis) verlangt von der Leser:in größte philosophische Wachsamkeit. In der »Endstiftung«, noch einmal, »offenbart sich« »das, worauf es« in einer durch einen »teleologischen Anfang« initiierten Kette »hinauswollte«. Eine Art ›blinde Teleologie‹ also: Richtung ist da von Anfang an (und also prinzipiell – i.e. durch jene Monaden, die da ›Götter‹ heißen – wißbar), doch ist sie den menschlichen Agent:innen erst ganz am Schluss bekannt? Das aber ist nur fast, was Husserl in der zitierten *Krisis*-Stelle entfaltet. Eingedenk der großen semantischen Nähe zwischen den Wendungen ›Telos‹ und »das, worauf ›es‹ […] ›hinauswollte‹« (tatsächlich ließe sich letztere als eine, wenn auch etwas grobschlächtige, Übersetzung für erstere verwenden) haben wir es hier eher mit einem »teleologischen Anfang« zu tun, der an und für sich (wie alles Teleologische) alles nur nicht ›teleologisch‹ ist; haben es zu tun mit einer Bewegung, die teleologisch geworden sein wird präzise in dem Moment, da sie zu Ende geht.

3.5. Die hegelianische »Feder«

Die Ähnlichkeit zwischen Husserls Theorem der ›Stiftung‹ – in der *Krisis* exemplifiziert durch die Philosophie als »unendliche Aufgabe«,[75] deren Erfüllung eine »[O]ffenbar[ung]« ist – und dem translatorischen Messianismus in »Die Aufgabe des Übersetzers« Benjamins

---

ches‹. Schwierigkeit, diese Position zu bewahren vor der Entgleisung in den Rationalismus/Irrationalismus.) / Daher Problem der Geschichte der Philosophie. / ein Denken ist nicht Ideen, es ist Um-schreibung eines Ungedachten. dann: wie es restituieren?«

74 Benjamin, *Ursprung des deutschen Trauerspiels*, GS 1:1, S. 226. Auf die (Benjamin'sche) ›Rhythmik‹ in der (Husserl'schen) ›Stiftung‹ bin ich durch die Arbeiten von Charles de Roche aufmerksam geworden. Ich nenne exemplarisch seine Studie *Monadologie des Gedichts*, S. 64–67.

75 Zur ›Stiftung‹ als ›Aufgabe‹ vgl. auch Petar, »To Institute, to Primally Institute (Stiften, Urstiften)«, S. 243–244.

sticht ins Auge; insbesondere wenn wir hinzunehmen, *wann* die »Endstiftung« statthaben wird: zu einem Zeitpunkt, der charakterisiert werden kann (und, von der Warte der Phänomenolog:in aus, charakterisiert werden muss) als ›*stets nie*‹.[76] Lassen wir nämlich nicht unberücksichtigt, was für Husserl nicht eigens gesagt zu werden braucht (seinem Vorgehen aber inhärent ist): Die »Endstiftung«, wie sie »wesensmäßig« in jeder Aktualisierung eines »Sinnes« impliziert ist, *ist nicht anderswo*. Sie ist, was sie ist, *als* Implikation (oder, wenn man eine andere, Benjamin'sche Redeweise vorzieht: ist, was sie ist, als [nicht] einverleibte).[77] Analogisch zur »Urstiftung« (die, wie wir beim Vergleich zwischen Husserls »Rückfrage« und der ›Analyse‹ im Sinne Freuds feststellten, ihrer Definition gemäß ein ›Un-Ding‹ darstellt, ein Ding, das nie da ist bzw. präsent ist einzig *ex post*) ist uns die »Endstiftung«, die letzte »Nachstiftung« eines gegebenen »Sinnes« (und also – als »Nachstiftung«, die »wesensmäßig«-wiederum eine »Endstiftung« impliziert – aus inneren Gründen nicht eigentlich die letzte), ›gegeben‹ einzig im Modus des ›Noch-nicht‹. Ihre unmögliche Präsenz fällt – gleich wie die »Einheit der Geschichte«, von welcher die *Krisis* spricht, jenseits alles Geschichtlichen liegt, ein anderer Name für das *Ende* der Geschichte ist – zusammen mit dem Ruin von ›Gegebenheit‹ als solcher. In anderen Worten und nun einzig auf der Grundlage dessen, »was sich uns in der ›Intuition‹ originär […] darbietet«,[78] gesprochen: Jede Aktualisierung eines »Sinnes« fungiert als das – unerfüllbare, messianische – Versprechen, dass es eine letzte

76 Dass es gerade diese Ähnlichkeit zwischen dem Husserl'schen Teleologie-Verständnis und demjenigen Benjamins ist, was erlauben könnte, diesen wie jenen von Hegel abzugrenzen, deutet Stähler an, wenn sie (freilich ausschließlich mit Blick auf das Verhältnis Hegel/Husserl) Folgendes zu bedenken gibt: »Die Geschichte spielt sowohl im Denken Hegels als auch in Husserls Spätphilosophie eine ganz entscheidende Rolle, und eine wesentliche Übereinstimmung besteht darin, daß beide Philosophen eine teleologische Geschichtsauffassung haben. Der Charakter dieser Teleologie unterscheidet sich jedoch: Hegel sieht in seinem eigenen Zeitalter die Vervollkommnung des geschichtlichen Prozesses, während Husserl davon ausgeht, daß das Ziel, welches die teleologische Entwicklung leitet, ein unerreichbares Ideal ist. Geschichte ist für Husserl ein offener, unendlicher Prozess der Annäherung an Ideale, die modifiziert werden können; Hegel dagegen vertritt die problematische These einer Vollendung der Geschichte.« (*Die Unruhe des Anfangs*, S. 217.)

77 Vgl. dazu das Kapitel »2. Die Idee der Trauer« im ersten Teil des vorliegenden Buchs.

78 Husserl, *Ideen I*, Hua 3:1 [1976], S. 51.

ihrer Art geben und dass diese letzte nie statthaben wird. Genauso wie uns nach Benjamin jede Übersetzung der »Harmonie« der Sprachen näherbringt (und »Harmonie« so, nah, auf Abstand hält), verringert die Nachstiftung die Distanz, die sie wachsen lässt.

»Knüpfen wir« – wie Husserl in den *Cartesianischen Meditationen*, in der Rolle des *advocatus* des eigenen *diaboli* – »unsere neuen« und, in unserem Falle, komparatistischen »Meditationen an einen, wie es scheinen möchte, schwerwiegenden Einwand«.[79] Bis zu diesem Punkt sind die Affinitäten zwischen Husserls ›Stiftung‹ und Benjamins »Aufgabe«, so bemerkenswert sie auch sein mögen, doch ausschließlich struktureller Natur (und haben, wie eine noch peniblerer Jurist:in betonen könnte, weder eigentlich mit Husserl noch Benjamin ›selbst‹, sondern vor allem anderen mit ihrem geteilten Flirt mit spekulativ-teleologischem Vokabular zu tun, das anderswoher stammt bzw. das man mit Vorzug jeweils in anderer Autor:innen-Konstellation diskutieren würde). In anderen Worten, den Worten jener Passage in den *Cartesianischen Meditationen*, von der wir obig ausgingen: Husserls »analogisierende Übertragung«[80] ist bis jetzt nichts als eine ›Analogie‹, ist »Übertragung« im translatorischen Sinne bestenfalls im übertragenen Sinne – wohingegen Benjamins Verwendung von »Übersetzung« (zumindest in »Die Aufgabe des Übersetzers«), was auch immer ihre ambitionierten philosophischen Ziele sein mögen, auf eine ganz spezifische sprachliche Operation (eine »opération de change« von Zeichen, wie es bei Derrida hieß)[81] aus ist. Beginnen »wir« also noch einmal von vorn und »[ü]berlegen wir näher«.[82]

Bei der Diskussion des »Scheren«-Beispiels der *Cartesianischen Meditationen* bemerkten wir, dass die Aktualisierung eines gegebenen »Zwecksinns« nicht – was ins Absurde führen würde – im Sinne einer exakten Kopie, einer reinen Wiederholung (s)einer ursprünglichen Wahrnehmungssituation verstanden werden darf. Vielmehr handelt es sich bei dem, was eine »Urstiftung« in Existenz treten lässt, um eine Art ›Feld‹ (oder, mit Benjamins *Trauerspielbuch* zu reden, eine »Rhythmik«), das sich im Laufe unendlicher »Nachstiftungen« kontinuierlich

79 Ders., *Cartesianische Meditationen*, Hua 1, S. 121.

80 Ebd., S. 141.

81 Derrida, *Qu'est-ce qu'une traduction ›relevante‹?*, S. 40 | *Was ist eine ›relevante‹ Übersetzung?*, Übers. von der Osten/Sauter, S. 84: »Umtauschoperation«.

82 Husserl, *Cartesianische Meditationen*, Hua 1, S. 121.

modifiziert (wobei solche ›Lebendigkeit‹, noch einmal, auf eine letzte »Nachstiftung«, die »Endstiftung«, hinstrebt – dies strenggenommen aber erst dann tut, wenn Letztere stattgefunden hat). Bereits in einem Manuskript von 1909 (mehr als zehn Jahre vor Husserls erster Verwendung des Ausdrucks »Urstiftung«),[83] 1916 vom Autor noch einmal zur Hand genommen und modifiziert, antizipiert Husserl die weitreichenden – und in diesem spezifischen Fall *prima vista* geradewegs paradoxen – Implikationen von einem »Zwecksinn«, der im (wesentlich unabgeschlossenen) Wachstum begriffen ist. Nicht von »Scheren«, von einem ganz spezifischen »Ding« aber sehr wohl heißt es da:

> »Ich habe öfter den Federhalter mit Feder erfahren; sehe ich einen neuen Federhalter, so stelle ich eine Feder mit vor, und diese ist erfahrungsmässig als zugehörig gefordert. Aber diese Forderung ist unerfüllt und ist aufgehoben durch die neue Erfahrung: ›es fehlt‹ die Feder, ein Federhalter kann also auch ohne Feder sein.«[84]

Im Licht der »Scheren«-Passage in den *Cartesianischen Meditationen* gelesen konfrontiert uns der »Federhalter […] ohne Feder« mit dem Grenzfall einer Gegenständlichkeit, deren ursprünglicher »Zwecksinn« verloren gegangen (oder zumindest gleichsam in Klammern gesetzt) worden ist. Berücksichtigen wir aber, bevor wir eine solche (pragma-

---

83 Vgl. dazu die Bemerkung Darja Springstübes, die sie in ihrem Buch *Über Wahrnehmung und Ausdruck in der Philosophie Maurice Merleau-Pontys*, S. 80, macht: »Die erste mir bekannte Verwendung des Begriffs findet sich im zweiten Teil einer Reihe von Vorlesungen, die Edmund Husserl im Wintersemester 1923/24 gehalten hat. Husserl benutzt den Stiftungsbegriff hier noch in zögerlicher Weise – er spricht von ›sozusagen einer Urstiftung‹ […].« Der Kontext der von Springstübe angeführten Stelle ist der folgende: »Es kann in jemand frühzeitig, schon in Jugendjahren, eine reine Kunstliebe erwachen, zu praktischer Hingegebenheit werden, sich eventuell spezialisieren zur Übung der Landschaftsmalerei, und so mag er unvermerkt in den Beruf hineingeraten, ohne eine sozusagen feierliche Entscheidung. Die eventuell später erfolgende ausdrückliche Berufswahl hat dann den Charakter einer bloßen Bestätigung und zugleich ausdrücklichen Formung des ohnehin schon natürlich erwachsenen habituellen Lebens- und Tatwillens. Ebenso kann es hinsichtlich der Wissenschaft sein, und ist es nicht selten bei früh entwickelten Begabungen. / Ganz anders steht die Sache bei dem Philosophen. Er bedarf notwendig eines eigenen, ihn als Philosophen überhaupt erst und ursprünglich schaffenden Entschlusses, sozusagen einer Urstiftung, die ursprüngliche Selbstschöpfung ist. / Niemand kann in die Philosophie hineingeraten.« (Husserl, »30. Vorlesung«, Hua 8, S. 19.)

84 Ders., »Auszug meiner ältesten Blätter über Einfühlung vor 1909«, Hua 13, S. 22.

tistische) Lektüre weiter bzw. allzu weit treiben, womit solches Lesen erkauft ist. Es setzt voraus, dass der ›Zweck‹ von Husserls Manuskript darin liege, ›Sinn‹ zu machen, auf eine ›Sache‹ (die hier ein Ding ist) zu verweisen. »Natürlich«, schreibt Husserl in den *Cartesianischen Meditationen*, »kommt alles darauf an, die absolute *Vorurteilslosigkeit* [der] Deskription streng zu wahren«[85] – welches Credo ernst zu nehmen ist nicht nur von jenen, die der Phänomenologie als Weise des Philosophierens nachzudenken suchen, sondern auch von jenen, uns, die sich für die Phänomenologie in ihrer spezifischen literarischen Konkretisation interessieren. So, gleichsam eine *philologische* Epoché praktizierend, kann uns denn nicht entgehen, dass, was das Manuskript behauptet und was auf den ersten Blick nicht weiter bemerkenswert ist, auf einen zweiten geradewegs mit einem Skandalon konfrontiert: Wie kann ein »Federhalter« – genommen eben nicht bei der Sache, sondern als Wort – »ohne Feder« sein? Diesem Faden folgend ist die Versuchung groß, zu behaupten, dass Husserl hier, in einer Wendung näher der Phänomenologie Hegels denn seiner eigenen (oder, mit Fink gedacht, in einer Hinwendung zu einer anderen in der eigenen Phänomenologie), mit einer Art von Gegenständlichkeit konfrontiert, deren ›Sinn‹ in einer »Identität der Identität und der Nichtidentität«[86] liegt. Die Versuchung wächst weiter, wenn nicht nur der ›Sinn‹ der Passage in Rechnung gestellt wird, sondern auch ihr spezifischer »Wort-Leib«[87]: allem voran Husserls Verwendung jenes »mot capital et à double sens de Hegel«[88] *aufheben*. »Doch genug der verkehrten Theorien«,[89] würde Husserl sagen. Zumindest fast »genug«. Denn wenn wir gewillt sind, noch einen Schritt weiterzugehen, nämlich, wie Derridas Benjamin-Lektüre in *Qu'est-ce qu'une traduction ›relevante‹?*, bereit sind, das Philologische und das Hegelianische zu synthetisieren, führt uns solche »verkehrte[]« Lektüre in einer quasi-dialektischen Verkehrung ihrer selbst zu einem Punkt, da Husserls Manuskript ganz, doch in gänzlich anderer Weise, im Sinne des »Prinzips aller Prinzipien« der *Ideen I* als rein deskriptives

85 Ders., *Cartesianische Meditationen*, Hua 1, S. 74.

86 Hegel, *Differenz des Fichteschen und Schellingschen Systems der Philosophie*, *Werke* 2, S. 96.

87 Mit diesem Ausdruck folge ich Husserls »Beilage XIII«, Hua 20:2, S. 113.

88 Derrida, *Qu'est-ce qu'une traduction ›relevante‹?*, S. 37 | *Was ist eine ›relevante‹ Übersetzung?*, Übers. von der Osten/Sauter, S. 79: »Wort Hegels (*Aufheben*, *Aufhebung*) mit kapitaler Bedeutung und Doppelsinn«.

89 Husserl, *Ideen I*, Hua 3:1 [1976], S. 51.

wiedererwacht, als »Aussage, die nichts weiter tut, als [...] Gegebenheiten durch bloße Explikation und genau sich anmessende Bedeutungen Ausdruck zu verleihen«[90]: Ein »Federhalter kann [...] auch ohne Feder sein«, beobachtet die Phänomenolog:in – und mit ihr die *Übersetzer:in*, die den »Federhalter«, ihn etwa mit dem französischen ›porte-plume‹ übertragend, »vers son sens ou sa valeur« hebt »en perdant la chair« des Originals,[91] in welchem in diesem Fall eben eine »Feder« steckt.

3.6. Zweiter Exkurs: Poes »Letter«

Seiner 1967 veröffentlichten Studie *La voix et le phénomène* stellt Derrida drei Motto-Zitate voran. Das letzte von ihnen ist Edgar Allan Poes Erzählung »The Facts in the Case of M. Valdemar« entnommen, in welcher aus der Ich-Perspektive von magnetistischen Experimenten an einem im Sterben liegenden Individuum, dem titelgebenden Ernest Valdemar, berichtet wird. »J'ai parlé«, erinnert sich die Erzählinstanz in der Sprache Derridas,

> »à la fois de son et de voix. Je veux dire que le son était d'une syllabisation distincte, et même terriblement, effroyablement distincte. M. Valdemar *parlait*, évidemment pour répondre à la question ... Il disait maintenant: ›– Oui, – non, – *j'ai dormi*, – et maintenant, – maintenant, *je suis mort*.‹«[92]

Gegen Ende des Buchs wird Derrida mit Blick auf die Sprachtheorie Husserls (primär in ihrer in den *Logischen Untersuchungen* vorgelegten Form) in Anlehnung an Poe folgenden Schluss ziehen:

---

90 Ebd.

91 Derrida, *Qu'est-ce qu'une traduction ›relevante‹?*, S. 40 | *Was ist eine ›relevante‹ Übersetzung?*, Übers. von der Osten/Sauter, S. 84: »Ist es nicht das, was eine Übersetzung macht? [...] [I]ndem sie im Verlauf einer Umtauschoperation das Fleisch verliert? Indem sie den Signifikanten zu seiner Bedeutung oder seinem Wert hin erhebt [...]?«

92 Ders., *La voix et le phénomène*, unpaginiert | *Die Stimme und das Phänomen*, Übers. Gondek, S. 7: »Ich habe sowohl von ›Klang‹ als von ›Stimme‹ gesprochen. Ich will damit sagen, daß es sich um Laute von deutlicher – ja, von schier wundersam, schauerlich deutlicher – Silbengliederung handelte. M. Valdemar *sprach* – ersichtlich in Beantwortung der Frage ... Jetzt sagte er: ›Ja; – nein, – ich habe geschlafen – und jetzt – *bin ich tot*.‹«

> »L'absence de l'intuition – et donc du sujet de l'intuition – n'est pas seulement *tolérée* par le discours, elle est *requise* par la structure de la signification en général, pour peu qu'on la considère *en elle-même*. Elle est radicalement requise: l'absence totale du sujet et de l'objet d'un énoncé – la mort de l'écrivain ou/et la disparition des objets qu'il a pu décrire – n'empêche pas un texte de ›vouloir-dire‹. Cette possibilité au contraire fait naître le vouloir-dire comme tel, le donne à entendre et à lire.«[93]

Dass hier, im (Husserl'schen) Konnex der Sprache überhaupt, spezifischer vom Tod des »écrivain« und dessen »texte« die Rede ist, ist (zumindest beim zweiten Lesen) kein Zufall, nimmt eine Stelle kurz vor Schluss von Derridas Buch vorweg, wo es heißen wird:

> »Nous ne savons donc plus si ce qui s'est toujours présenté comme représentation dérivée et modifiée de la simple présentation, comme ›supplément‹, ›signe‹, ›écriture‹, ›trace‹, n'›est‹ pas, en un sens nécessairement mais nouvellement an-historique, plus ›vieux‹ que la présence et que le système de la vérité, plus vieux que l'›histoire‹. Plus ›vieux‹ que le sens et les sens: que l'intuition donatrice originaire, que la perception actuelle et pleine de la ›chose même‹ [...].«[94]

Und ganz direkt werden daran die allerletzten zwei Sätze von *La voix et le phénomène* anschließen:

> »Et contrairement à ce que la phénoménologie – qui est toujours phénoménologie de la perception – a tenté de nous faire croire, contrairement à

---

93 Ebd., S. 104 | S. 124–125: »Die Abwesenheit der Anschauung – und damit auch des Subjekts der Anschauung – wird durch die Rede nicht nur *geduldet*, sondern von der Struktur der Bedeutung im allgemeinen *gefordert*, sofern man sie in sich selbst betrachtet. Sie wird radikal gefordert: Die vollständige Abwesenheit des Subjekts und des Objekts einer Aussage – der Tod des Schreibers oder/und das Verschwinden der Gegenstände, die er hat beschreiben können – hindert einen Text nicht daran zu ›bedeuten‹. Diese Möglichkeit läßt im Gegenteil das Bedeuten als solches entstehen, gibt es zu verstehen und zu lesen.«

94 Ebd., S. 116 | S. 139: »Wir wissen also nicht mehr, ob das, was sich stets als abgeleitete und modifizierte Vergegenwärtigung der einfachen Gegenwärtigung, als ›Supplement‹, ›Zeichen‹, ›Schrift‹ und ›Spur‹ präsentiert hat, in einem notwendig, aber neuartig a-historischen Sinn ›älter‹ ›ist‹ als die Gegenwärtigkeit und als das System der Wahrheit, älter als die ›Geschichte‹. ›Älter‹ als der Sinn und die Sinne: als die originär gebende Anschauung, als die aktuelle und volle Wahrnehmung der ›Sache selbst‹ [...].«

> ce que notre désir ne peut pas ne pas être tenté de croire, la chose même se dérobe toujours. / Contrairement à l'assurance que nous en donne Husserl un peu plus loin, ›le regard‹ ne peut pas ›demeurer‹.«[95]

Aber bleiben damit, am Ende einer philosophischen Dichtung, nicht noch einige Dinge, eines vor allem anderen ungesagt? Wären den Lektüren Derridas heute, nach Derrida und gerade weil man ihre Stichhaltigkeit anerkennt, nicht gleichsam noch ein viertes Motto voranzustellen? Ebenfalls dem Schreiben Poes, nun aber der Erzählung »The Purloined Letter« zu entnehmen, in welcher der Dieb »had deposited the letter immediately beneath the nose of the whole world, by way of best preventing any portion of that world from perceiving it«?[96] So hat der Grammatologe Derrida bei Husserl denn ganz Entscheidendes, nur eben nicht – aufgrund einer Freud'schen Fehlleistung, aus Hemmung, Angst oder Symptom? – gesehen, dass es für die Phänomenologie, wiewohl »Federhalter [...] ohne Feder«, keine ›*Stift*ung‹ gibt ohne Schreibmaterial.[97]

---

95 Ebd., S. 117 | S. 140: »Und im Gegensatz zu dem, was die Phänomenologie – die stets Phänomenologie der Wahrnehmung ist – versucht hat, uns glauben zu machen, und im Gegensatz zu dem, was unser Wunsch nicht umhin kann, versucht zu sein, zu glauben, entzieht die Sache selbst sich stets. / Im Gegensatz zu der Versicherung, die Husserl uns etwas weiter unten gibt, kann ›der Blick‹ nicht ›bleiben‹.« Mit dem letzten Satz spielt Derrida auf die folgende Passage in den *Ideen I* an: »Ein Name erinnert uns nennend an die Dresdner Galerie und an unseren letzten Besuch derselben: wir wandeln durch die Säle, stehen vor einem Teniersschen Bilde, das eine Bildergalerie darstellt. Nehmen wir etwa hinzu, Bilder der letzteren würden wieder Bilder darstellen, die ihrerseits lesbare Inschriften darstellten usw. [zitiert bis zu diesem ›usw.‹ steht diese Husserl-Stelle Derridas Text als das zweite von drei Motto-Zitaten voran], so ermessen wir, welches Ineinander von Vorstellungen und welche Mittelbarkeiten hinsichtlich der erfaßbaren Gegenständlichkeiten wirklich herstellbar sind. Als Exempel für W e s e n e i n s i c h t e n, insbesondere für die Einsicht in die ideale Möglichkeit beliebiger Fortführung der Ineinanderschachtelungen bedarf es so sehr komplizierter Fälle aber nicht. [...] In allen derartigen Stufengebilden, die in ihren Gliederungen iterierte Vergegenwärtigungsmodifikationen enthalten, konstituieren sich offenbar Noeme e n t s p r e c h e n d e r S t u f e n b i l d u n g. [...] Im obigen Beispiele: Der Blick kann in der Stufe Dresdner Galerie bleiben: wir gehen ›in der Erinnerung‹ in Dresden und der Galerie spazieren.« (*Ideen I*, Hua 3:1 [1976], S. 236–237.)

96 Poe, »The Purloined Letter«, *The Complete Works* 6, S. 48.

97 Bei dieser Gelegenheit ein Hinweis zur Übersetzungsgeschichte des Husserl'schen ›Stiftens‹ bis und mit Derridas Übersetzung der »Beilage III« (in welcher Derrida konsequent mit dem französischen Wort ›fonder‹ arbeitet). Diese Geschichte – ich folge hier Bojanićs Aufsatz »To Institute, to Primally Institute (Stiften, Urstiften)« und

3.7. Die hegelianische »Feder« (Fortsetzung)

Ich sprach bezüglich des »Federhalter«-Manuskripts von 1909/1916 von einen ›Grenzfall‹ der Husserl'schen Stiftungstheorie. Diese Charakterisierung mag mit Blick auf die Art von (lebensweltlich-pragmatischem) »Zwecksinn«, wie ihn die »Scheren« der *Cartesianischen Meditationen* veranschaulichen, berechtigt sein – doch ist sie nur bedingt zutreffend mit Blick auf die *andere Art* von Gegenständlichkeit, mit welcher sich Husserls Spätwerk beschäftigt: die der *idealen* Gegenstände (zu denen etwa »Goethes Faust«[98] gehört oder eben – wir haben dieses [Nicht-]Beispiel im Zusammenhang der *Krisis* schon berührt – jene Werke, welche ›die Phänomenologie‹ ausmachen). Es wird dies deutlich, wenn wir – wie es Husserl in der »Beilage III« zur *Krisis*-Schrift anhand des Beispiels der Geometrie tut – eigens in Betracht ziehen, worin das ›Ideale‹ idealer Gegenstände eigentlich besteht:

> »[Die Geometrie] hat von ihrer Urstiftung her ein eigenartig überzeitliches, wie wir gewiß sind, für alle Menschen zunächst für wirkliche und mögliche Mathematiker aller Völker, aller Zeitalter zugängliches Dasein, und zwar in allen ihren Sondergestalten. Und alle von irgendjemand aufgrund der vorgegebenen Gestalten neu erzeugten Gestalten nehmen alsbald dieselbe Objektivität an. Es ist eine, wie wir bemerken ›ideale‹ Objektivität. Sie eignet einer ganzen Klasse von geistigen Erzeugnissen der Kulturwelt,

---

beziehe mich auf meinen Text »Poetik der Anstiftung«, S. 154, Anm. 75 – beginnt mit den *Méditations cartésiennes* (1931), wo sich Pfeiffer und Levinas der Wörter ›créer‹, ›fonder‹ und ›former‹ bedienen. In der ersten (Teil-)Übersetzung der *Krisis* durch Edmond Gerrer (1949) kommen ›créer‹ und ›fonder‹ zum Einsatz. In der von Suzanne Bachelard übertragenen *Logique formelle et logique transcendantale* (1957) werden ›créer‹, ›fonder‹ und ›former‹ angeboten. In den anderen zum Zeitpunkt von *L'origine de la géométrie* auf Französisch vorliegenden Texten Husserls wird der Begriff der ›Stiftung‹ nicht oder zumindest nicht in der für das Spätwerk bestimmenden Weise verwendet. Aus den 1962 vorliegenden französischen Publikationen *zu* Husserl, die eigenhändig angefertigte Übersetzungen enthalten, ist Ricœurs Aufsatz »Husserl et le sens de l'histoire« von 1949 zu nennen, in welchem Ricœur mit ›fonder‹ arbeitet (vgl. S. 293 und S. 294). Eigens hinzuweisen ist auch auf das Denken Merleau-Pontys, der – was Derrida bekannt gewesen sein dürfte – in Zusammenhängen der Husserl'schen ›Stiftung‹ als einziger in der damaligen französischen Husserl-Rezeption von ›institution‹ spricht (vgl. dazu auch die Studie *Korporalität und Praxis*, S. 163–179, von Selin Gerlek).

98 Husserl, *Erfahrung und Urteil*, S. 319.

> zu welcher alle wissenschaftlichen Gebilde und die Wissenschaften selbst gehören, aber auch z.B. die Gebilde der schönen Literatur.«[99]

Der letzte Satz dieser Passage wird durch folgende Fußnote ergänzt:

> »Aber der weiteste Begriff der Literatur umfaßt sie alle, d.h. zu ihrem objektiven Sein gehört es, sprachlich ausgedrückt und immer wieder ausdrückbar zu sein, deutlicher, nur als Bedeutung, Sinn von Reden die Objektivität, das Für-jedermann-Dasein zu haben, hinsichtlich der objektiven Wissenschaften sogar in besonderer Weise, daß für sie der Unterschied zwischen der Originalsprache des Werkes und der Übersetzung in fremde Sprachen die identische Zugänglichkeit nicht aufhebt bzw. nur zu einer uneigentlichen, indirekten macht.«[100]

Ich notiere, im Fahrwasser ihrer Übersetzung und Kommentierung durch Derrida, zwei Eigentümlichkeiten dieser Sätze.

{a} Die zweifache, nämlich supra-temporale (»für alle Menschen [...] aller Zeiten«) wie supra-regionale (»für alle Menschen [...] aller Völker«) Zugänglichkeit des idealen Gegenstands führt Husserl zur Frage der Übersetzung bzw. Übersetzbarkeit via einen doppelten Umweg. »Übersetzung« betritt die Textbühne im Zwielicht einer Fußnote und in dieser Fußnote als Teil einer Beschreibung eines Spezialfalles. (Im Einklang mit letzterer Tatsache ist der erste Kontakt mit dem Thema der Übersetzung im Lauftext der »Beilage III« der folgende: »Der Pythagoräische Satz, die ganze Geometrie existiert nur einmal, wie oft sie *und sogar in welcher Sprache* immer sie ausgedrückt sein mögen [meine Hervorhebung].«)[101] Husserls – das Übersetzen zweifach marginalisierende – Textarchitektur könnte den Eindruck vermitteln, dass die Aktualisierung in »fremde[n] Sprachen« von der ursprünglichen Konstitution des idealen Gegenstands prinzipiell abtrennbar sei. In Wahrheit aber – auf einen zweiten, Derrida'schen Blick – ist Letzterer Erstere implizit bzw. hat Letztere in Ersterer eine ihrer Möglichkeitsbedingungen.[102] So ist denn die Relation zwischen dem (wesentlich zeitlosen) idealen Gegenstand und den (historisch

---

99 Ders., »Beilage III«, Hua 6, S. 368.
100 Ebd., S. 368.
101 Ebd.
102 Vgl. dazu Derrida, »Introduction«, S. 56–69.

situierten) Ereignissen seines Übersetzt-Werdens nicht die zwischen einem äonenalten Diamanten und dem modernen geologischen Test, der seine Authentizität bestätigt. Oder, genauer: Sie ist exakt eine Relation solchen Schlages – wenn ein ›Diamant‹, vom Moment seiner anorganischen Geburt an, seinem (logischen) Wesen nach, nichts ist als das Versprechen, alle zukünftigen entsprechenden Testverfahren zu bestehen (wobei das faktische Durchführen bzw. Ausbleiben Letzterer gänzlich irrelevant ist: es ist *möglich*, »Zugänglichkeit«, zu verifizieren, aber nicht *notwendig*; das Einzige, was notwendig ist, ist die Möglichkeit selbst).[103] Wie für Benjamin (in seinem Essay »Über Sprache überhaupt und über die Sprache des Menschen«) ist der »Begriff der Übersetzung« in Husserls Phänomenologie »in der tiefsten Schicht der Sprachtheorie«[104] situiert – und wie für Benjamin (in »Die Aufgabe des Übersetzers«) ist Übersetzung für Husserl vor allem anderen relevant als »eine Form. Sie als solche zu erfassen, gilt es zurückzugehen auf das Original« – oder, im Falle Husserls, auf die originale Stiftung des idealen Gegenstands –: »Denn in ihm liegt deren Gesetz als in dessen Übersetzbarkeit beschlossen.«[105]

{b} Was jene idealen Gegenstände anbelangt, die *nicht* solche der »objektiven Wissenschaften« sind – ins Reich dieser ›anderen‹ Idealitäten gehört, die *Krisis* beim Wort genommen, auch die Phänomenologie mit ihrem »Subjektivismus«, der »prätendiert, während er die objektive Wissenschaft als Philosophie bestreitet, eine völlig neuartige Wissenschaftlichkeit, als transzendentale, auf die Bahn zu bringen«[106] –, tangiert der »Unterschied zwischen der Originalsprache des Werkes und der Übersetzung« die »Zugänglichkeit« auf sehr empfindliche Weise. Bei der Charakterisierung (*ex negativo*) dieses Umstands ist die »Beilage III« nicht weniger als Theorie auch Performance: führt, auf Ebene des eigenen Wort-Leibs, das Problem der »Zugänglichkeit« auf, indem – erneut, als Echo des Manuskripts von 1909/1916 mit seinem »Federhalter [...] ohne Feder« – ein Ausdruck gewählt wird, der nicht nur schwierig zu übersetzen ist, sondern, nach seiner Neustiftung durch Hegel, das unübersetzbare

---

103 Vgl. ebd.

104 Benjamin, »Über Sprache überhaupt und über die Sprache des Menschen«, GS 2:1, S. 151.

105 Ders., »Die Aufgabe des Übersetzers«, GS 4:1, S. 9.

106 Husserl, *Krisis*, Hua 6, S. 70.

deutsche Wort par excellence ist, *aufheben*. Und (erneut) ist diese (hegelianische) Wortwahl alles andere als austauschbar. Denn was auch immer der »identischen Zugänglichkeit« von nicht-›objektiv-wissenschaftlichen‹ idealen Gegenständen im Moment ihrer Übersetzung widerfahren mag: Dies ›Was‹ ist nicht gleichbedeutend einer ›Außerkraftsetzung‹ oder ›Beseitigung‹ – insofern es gerade mit ihre »identische Zugänglichkeit«, und sei es auch nur als (unerreichbares) Ideal (einer ›perfekten Übersetzung‹), ist, was die Existenz über die Sprachen hinweg solcher Gegenstände denkbar macht. Oder, was am Ende des Tages (oder eben am Ende der Geschichte) auf dasselbe hinausläuft: Das Ereignis der Übersetzung *ist* hier gleichbedeutend mit einer Art von ›Außerkraftsetzung‹ oder ›Beseitigung‹ – aber einzig in dem Maße, wie sie es auch nicht ist, i.e. einzig in dem Maße, wie, was außerkraftgesetzt bzw. aufgehoben wird, bewahrt bzw. aufgehoben wird, während es auf eine andere Stufe gebracht bzw. aufgehoben wird. Identität der identischen Zugänglichkeit und der nichtidentischen Zugänglichkeit, wenn man so möchte.

Setzen wir, wie Töpfer:innen vor Scherben, diese verschiedenen Stücke einer Husserl-Lektüre zusammen. Wenn die Genese der nicht-›objektiv-wissenschaftlichen‹ Idealitäten einerseits – hierin der Urstiftung der Geometrie gleichend – notwendigerweise zusammengeht mit dem Versprechen ihrer »Zugänglichkeit« für »alle[] Völker [...] aller Zeitalter«, sie andererseits aber – ungleich der Urstiftung der Geometrie – notwendigerweise die ›Aufhebung‹ von »identischer Zugänglichkeit« impliziert, dann ist die *Erfüllung* ersteren Versprechens nicht wie in den obig diskutierten Fällen (i.e. in den Fällen der »objektiven Wissenschaften«, zu welchen die Geometrie gehört) einzig eine (notwendige) *Möglichkeit*. Im Gegensatz zu dem, was (wiederholt) dasselbe bleibt, ist der einzige Existenzbeweis dessen, was sich (übersetzt) verändert, der (historische) Moment seiner Formierung. Übertragen, in einer Analogie gesprochen: Wenn der (nicht-›objektiv-wissenschaftliche‹) ideale Gegenstand ein »Federhalter« ist, dann *muss* er an einem bestimmten Punkt »ohne Feder sein«. Und wenn wir die Tatsache hinzunehmen, dass der Verlust-Zuwachs von »Zugänglichkeit« oder, mit Benjamin (der dabei auf Husserl anspielt) zu reden, der Verlust-Zuwachs von »Arten des Meinens« nachträglich auf einen finalen Zustand ausgerichtet ist (das, wie die *Krisis* sich ausdrückt, »worauf ›es‹ [...] ›hinauswollte‹« oder, wie Benjamin von der Verwandtschaft aller Sprachen sagt, das, »was sie sagen wollen«), könnte man gar versucht sein, einen »Federhalter« eine Art ›Behälter‹ zu nennen oder ein »Gefäß«.

4. Ende. Von einem »Standspiegel«

Nimmt – eingedenk solchen notwendigen Durchgangs des Husserl'schen »Sinnes« durch die (Übersetzungs-)Geschichte – unsere Geschichte von Husserl also einen guten Ausgang? Ebendarauf scheint es mit der Verbindung von Theorie und Zwang, als welche sich uns sein Schreiben zu lesen gab, via Übersetzungen von ihm, jetzt von Anfang an hinauszuwollen. Eine Neurose – gleichsam Akt eines Lustspiels – übersetzt sich ins Philosophische, bringt, unter neuem Namen, *Ideen zu einer reinen Phänomenologie und phänomenologischen Philosophie*, eine Epoché machende Weise theoretischer Zweifelssucht hervor. Sodann findet sie ihren Höhepunkt, »Abschluss u[nd] letzte Klarheit«[107] in einem Text, der mit *Cartesianische Meditationen* über-, weitergeschrieben wird von einem Gleichgesinnten, dadurch, dass ihre Darstellung konsequent abgeschlossen, für wesentlich kryptisch erklärt wird. Husserl trifft – wie tief erschrocken ob dessen, was ihm im philosophischen Sprössling an Eigenem entgegenblickt – endlich, im Umkreis seines letzten Buchprojekts, das *Krisis* heißt, die Entscheidung, im Ursprung von Idealität überhaupt und seinen eigenen Ideen deren »für alle Menschen [...] aller Völker, aller Zeitalter zugängliches Dasein« zu erkennen.[108] »Leer aus geht«[109] die Neurose, geht ihrer »asoziale[n] Natur« verlustig – um wie aus einem bösen Traum in der vom »Neurotiker gemiedenen realen Welt«, in der »die Gesellschaft der Menschen [herrscht]«, als geheilte zu erwachen.[110]

Aber darf die Leser:in dem Schein solchen Erwachens trauen? Ist Husserls Denken, blumig (und etwas wald- und wiesenpsychologisch) gesprochen, seiner zwanghaften Kindheit entwachsen, erwachsen geworden, da es als Möglichkeitsbedingung eines jeden »Sinnes« dessen Wachstum ins Spiel bringt? Wir haben Gründe zur Vorsicht. »Wir haben« nämlich mit Freud »alle die Erfahrung gemacht, daß es

---

107 »Husserl an Ingarden, 19. III. 1930«, Hua Dok 3:3, S. 262.

108 Ders., »Beilage III«, Hua 6, S. 368.

109 Benjamin, *Ursprung des deutschen Trauerspiels*, GS 1:1, S. 406.

110 Freud, *Totem und Tabu*, SA 9, S. 363.

dem Zwangsneurotiker besonders schwer wird, die psychoanalytische Grundregel zu befolgen«, dass er gegenüber jedwedem fremden Zugriff auf seine wertvollen Besitztümer »fortwährend in Kampfbereitschaft« sich befindet[111] – und dass er (der »Zwangsneurotiker« wohlverstanden, nicht der Mensch, der ihn in seinem Haus wohnen lässt) von einer ›Heilung‹, die ihn ja aufhöbe, nichts wissen will, i.e. genauer: er von Heilung durchaus wissen will, doch unter der Bedingung, dass er in solcher Aufhebung selbst gut aufgehoben, solche Aufhebung seiner selbst Teil seiner selbst ist und also Heilung nur dem Schein nach. Wir haben alle – um ein bekanntes Beispiel aufzugreifen – Erfahrung mit jenem »Zwangsneurotiker« im *Rattenmann*-Fall gemacht, der an dem Tag, da seine Geliebte fortreist, »mit dem Fuße gegen einen auf der Straße liegenden Stein [stieß]«: Er

> »*mußte* ihn nun auf die Seite räumen, weil ihm die Idee kam, in einigen Stunden werde ihr Wagen auf derselben Straße fahren und vielleicht an diesem Stein zu Schaden kommen, aber einige Minuten später fiel ihm ein, das sei doch ein Unsinn, und er *mußte* nun zurückgehen und den Stein wieder an seine frühere Stelle mitten auf der Straße legen. [...] Wir verstehen diesen zweiten Teil der Zwangshandlung nicht richtig, wenn wir ihn nur als kritische Abwendung vom krankhaften Tun auffassen, wofür er sich selbst ausgeben möchte. Daß auch er sich unter der Empfindung des Zwanges vollzieht, verrät, daß er selbst ein Stück des krankhaften Tuns ist, welches aber von dem Gegensatz zum Motiv des ersten Stückes bedingt wird.«[112]

Analog dazu muss Husserls »Beilage III« gelesen werden, insofern sie als letzter Akt eines zwanghaften Stücks gelesen, aufgelesen und wieder an ihren ursprünglichen Ort zurückgelegt werden muss. Wir verstehen diese »Beilage« nicht richtig, wenn wir ihr »für alle Menschen [...] aller Völker, aller Zeitalter zugängliches Dasein« als Abwendung der Phänomenologie von ihrer zwanghaften, »asoziale[n] Natur« auffassen. Wir verstehen sie, anders, nicht richtig, wenn wir sie nur in ihrer wörtlichen Nähe zu »Die Aufgabe des Übersetzers« Benjamins auffassen. Diese wörtliche Nähe ist noch nicht die ganze Geschichte,

---

111 Ders., *Hemmung, Symptom und Angst*, SA 6, S. 265

112 Ders., *Bemerkungen über einen Fall von Zwangsneurose*, SA 7, S. 60–61.

zu der eine »Aufgabe der Übersetzung«[113] noch anderer Art gehört. »Es fehlt«, wiederholen wir, was nach Husserl – von einem Sohn einmal mit der Frage konfrontiert, ob die Phänomenologie »nicht immerfort sprachlos bleiben« könne[114] – wesentliche Zutat der ›Urstiftung‹ von Idealem ist, »das verharrende Dasein der ›idealen Gegenstände‹ auch während der Zeiten, in denen der Erfinder und seine Genossen nicht in solchem Konnex wach oder überhaupt nicht mehr am Leben sind. Es fehlt ihr Immerfort-Sein [...].«[115] »Il lui manque l'être-à-perpétuité«, übersetzt Derrida.[116] Wie Emmanuel Alloas Kommentar betont (»*Immerfort-Sein* is indeed a *Fort-Sein*, a ›being-far‹, distanced from the origin«),[117] ist die Wortwahl des Übersetzers in diesem Fall unzureichend – um gerade so, wie wir nun hinzugeben, dem Original mit seinem »Immerfort-Sein«, Name auch des Orts des Limes an und für sich, ganz nahe zu sein in ganz anderer Weise. In dem Augenblick, Augenblick der ungenügenden Übersetzung, da es ersetzt wird, ist das Wort ›fort‹, buchstäblich, fort, nicht mehr da. Wo übersetzt wird *stricto sensu*, aus der alten Sprache nicht bloß übernommen wird, ist solches Fort-Sein – das im ausgezeichneten Fall des Worts ›fort‹ auf seinen eigenen Namen trifft, den Sinn des Worts ›fort‹ erhält in seiner Abwesenheit – das Schicksal eines jeden ursprünglichen Wort-Leibs in der Übersetzung. In diesem Punkt vor allen anderen ist Letztere, die Übersetzung und die ihr wesentliche doppelsinnige »Aufgabe«, für das Schreiben Husserls von ursprünglichem Interesse als zwangsneurotisches. Die Öffnung hin auf andere Sprachen wird als zwingend für die Stiftung des idealen Gegenstands gedacht im Wissen: dass seine originale sprachliche Materialität sich davonstehlen, im geheimen Besitz ihrer selbst, muttersprachliches Selbst, bleiben darf.

Ist, so besehen, Husserls Übersetzungsdenken also nichts als gewieftes Schachspiel? Nein, weniger als das. Husserl in der Übersetzung lesen ist ein Kinderspiel. Es ist – die unmögliche Aufgabe der Übersetzung des Worts ›fort‹ führt es vor Augen, augenzwinkernd gewissermaßen, nämlich zunächst ganz und dann gar nicht

113 Ebd., S. 58.

114 Fink, *VI. Cartesianische Meditation*, Hua Dok 2:1, S. 108.

115 Husserl, »Beilage III«, Hua 6, S. 371.

116 Ders., *L'origine de la géométrie*, Übers. Derrida, S. 186.

117 Alloa, »Writing, Embodiment, Deferral«, S. 233.

mehr wörtlich – ein Spiel verwandt jener »gelegentlich störende[n] Gewohnheit« des »brave[n] Kind[s]«, von welcher Freud in *Jenseits des Lustprinzips* berichtet. Diese »Gewohnheit« besteht darin,

> »alle kleinen Gegenstände, deren [das Kind] habhaft wurde, weit weg von sich in eine Zimmerecke, unter ein Bett usw. zu schleudern [...]. Dabei brachte es mit dem Ausdruck von Interesse und Befriedigung ein lautes, langgezogenes *o-o-o-o* hervor, das nach dem übereinstimmenden Urteil der Mutter und des Beobachters keine Interjektion war, sondern ›fort‹ bedeutete. Ich merkte endlich, daß das ein Spiel sei und daß das Kind alle seine Spielsachen nur dazu benütze, mit ihnen ›fortsein‹ zu spielen. Eines Tages machte ich dann die Beobachtung, die meine Auffassung bestätigte. Das Kind hatte eine Holzspule, die mit einem Bindfaden umwickelt war. Es fiel ihm nie ein, sie zum Beispiel am Boden hinter sich herzuziehen, also Wagen mit ihr zu spielen, sondern es warf die am Faden gehaltene Spule mit großem Geschick über den Rand seines verhängten Bettchens, so daß sie darin verschwand, sagte dazu sein bedeutungsvolles *o-o-o-o* und zog dann die Spule am Faden wieder aus dem Bett heraus, begrüßte aber deren Erscheinen jetzt mit einem freudigen ›Da‹. Das war also das komplette Spiel, Verschwinden und Wiederkommen, wovon man zumeist nur den ersten Akt zu sehen bekam, und dieser wurde für sich allein unermüdlich als Spiel wiederholt, obwohl die größere Lust unzweifelhaft dem zweiten Akt anhing. Die Deutung des Spieles lag dann nahe. Es war im Zusammenhang mit der großen kulturellen Leistung des Kindes, mit dem von ihm zustande gebrachten Triebverzicht (Verzicht auf Triebbefriedigung), das Fortgehen der Mutter ohne Sträuben zu gestatten.«[118]

Die Deutung liegt dann nahe. Es war im Zusammenhang des Fortgehens der Mutter, da die große kulturelle Leistung der Phänomenologie entstand. Zumindest war es im Zusammenhang des Fortgehens der Mutter aus dem Begriff ›Mutter‹, da es Husserl möglich wurde, sie, als leeres Wort, in Gleichnissen wiederkehren zu lassen für die eigene Lehre. »Die Phänomenologie in unserem Sinne«, heißt es etwa im dritten Band zu den *Ideen*, »ist die Wissenschaft der ›Ursprünge‹,

---

118 Freud, *Jenseits des Lustprinzips*, SA 3, S. 224–225.

der ›Mütter‹ aller Erkenntnis«.[119] Und wenn »Descartes [...] vor der von ihm eröffneten Pforte der transzendentalen Philosophie, der allein wahrhaft radikalen Philosophie, stehen geblieben [war]«, dann ist das, wie Husserl an einer Stelle (in Anlehnung an Goethes *Faust*) erklärt, gleichbedeutend mit der Aussage, dass er »den Gang in das nie betretene aber sehr wohl zu betretende ›Reich der Mütter‹ [...] nicht angetreten« hat.[120] Die Deutung dieser und vergleichbarer Gleichnisse liegt dann, noch einmal, nahe. Sie zeugen – indirekt – vom Denken Husserls als Ersatz, lassen es einstehen für anderes (von dem der spätere Denker als »Kind«, mit Freud spekuliert, »genährt, [...] gepflegt und betreut« worden war und dem er damals denn »zärtlich anhing«)[121] – und stellen es, so die naheliegende philosophiehistorische Deutung, in die Tradition eines noch anderen Philosophen. Es ist (das ist: anstelle von Descartes) Boethius. Wohlwissend, mit großem psychoanalytischem Gespür betitelt der Neuplatoniker, was sein Hauptwerk gewesen sein wird, mit *Consolatio philosophiae* und lässt da, wie aus den Augen eines trauernden Kinds verfasst, das Subjekt der Schrift nicht allein:

> »Während ich dies schweigend bei mir selbst überdachte und die tränenreiche Klage mit dem Griffel niederschrieb, dünkte es mich, daß mir zu Häupten eine Frau erschien [...]. Ihr Gewand war aus den zartesten Fäden und mit sauberster Kunstfertigkeit aus unzerstörbarem Material gefertigt und, wie ich später durch ihr Geständnis erfuhr, von ihren eigenen Händen gewebt. [...] Als ich ihr so meine Augen zuwendete und den Blick fest auf sie richtete, da sah ich meine Ernährerin wieder, in deren Haus ich von Jugend an ein und aus gegangen war: die Philosophie«.[122]

---

119 Husserl, *Ideen III*, Hua 5:3, S. 80.

120 Ders., *Erste Philosophie*, Hua 7, S. 73.

121 Freud, *Jenseits des Lustprinzips*, SA 3, S. 224.

122 Boethius, *Trost der Philosophie*, Übers. Neitzke, S. 11–19 | ebd., S. 10–18: »Haec dum mecum tacitus ipse reputarem querimoniamque lacrimabilem stili officio signarem, astitisse mihi supra verticem visa est mulier [...]. Vestes erant tenuissimis filis subtili artificio indissolubili materia perfectae quas, uti post eadem prodente cognovi suis manibus ipsa texuerat. [...] Itaque ubi in eam deduxi oculos intuitumque defixi, respicio nutricem meam, cuius ab adulescentia laribus obversatus fueram, Philosophiam.«

Die Deutung lag nahe. Sie ist damit – mit der Philosophie als Platzhalter, Husserl als Stellvertreter Boethius' – aber noch nicht vollständig, kein Ersatz für das, was von Freud über den kindlichen Drang, »›fortsein‹ zu spielen«, im weiteren Verlauf von *Jenseits des Lustprinzips* gesagt wird. »Es war« – das der Satz, bei welchem wir unsere eigenen Deutungen einschoben – »im Zusammenhang mit der großen kulturellen Leistung des Kindes, mit dem von ihm zustande gebrachten Triebverzicht (Verzicht auf Triebbefriedigung), das Fortgehen der Mutter ohne Sträuben zu gestatten.« Freud fährt fort:

> »Es entschädigte sich gleichsam dafür, indem es dasselbe Verschwinden und Wiederkommen mit den ihm erreichbaren Gegenständen selbst in Szene setzte. Für die affektive Einschätzung dieses Spieles ist es natürlich gleichgültig, ob das Kind es selbst erfunden oder sich infolge einer Anregung zu eigen gemacht hatte. Unser Interesse wird sich einem anderen Punkte zuwenden. Das Fortgehen der Mutter kann dem Kinde unmöglich angenehm oder auch nur gleichgültig gewesen sein. [...] Es war dabei passiv, wurde vom Erlebnis betroffen und bringt sich nun in eine aktive Rolle, indem es dasselbe, trotzdem es unlustvoll war, als Spiel wiederholt. Dieses Bestreben könnte man einem Bemächtigungstrieb zurechnen, der sich davon unabhängig macht, ob die Erinnerung an sich lustvoll war oder nicht. Man kann aber auch eine andere Deutung versuchen. Das Wegwerfen des Gegenstandes, so daß er fort ist, könnte die Befriedigung eines im Leben unterdrückten Racheimpulses gegen die Mutter sein, weil sie vom Kinde fortgegangen ist, und dann die trotzige Bedeutung haben ›Ja, geh' nur fort, ich brauch' dich nicht, ich schick' dich selber weg.‹«[123]

Sofort – dieses Mal wollen wir die Brücke zu Husserl nicht voreilig schlagen, zu dessen Arbeitsmaximen »Ich darf nicht passiv sein«[124] gehört und dessen Philosophie nach eigenen Aussagen nichts außer sich selbst braucht, sich als »ganz persönliche Angelegenheit des Philosophierenden«, als »*seine* Weisheit [...], als sein selbsterworbenes [...] Wissen, das er von Anfang an und in jedem Schritte verantworten kann«,[125] verstanden wissen will – will betont sein, dass Freud hier von einem Spiel spricht und nicht von einem Zwang. (Tatsäch-

123 Freud, *Jenseits des Lustprinzips*, SA 3, S. 225–226.
124 Husserl, »Persönliche Aufzeichnungen«, S. 300.
125 Ders., *Cartesianische Meditationen*, Hua 1, S. 44.

lich kommt das Wort ›Zwang‹ in diesem, dem »›fortsein‹ [S]pielen« gewidmeten Kapitel von *Jenseits des Lustprinzips* überhaupt nicht vor; zwingend gleichsam, geht es diesem Kapitel doch darum, wie Freud eingangs erklärt, »die Arbeitsweise des seelischen Apparates an einer seiner frühzeitigsten *normalen* Betätigungen zu studieren [meine Hervorhebung]«.)[126] Gleichzeitig – wie sofort? – drängt sich beim »brave[n] Kind« aber die Frage auf, ob die von Freud vorgeschlagene Deutung seines Tuns – als Einnahme einer »aktive[n] Rolle« einerseits, andererseits als die »trotzige[]« Aussage »Ja, geh' nur fort, ich brauch' dich nicht, ich schick' dich selber weg« – in Wahrheit nicht doppeldeutig, sie, wenn vielleicht nicht mit Kind und Kegel bzw. »Holzspule«, so doch im Wesentlichen auf die Symptombildung der Zwangsneurose übertragbar sei, die von der Welt nichts wissen will. (Zumindest, wie wir wissen, von der ›intersubjektiven‹ bzw. ›empirischen‹ Welt will sie nichts wissen, durchaus aber von jenem wohlgeordneten Kosmos, der ganz ihr eigener ist, das ist: der ideal ist). Oder noch anders ausgedrückt, fraglos und aktiv konstruiert: Vom »›fortsein‹ [S]pielen« zum Zwang, zu einem Denken im Zeichen des Zwangs ist es nur ein Schritt. (In *Jenseits des Lustprinzips* ist es nur ein Schritt übrigens in einem ganz hangreiflichen Sinne: Die Aufgabe des folgenden, dritten Kapitels des Buchs wird es sein, den »›Wiederholungszwang‹, der sich während der psychoanalytischen Behandlung der Neurotiker äußert, begreiflicher« zu machen.)[127] Und dieser eine Schritt, der also gleichsam ein Schnitt ist durch die Silben, die ›ab-‹ von den »*normalen* Betätigungen« trennend, ist in *Jenseits des Lustprinzips*, wenn eben nicht wörtlich, so doch der Sache nach schon angedeutet. Den betreffenden Abschnitt des Text habe ich obig bereits zitiert, habe die Sache, um welche es sich jetzt dreht, einen ganz bestimmten anderen Gegenstand, damals aber für mich behalten. Spulen wir zurück:

> »Das war also das komplette Spiel, Verschwinden und Wiederkommen, wovon man zumeist nur den ersten Akt zu sehen bekam, und dieser wurde für sich allein unermüdlich als Spiel wiederholt, obwohl die größere Lust unzweifelhaft dem zweiten Akt anhing. Die Deutung des Spie-

126 Freud, *Jenseits des Lustprinzips*, SA 3, S. 224.
127 Ebd., S. 229.

> les lag dann nahe. Es war im Zusammenhang mit der großen kulturellen Leistung des Kindes, mit dem von ihm zustande gebrachten Triebverzicht (Verzicht auf Triebbefriedigung), das Fortgehen der Mutter ohne Sträuben zu gestatten.«

Das war also, wie eben gesagt, noch nicht die komplette Passage. Dem ersten Satz, der auf »anhing« endet, nämlich hängt Freud eine Fußnote an. Von der Deutung dieses Zusatzes – der »[d]ie Deutung des Spieles«, die das Spiel »im Zusammenhang« der Unabhängigkeit von der »Mutter« des »Kindes« verortet, für einen Augenblick, für die Dauer eines Blicks auf den unteren Rand der Seite hinauszögert – hängt mit Blick auf den Zwang alles ab. Er erweitert das »›fortsein‹ [S]pielen«, das Freud im Lauftext als ganz persönliche Angelegenheit des Spielenden verstanden wissen will, um eine neue Dimension, die des fremden Blicks, der vorliegenden Lektüre liefert er ihren letzten konkreten Gegenstand:

> »Diese Deutung wurde dann durch eine weitere Beobachtung völlig gesichert. Als eines Tages die Mutter über viele Stunden abwesend gewesen war, wurde sie beim Wiederkommen mit der Mitteilung begrüßt: ›Bebi o-o-o-o!‹, die zunächst unverständlich blieb. Es ergab sich aber bald, daß das Kind während dieses langen Alleinseins ein Mittel gefunden hatte, sich selbst verschwinden zu lassen. Es hatte sein Bild in dem fast bis zum Boden reichenden Standspiegel entdeckt und sich dann niedergekauert, so daß das Spiegelbild ›fort‹ war.«[128]

Dieses »Kind« mag mit dem »gefunden[en]« »Mittel« zufrieden, dem Spiel mit ihm eines Tages entwachsen sein und Neues »entdeckt« haben. In anderen Fällen – sei es im »Kampf zwischen Liebe und Haß«,[129] sei es im »Kampf [...] um den Kranz der Wahrheit«,[130] wo einzig, »was ich immer wieder ›selbst sehen‹ [...] kann, [...] gelten [soll]«[131] – gestaltet sich die Suche nach dem Medium ungleich schwieriger, langfädiger. Für diejenigen, die suchen, wie auch für diejenigen, die zusehen, zusehends Ziel eines »im Leben unterdrück-

---

128 Ebd., S. 225, Anm. 1.

129 Freud, *Bemerkungen über einen Fall von Zwangsneurose*, SA 7, S. 61.

130 Husserl, »Persönliche Aufzeichnungen«, S. 300.

131 »Husserl an Cairns, 21. III. 1930«, Hua Dok 3:4, S. 22.

ten Racheimpulses« werden müssen, der ursprünglich und im Kern einen ganz anderen Sinn hat. Dasselbe in einem Bild[132] ausgedrückt: Die Symptombildung der Zwangsneurose ist die Suche nach einem magischen Spiegel – darin gleicht ihr das Schreiben Husserls, von seiner Mutter 1938 allein in der Welt zurückgelassen –, dessen Reflektion in Abwesenheit ihres infantilen Ursprungs, für alle Anderen »zunächst unverständlich« *bliebe*.

* * *

In einem Brief an Roman Ingarden, auf August 1932 datiert, erbittet Husserl von seinem ehemaligen Studenten, erbitten mit dem Namen ›Husserl‹ signierte Wörter von einer zukünftigen Leser:innenschaft dies Eine: »Versuchen Sie zu verstehen, warum ich immerfort sagen kann, daß Sie den tieferen Sinn der [...] Ph[änomenologie] nicht verstanden haben u[nd] warum das kein Vorwurf ist, wie denn Niemand meiner alten Schule verstand.«[133] Das versucht die Lektüre, die hier begonnen wurde. In ihrem Licht zeichnen in den Husserl'schen am Schreibtisch die Züge des Hieronymus von Stridon, des Schutzpatrons der Übersetzung sich ab.

132 Es ist nicht dasselbe Bild wie jenes, mit welchem Derridas *La voix et le phénomène* schließt, über welches wir weiter oben sprachen, aber auch kein ganz anderes.
133 »Husserl an Ingarden, 19. VIII. 1932«, Hua Dok 3:3, S. 288.

Dank

Das vorliegende Buch ist die Weiterentwicklung meiner 2021 an der Abteilung für Allgemeine und Vergleichende Literaturwissenschaft (AVL) der Universität Zürich verteidigten Dissertationsschrift. Ich danke meinen Betreuern Sandro Zanetti und Charles de Roche für das ermutigende Interesse an meinem Projekt und die Begleitung. Zwischen 2016–2021 war ich an der AVL in Zürich als Assistent, zwischen 2021–2024 als Oberassistent tätig. Ich danke Sandro Zanetti und der ganzen Abteilung für die bereichernden Jahre und die anhaltende Förderung meiner akademischen Person.

Ich bedanke mich bei Michael Heitz und dem Verlag diaphanes für die Bereitschaft zum gemeinsamen Buch und seine gewandte Realisierung und beim Schweizerischen Nationalfonds (SNF) für die finanzielle Unterstützung unserer Publikation.

Aus den unverzichtbaren Weggefährt:innen unterwegs zum vorliegenden Text möchte ich (in alphabetischer Reihenfolge) eigens hervorheben meine Analytikerin, Sébastien Fanzun, Stefanie Heine, Judith Kasper, Johannes Kleinbeck, Kristina Mendicino und Rochelle Tobias. Ihnen allen verdanken dieses Buch und der Mensch dahinter sehr viel.

Ich danke meinen Eltern Gabriella und Urs und meinen Schwestern Stephanie und Laura für die lebenslange Aufmerksamkeit und Unterstützung.

Barbara, die jede Zeile dieses Buchs begleitet hat, danke ich für das gemeinsame Leben. Ihr und ihm, einem Und sei dieses Buch gewidmet.

Textvorlagen

Eine Vorstufe zum ersten Teil des vorliegenden Buchs, »Ursprung eines französischen Trauerspiels«, ist publiziert worden als: »Zweiverleibung. Der andere Ricœur«, in: Al-Taie, Yvonne und Marta Famula (Hg.): *Unverfügbares Verinnerlichen. Figuren der Einverleibung zwischen Eucharistie und Anthropophagie*, Leiden/Boston: Brill Rodopi 2020 (= *Amsterdamer Beiträge zur neueren Germanistik* 92), S. 244–270. Dieser Aufsatz wird punktuell auch im zweiten Teil (»Der Abschluss einer Philosophie«) aufgegriffen.

Eine Vorstufe zum Unterkapitel »Exkurs: Barthes über de Sade« im zweiten Teil, »Der Abschluss einer Philosophie«, ist publiziert worden als: »Husserls Sadismus (Nachwort)«, in: Levinas, Emmanuel: *Husserls Theorie der Anschauung*, übersetzt von Philippe P. Haensler und Sébastien Fanzun, Wien: Turia + Kant 2019, S. 233–240.

Eine Vorstufe zum dritten Teil, »Verstohlene Silben«, ist in englischer Sprache publiziert worden als: »Fort. The Germangled Words of Edmund Husserl and Walter Benjamin«, in: Haensler, Philippe P., Kristina Mendicino und Rochelle Tobias (Hg.): *Phenomenology to the Letter. Husserl and Literature*, Berlin/Boston: de Gruyter 2021 (= *Textologie* 7), S. 85–112.

Ich danke allen Verlagen für die Genehmigung zur (veränderten) Wiederverwendung.

Siglen- und Literaturverzeichnis

Hua	Husserl, Edmund: *Husserliana*, hg. von Stephan Strasser u.a., Den Haag u.a., 1950ff.
Hua Dok	*Husserliana: Dokumente*, hg. von Karl Schuhmann u.a., Den Haag u.a., 1977ff.
SA	Freud, Sigmund: *Studienausgabe*, hg. von Alexander Mitscherlich, Angela Richards und James Strachey, Frankfurt am Main 2007.
GS	Benjamin, Walter: *Gesammelte Schriften*, hg. von Rolf Tiedeman und Hermann Schweppenhäuser, Frankfurt am Main 1991.

Abraham, Nicolas und Maria Torok: »Deuil *ou* mélancolie. Introjecter – Incorporer«, in: dies.: *L'écorce et le noyau*, Paris 1978, S. 259–275.

— »Trauer *oder* Melancholie. Introjizieren – inkorporieren«, übersetzt von Brigitte Große, in: *Psyche. Zeitschrift für Psychoanalyse und ihre Anwendungen* 55 (2001), Heft 6, S. 545–559.

Alloa, Emmanuel: »Writing, Embodiment, Deferral. Merleau-Ponty and Derrida on ›The Origin of Geometry‹«, in: *Philosophy Today* 58 (2014), Heft 2, S. 219–239.

Baring, Edward: *The Young Derrida and French Philosophy (1945–1968)*, New York 2011.

Barthes, Roland: *Œuvres complètes*, hg. von Éric Marty, Paris 2002.

— *Sade, Fourier, Loyola*, übersetzt von Jürgen Hoch und Maren Sell, Frankfurt am Main 1986.

Benjamin, Walter: *Gesammelte Schriften*, hg. von Rolf Tiedeman und Hermann Schweppenhäuser, Frankfurt am Main 1991.

Bennington, Geoffrey und Jacques Derrida: *Jacques Derrida*, Paris 1991.

— *Jacques Derrida. Ein Porträt*, übersetzt von Stefan Lorenzer, Frankfurt am Main 1994.

Berman, Antoine: *L'épreuve de l'étranger. Culture et traduction dans l'Allemagne romantique (Herder, Goethe, Schlegel, Novalis, Humboldt, Schleiermacher, Hölderlin)*, Paris 1984.

Boethius: *Trost der Philosophie. Zweisprachige Ausgabe*, übersetzt von Ernst Neitzke, Frankfurt am Main 1997.

Bojanić, Petar: »To Institute, to Primally Institute (Stiften, Urstiften). Husserl's First Readers and Translators in France. A Possible Origin of Continental Philosophy«, in: *Philosophy and Society* 18 (2007), Heft 2, S. 235–245.

Bruzina, Ronald: »Antworten und Fragen. Edmund Husserl und Eugen Fink in der Freiburger Phänomenologie«, in: *Phänomenologische Forschungen* 30 (1996), S. 33–64.

— *Edmund Husserl and Eugen Fink. Beginnings and Ends in Phenomenology (1928–1938)*, New Haven 2008.

— »Translator's Introduction«, in: Fink, Eugen: *Sixth Cartesian Meditation. The Idea of a Transcendental Theory of Method,* übersetzt von Ronald Bruzina, Bloomington 1995, S. vii–xcii.

Cairns, Dorion: *Conversations with Husserl and Fink,* Dordrecht 1976.
— *Guide for Translating Husserl,* Dordrecht 1973.
— *The Philosophy of Edmund Husserl,* hg. von Lester Embree, Dordrecht 2013.

Campe, Rüdiger: »Die Schreibszene. Schreiben«, in: Gumbrecht, Hans Ulrich und K. Ludwig Pfeiffer (Hg.): *Paradoxien, Dissonanzen, Zusammenbrüche. Situationen offener Epistemologie,* Frankfurt am Main 1991, S. 759–772.

Celan, Paul: *Der Meridian. Endfassung – Entwürfe – Materialien,* hg. von Bernhard Böschenstein und Heino Schmull, Frankfurt am Main 1999 (= *Tübinger Ausgabe*).
— *Gesammelte Werke in sieben Bänden,* hg. von Beda Allemann und Stefan Reichert, Frankfurt am Main 2000.

de Launay, Marc: »Préface«, in: Ricœur, Paul: *Sur la traduction,* Paris 2016, S. ix–xxx.

Deleuze, Gilles und Félix Guattari: *Kafka. Für eine kleine Literatur,* übersetzt von Burkhart Kroeber, Frankfurt am Main 1976.
— *Kafka. Pour une littérature mineure,* Paris 1975.

Depraz, Natalie: »Paul Ricœur«, in: Luft, Sebastian und Maren Wehrle (Hg.): *Husserl-Handbuch. Leben – Werk – Wirkung,* Stuttgart 2017, S. 284–289.

de Roche, Charles: *Monadologie des Gedichts. Benjamin, Heidegger, Celan,* Paderborn 2013.

Derrida, Jacques: »Antwort an Apel«, übersetzt von Michael Wetzel, in: *Zeitmitschrift. Journal für Ästhetik* 3 (1987), S. 79–85.
— »Archive et brouillon. Table ronde du 17 juin 1995«, in: Contat, Michel und Daniel Ferrer (Hg.): *Pourquoi la critique génétique? Méthodes, théories,* Paris 1998, S. 189–209.
— *Das Problem der Genese in Husserls Philosophie,* übersetzt von Johannes Kleinbeck, Zürich 2013.
— *De la grammatologie,* Paris 1967.
— »Des Tours de Babel«, in: Graham, Joseph F. (Hg.): *Difference in Translation,* Ithaca 1985, S. 209–248.
— *Die Phänomenologie und die Schließung der Metaphysik. Eine Einführung in Husserls Denken, mit einer Auswahl aus seinen Schriften,* übersetzt von Johannes Kleinbeck, Zürich 2011.
— *Die Stimme und das Phänomen. Einführung in das Problem des Zeichens in der Phänomenologie Husserls,* übersetzt von Hans-Dieter Gondek, Frankfurt am Main 2003.
— »Fors. Les mots anglés de Nicolas Abraham et Maria Torok«, in: Abraham, Nicolas und Maria Torok: *Cryptonymie. Le verbier de l'homme aux loups,* Paris 1976, S. 7–73.
— »Freud et la scène de l'écriture«, in: ders.: *L'écriture et la différence,* Paris 1967, S. 293–340.
— »Freud und der Schauplatz der Schrift«, in: ders.: *Die Schrift und die Differenz,* übersetzt von Rodolphe Gasché und Ulrich Köppen, Frankfurt am Main 1976, S. 302–350.
— »Gewalt und Metaphysik. Essay über das Denken Emmanuel Levinas'«, in: ders.: *Die Schrift und die Differenz,* übersetzt von Rodolphe Gasché und Ulrich Köppen, Frankfurt am Main 1976, S. 121–235.
— *Grammatologie,* übersetzt von Hans-Jörg Rheinberger und Hanns Zischler, Frankfurt am Main 1974.

— *Husserls Weg in die Geschichte am Leitfaden der Geometrie. Ein Kommentar zur ›Beilage III‹ der Krisis*, übersetzt von Rüdiger Hentschel und Andreas Knop, München 1987.
— »Introduction«, in: Husserl, Edmund: *L'origine de la géométrie*, übersetzt von Jacques Derrida, Paris 1962, S. 3–171.
— »La pharmacie de Platon«, in: ders.: *La dissémination*, Paris 1972, S. 69–197.
— »La phénoménologie et la clôture de la métaphysique. Introduction à la pensée de Husserl«, in: *Alter* 8 (2000), S. 69–84.
— *La voix et le phénomène. Introduction au problème du signe dans la phénoménologie de Husserl*, Paris 2010.
— *Le problème de la genèse dans la philosophie de Husserl*, Paris 1990.
— *L'oreille de l'autre. Otobiographies, transferts, traductions*, hg. von Claude Lévesque und Christie V. McDonald, Montreal 1982.
— *Qu'est-ce qu'une traduction ›relevante‹?*, in: von der Osten, Esther und Caroline Sauter (Hg.): *Was ist eine ›relevante‹ Übersetzung? Arbeiten mit Derrida*, Bielefeld 2023, S. 9–43.
— »Violence et métaphysique. Essai sur la pensée d'Emmanuel Levinas«, in: ders.: *L'écriture et la différence*, Paris 1967, S. 117–228.
— *Was ist eine ›relevante‹ Übersetzung?*, übersetzt von Esther von der Osten und Caroline Sauter, in: von der Osten, Esther und Caroline Sauter (Hg.): *Was ist eine ›relevante‹ Übersetzung? Arbeiten mit Derrida*, Bielefeld 2023, S. 45–86.

Didier, Christophe: »Découverte de deux lettres inédites du philosophe Edmund Husserl à la BNU«, 19.3.2022, https://bnu.hypotheses.org/10733 (aufgerufen: 22.02.2024).

Fichte, Johann Gottlieb: *Fichtes Werke*, hg. von Immanuel Hermann Fichte, Berlin 1971.

Fink, Eugen: »Die phänomenologische Philosophie Edmund Husserls in der gegenwärtigen Kritik. Mit einem Vorwort von Edmund Husserl«, in: *Kantstudien* 38 (1933), Heft 1–2, S. 319–383.
— »Die Spätphilosophie Husserls in der Freiburger Zeit«, in: ders.: *Nähe und Distanz. Phänomenologische Vorträge und Aufsätze*, hg. von Franz-Anton Schwarz, Freiburg im Breisgau 1976, S. 205–227.
— »Operative Begriffe in Husserls Phänomenologie«, in: *Zeitschrift für philosophische Forschung* 11 (1957), S. 321–337.
— *VI. Cartesianische Meditation. Teil 1. Die Idee einer transzendentalen Methodenlehre. Texte aus dem Nachlass Eugen Finks (1932) mit Anmerkungen und Beilagen aus dem Nachlass Edmund Husserls (1933/34)*, hg. von Hans Ebeling, Jann Holl und Guy van Kerckhoven, Dordrecht 1988 (= *Husserliana: Dokumente* 2:1).

Foran, Lisa: »An Ethics of Discomfort. Supplementing Ricœur On Translation«, in: *Études Ricœuriennes/Ricœur Studies* 6 (2015), Heft 1, S. 25–45.

Foucault, Michel: *L'ordre du discours. Leçon inaugurale au Collège de France prononcée le 2 décembre*, Paris 1971.

Freud, Sigmund: *Gesammelte Werke. Chronologisch geordnet*, hg. von Anna Freud u.a., London 1941ff.
— *Studienausgabe*, hg. von Alexander Mitscherlich, Angela Richards und James Strachey, Frankfurt am Main 2007.

Frey, Hans-Jost: *Studien über das Reden der Dichter. Mallarmé, Baudelaire, Rimbaud, Hölderlin*, München 1986.

Gasché, Rodolphe: »On Re-presentation. Zigzagging with Husserl and Derrida«, in: *Alter* 8 (2000), S. 85–101.

Gerlek, Selin: *Korporalität und Praxis. Revision der Leib-Körper-Differenz in Maurice Merleau-Pontys philosophischem Werk*, Paderborn 2020.

Graßmann, Hermann: *Die lineale Ausdehnungslehre. Ein neuer Zweig der Mathematik*, Leipzig 1844.

Günzel, Stephan: »Zick-Zack. Edmund Husserls phänomenologische Archäologie«, in: Ebeling, Knut und Stefan Altekamp (Hg.): *Die Aktualität des Archäologischen in Wissenschaft, Medien und Künsten*, Frankfurt am Main 2004, S. 98–117.

Haensler, Philippe P.: »Emmanuel Levinas. ›Il est difficile de pardonner à Heidegger.‹«, in: Fries, Thomas und Sandro Zanetti (Hg.): *Revolutionen der Literaturwissenschaft (1966–1971)*, Zürich 2019, S. 373–393.

— »›Es sedimentiert sich sozusagen.‹ Derrida als Übersetzer Husserls«, in: Heine, Stefanie und Sandro Zanetti (Hg.): *Transaktualität. Ästhetische Dauerhaftigkeit und Flüchtigkeit*, Paderborn 2017, S. 271–280.

— »Fort. The Germangled Words of Edmund Husserl and Walter Benjamin«, in: Haensler, Philippe P., Kristina Mendicino und Rochelle Tobias (Hg.): *Phenomenology to the Letter. Husserl and Literature*, Berlin 2021, S. 85–112.

— »Husserls Sadismus (Nachwort)«, in: Levinas, Emmanuel: *Husserls Theorie der Anschauung*, übersetzt von Philippe P. Haensler und Sébastien Fanzun, Wien 2019, S. 233–240.

— »Jacques Derrida. ›[C]e supplément est, comme on dit d'une pièce, d'origine.‹«, in: Fries, Thomas und Sandro Zanetti (Hg.): *Revolutionen der Literaturwissenschaft (1966–1971)*, Zürich 2019, S. 203–221.

— »Poetik der Anstiftung. Zum Verhältnis von Schreibhemmung und Übersetzung nach Freud und Merleau-Ponty«, in: Baschera, Marco, Pietro De Marchi und Sandro Zanetti (Hg.): *Zwischen den Sprachen/Entre les langues. Mehrsprachigkeit, Übersetzung, Öffnung der Sprachen/Plurilinguisme, traduction, ouverture des langues*, Bielefeld 2019, S. 129–160.

— »Zweiverleibung. Der andere Ricœur«, in: Al-Taie, Yvonne und Marta Famula (Hg.): *Unverfügbares Verinnerlichen. Figuren der Einverleibung zwischen Eucharistie und Anthropophagie*, Leiden 2020, S. 244–270.

Hamacher, Werner: »95 Thesen zur Philologie«, in: ders.: *Was zu sagen bleibt*, Schupfart 2019, S. 51–77.

Hegel, Georg Wilhelm Friedrich: *Werke in 20 Bänden mit Registerband*, hg. von Eva Moldenhauer und Karl Markus Michel, Frankfurt am Main 1986.

Heine, Stefanie und Sandro Zanetti (Hg.): *Transaktualität. Ästhetische Dauerhaftigkeit und Flüchtigkeit*, Paderborn 2017.

Hirsch, Alfred: »Die Aufgabe des Übersetzers«, in: Lindner, Burkhardt (Hg.): *Benjamin-Handbuch. Leben – Werk – Wirkung*, Stuttgart 2011, S. 609–625.

Hölderlin, Friedrich: *Sämtliche Werke*, hg. von Friedrich Beißner, Stuttgart 1957.

Horsten, Toon: *Der Pater und der Philosoph. Die abenteuerliche Rettung von Husserls Vermächtnis*, übersetzt von Marlene Müller-Haas, Berlin 2021.

Husserl, Edmund: *Cartesian Meditations. An Introduction to Phenomenology*, übersetzt von Dorion Cairns, Den Haag 1960.

— »Die Frage nach dem Ursprung der Geometrie als intentional-historisches Problem«, in: *Revue Internationale de Philosophie* 1 (1939), Heft 2, S. 203–225.

— *Erfahrung und Urteil. Untersuchungen zur Genealogie der Logik*, hg. von Ludwig Landgrebe, Prag 1939.

— *Formal and Transcendental Logic*, übersetzt von Dorion Cairns, Dordrecht 1969.

— *Formale und transzendentale Logik. Versuch einer Kritik der logischen Vernunft*, Halle 1929.

— *Husserliana*, hg. von Stephan Strasser u.a., Den Haag u.a., 1950ff.

— *Husserliana: Dokumente*, hg. von Karl Schuhmann u.a., Den Haag u.a., 1977ff.

— *Ideen zu einer reinen Phänomenologie und phänomenologischen Philosophie. Erstes Buch. Allgemeine Einführung in die reine Phänomenologie*, in: *Jahrbuch für Philosophie und phänomenologische Forschung* 1 (1913), Heft 1.
— *Idées directrices pour une phénoménologie et une philosophie phénoménologique pures*, übersetzt von Paul Ricœur, Paris 2005.
— *La crise des sciences européennes et la phénoménologie transcendantale*, übersetzt von Gérard Granel, Paris 2004.
— *La crise des sciences européennes et la phénoménologie transcendantale. Une introduction à la philosophie phénoménologique*, übersetzt von Edmond Gerrer, in: *Les études philosophiques* 4 (1949), Heft 2 und 3, S. 127–159 und S. 229–301.
— »La question de l'origine de la géométrie comme problème historico-intentionnel«, übersetzt von Jacques Derrida, unveröffentlicht; Special Collections and Archives, University of California, Irvine Libraries: MS.C.001b/box 52/folder 4 (»Jacques Derrida papers«/»Edmund Husserl, l'origine de la géométrie: traduction et introduction«/»German version and translation«).
— *L'origine de la géométrie*, übersetzt von Jacques Derrida, Paris 1962.
— *Méditations cartésiennes. Introduction à la phénoménologie*, übersetzt von Gabrielle Pfeiffer und Emmanuel Levinas, Paris 2000.
— »Persönliche Aufzeichnungen«, hg. von Walter Biemel, in: *Philosophy and Phenomenological Research* 16 (1956), Heft 3, S. 293–302.

Imhof, Beat W.: *Edith Steins philosophische Entwicklung. Leben und Werk*, Basel 1987.

Ingarden, Roman: »Erläuterungen zu den Briefen Husserl«, in: Husserl, Edmund: *Briefe an Roman Ingarden. Mit Erläuterungen und Erinnerungen an Husserl*, hg. von Roman Ingarden, Den Haag 1968, S. 139–184.

Kilchman, Esther: »Nicht übersetzt. Von Störfällen im Transfer zwischen den Sprachen«, in: Baschera, Marco, Pietro De Marchi und Sandro Zanetti (Hg.): *Zwischen den Sprachen/Entre les langues. Mehrsprachigkeit, Übersetzung, Öffnung der Sprachen/Plurilinguisme, traduction, ouverture des langues*, Bielefeld 2019, S. 69–86.

Kleinbeck, Johannes: »Abschattungsabschattungen«, in: Levinas, Emmanuel: *Husserls Theorie der Anschauung*, übersetzt von Philippe P. Haensler und Sébastien Fanzun, Wien 2019, S. 241–242.

Lacan, Jacques: »Joyce, das Symptom«, in: ders.: *Das Sinthom. Das Seminar XXIII*, übersetzt von Myriam Mitelman und Harold Dielmann, Wien 2017, S. 181–192.
— »Joyce le symptôme«, in: Aubert, Jacques (Hg.): *Joyce avec Lacan*, Paris 1987, S. 21–30.
— *Le séminaire. Livre XXIII. Le sinthome (1975–1976)*, hg. von Jacques-Alain Miller, Paris 2005.

Levinas, Emmanuel: »Der Untergang der Vorstellung«, in: ders.: *Die Spur des Anderen. Untersuchungen zur Phänomenologie und Sozialphilosophie*, hg. und übersetzt von Wolfgang Nikolaus Krewani, Freiburg im Breisgau 1983, S. 120–139.
— *Die Zeit und der Andere*, übersetzt von Ludwig Wenzler, Hamburg 2003.
— *Husserls Theorie der Anschauung*, übersetzt von Philippe P. Haensler und Sébastien Fanzun, Wien 2019.
— »La ruine de la représentation«, in: ders.: *En découvrant l'existence avec Husserl et Heidegger. Édition suivie d'essais nouveaux*, Paris 2016, S. 173–188.
— *Le temps et l'autre*, Paris 1991.
— »Première leçon. Envers autrui«, in: ders.: *Quatre lecture talmudiques*, Paris 1968, S. 27–64.
— »Sur les ›Ideen‹ de M. E. Husserl«, in: *Revue Philosophique de la France et de l'Étranger* 107 (1929), März–April, S. 230–265.
— *Théorie de l'intuition dans la phénoménologie de Husserl*, Paris 2010.

Luft, Sebastian: *›Phänomenologie der Phänomenologie‹. Systematik und Methodologie der Phänomenologie in der Auseinandersetzung zwischen Husserl und Fink*, Dordrecht 2002.

Luft, Sebastian und Maren Wehrle: »Einleitung der Herausgeber/Innen«, in: dies. (Hg.): *Husserl-Handbuch. Leben – Werk – Wirkung*, Stuttgart 2017, S. 1–6.

Malka, Salomon: *Emmanuel Lévinas. Eine Biographie*, übersetzt von Frank Miething, München 2004.

— *Emmanuel Lévinas. La vie et la trace*, Paris 2002.

Mann, Thomas: *Der Zauberberg*, Frankfurt am Main 2021.

Mauthner, Fritz: *Wörterbuch der Philosophie. Neue Beiträge zu einer Kritik der Sprache. Erster Band*, München 1910.

Meacham, Darian: »What Goes Without Saying. Husserl's Concept of Style«, in: *Research in Phenomenology* 43 (2013), S. 3–26.

Merleau-Ponty, Maurice: *Notes de cours sur ›L'origine de la géométrie‹ de Husserl. Suivi de Recherches sur la phénoménologie de Merleau-Ponty*, hg. von Renaud Barbaras, Paris 1998.

— *Phänomenologie der Wahrnehmung*, übersetzt von Rudolf Boehm, Berlin 1966.

— *Phénoménologie de la perception*, Paris 2012.

Nietzsche, Friedrich: *Kritische Studienausgabe*, hg. von Giorgio Colli und Mazzino Montinari, München 1999.

Platon: *Werke in acht Bänden*, hg. von Gunther Eigler, übersetzt von Friedrich Schleiermacher und Dietrich Kurz, Darmstadt 1983.

Poe, Edgar Allan: *The Complete Works of Edgar Allan Poe*, hg. von James A. Harrison, New York 1965.

Ricœur, Paul: »Défi et bonheur de la traduction«, in: ders.: *Sur la traduction*, Paris 2016, S. 1–11.

— *De l'interpretation. Essai sur Sigmund Freud*, Paris 2006.

— »Husserl et le sens de l'histoire«, in: *Revue de métaphysique et de morale* 54 (1949), Juli–Oktober, S. 280–316.

— »Introduction du traducteur«, in: Husserl, Edmund: *Idées directrices pour une phénoménologie et une philosophie phénoménologique pures*, übersetzt von Paul Ricœur, Paris 2005, S. xi–xxxix.

— »Kant et Husserl«, in: *Kant-Studien* 46 (1954), Heft 1, S. 44–67.

— *La mémoire, l'histoire, l'oubli*, Paris 2000.

— »Le paradigme de la traduction«, in: ders.: *Sur la traduction*, Paris 2016, S. 13–36.

— »Un ›passage‹. Traduire l'intraduisible«, in: ders.: *Sur la traduction*, Paris 2016, S. 37–49.

— *Vom Übersetzen. Herausforderung und Glück des Übersetzens*, übersetzt von Till Bardoux, Berlin 2016.

Rosenzweig, Franz: *Gesammelte Schriften*, hg. von Annemarie Mayer und Reinhold Mayer, Dordrecht 1984.

Scherbel, Martina: *Phänomenologie als absolute Wissenschaft. Die systembildende Funktion des Zuschauers in Eugen Finks VI. Cartesianischer Meditation*, Amsterdam 1999.

Schestag, Thomas: *Mantisrelikte*, Basel 1999.

Schleiermacher, Friedrich Daniel Ernst: »Ueber die verschiedenen Methoden des Uebersetzens«, in: Kitzbichler, Josefine, Katja Lubitz und Nina Mindt (Hg.): *Dokumente zur Theorie der Übersetzung antiker Literatur in Deutschland seit 1800*, Berlin 2009, S. 59–81.

Schnell, Alexander: *Der frühe Derrida und die Phänomenologie. Eine Vorlesung*, Frankfurt am Main 2021.

Spielers, Steven: *Husserl Bibliography*, Dordrecht 1999.

Springstübe, Darja: *Über Wahrnehmung und Ausdruck in der Philosophie Maurice Merleau-Pontys*, Berlin 2013.

Stähler, Tanja: *Die Unruhe des Anfangs. Hegel und Husserl über den Weg in die Phänomenologie*, Dordrecht 2003.

Stein, Edith: *Edith Steins Werke*, hg. von Lucy Gelber u.a., Leuven u.a. 1950ff.

Tausk, Victor: »Psychoanalyse der Philosophie und psychoanalytische Philosophie«, in: *Jahrbuch für psychoanalytische und psychopathologische Forschung* 6 (1914), Heft 1, S. 405–412.

Thiel, Detlef: »Husserls Phänomenographie«, in: *Recherches Husserliennes* 19 (2003), S. 67–108.

Ubiali, Marta: »Husserls Phänomenologie des Habitus und der Konstitution des bleibenden Charakters«, in: Ubiali, Marta und Maren Wehrle (Hg.): *Feeling and Value, Willing and Action. Essays in the Context of a Phenomenological Psychology*, Cham 2015, S. 105–118.

van Breda, Herman Leo: »Die Rettung von Husserls Nachlass und die Gründung des Husserl-Archivs«, in: Husserl-Archiv Leuven (Hg.): *Geschichte des Husserl-Archivs/History of the Husserl-Archives*, Dordrecht 2007, S. 1–38.

van Kerckhoven, Guy: *Mundanisierung und Individuation bei Edmund Husserl und Eugen Fink. Die sechste Cartesianische Meditation und ihr ›Einsatz‹*, übersetzt von Gerhard Hammerschmied und Artur R. Boelderl, Würzburg 2003.

Venuti, Lawrence: »Translating Derrida on Translation. Relevance and Disciplinary Resistance«, in: *The Yale Journal of Criticism* 16 (2003), Heft 2, S. 237–262.

Vongehr, Thomas: »Die Geschichte der Rettung von Husserls Nachlass«, in: Luft, Sebastian und Maren Wehrle (Hg.): *Husserl-Handbuch. Leben – Werk – Wirkung*, Stuttgart 2017, S. 39–45.

— »Die Husserls in Briefen«, in: Luft, Sebastian und Maren Wehrle (Hg.): *Husserl-Handbuch. Leben – Werk – Wirkung*, Stuttgart 2017, S. 33–39.

— »Persönlichkeit und Leben«, in: Luft, Sebastian und Maren Wehrle (Hg.): *Husserl-Handbuch. Leben – Werk – Wirkung*, Stuttgart 2017, S. 8–18.

— »Sprache und Erfahrungsstil im Denken Edmund Husserls«, in: *Schriftenreihe der Europa-Universität Viadrina* 24 (2006), S. 1–16.

von Humboldt, Wilhelm: *Gesammelte Schriften*, hg. von der Königlich Preussischen Akademie der Wissenschaften, Berlin 1907.

von Winterstein, Alfred: »Psychoanalytische Anmerkungen zur Geschichte der Philosophie«, in: *Imago. Zeitschrift für Anwendung der Psychoanalyse auf die Geisteswissenschaften* 2 (1913), S. 175–237.

Waldenfels, Benrhard: *Erfahrung, die zur Sprache drängt. Studien zur Psychoanalyse und Psychotherapie aus phänomenologischer Sicht*, Frankfurt am Main 2019.

Walther, Gerda: »Ludwig Klages und sein Kampf gegen den ›Geist‹«, in: *Philosophischer Anzeiger. Zeitschrift für die Zusammenarbeit von Philosophie und Einzelwissenschaft* 3 (1929), S. 48–90.

Wittgenstein, Ludwig: *Werkausgabe*, hg. von Joachim Schulte, Frankfurt am Main 2006.

Zanetti, Sandro: »Einleitung (How to Do *Things* with Words…)«, in: ders. (Hg.): *Wortdinge/Words as Things/Mots-choses*, Köln 2013 (= *figurationen* 14, Heft 2), S. 7–27.

— *›zeitoffen‹. Zur Chronographie Paul Celans*, München 2006.

Abbildungen

S. 23: Albrecht Dürer, *Melencolia I*, 1514, https://www.metmuseum.org/art/collection/search/336228 (aufgerufen: 16.02.2024).

S. 67: Albrecht Dürer, *Ritter, Tod und Teufel*, 1513, https://www.metmuseum.org/art/collection/search/336223 (aufgerufen: 16.02.2024).

S. 163: Albrecht Dürer, *Der heilige Hieronymus im Gehäus*, 1514, https://www.metmuseum.org/art/collection/search/336229 (aufgerufen: 16.02.2024).

S. 213: Jean Lassner, *Husserl*, 1934, https://ais.badische-zeitung.de/piece/00/cf/c7/7d/13617021-h-720.jpg (aufgerufen: 16.02.2024).